放送法と権力

Kenta Yamada
山田健太

田畑書店

放送法と権力◎目次

装幀　間村俊一

放送法と権力

はじめに——放送はだれのものか

いま言わねばならないこと

放送現場にとって、二〇一五年末以来の「騒動」は何をもたらしたのか。政治による番組への「介入」が語られる一方、放送局側の姿勢が「弱腰」であると批判の対象にもなっている。同様に、政府が政治的公平さを判断することの問題性が語られる一方で、そもそも法で規定された公平さを守っていない放送局自身に問題があるとの指摘も少なからず存在する。そして、声は出したいがだれに対しどこから言えばよいのか、と戸惑う放送人に出会う。外野が騒いでいるだけで、現場は何も変わらないし、日々の仕事で結果を出すだけ、と割り切る作り手も多い。

そうしたなか、やはり放送界はいま自らの意思を明らかにすることが必要ではないか。なぜなら、番組の善し悪しは時の為政者が判断する、という社会ルールが定着しかけているからである。いまはまだ現場に直接影響がないとか、たとえ言われても将来の番組に影響が出るようなヤワではない、という「気持ち」とは別に、そうした社会ルールは受け入れられない、ダメなものはダメと当事者がきちんと態度表明することが求められているからだ。こうした法の運用は積み重ねであって、まだ大丈夫との判断は、さらに一段と締め付けが厳しくなってからでは、それこそ〈後戻り〉はできない。

そしてもう一つの理由は、番組は偏向しており、それは悪いことだとの見方が社会に風潮として定着しつつあることだ。放送法の規定を知っているかどうかとは全く別に、「テレビの番組は偏っていて、それは悪いこと」との認識が一般化しており、これは今後の番組作りの大きな足かせになる可能性がある。実際今日においても、放送局には多くの苦情・抗議等の電話がかかっており、それは番組制作者にとって有形無形の「圧力」になっている。なぜなら、こうした声に対応すること（場合によっては訴訟にもなる）で、本来の番組制作に費やすべき貴重な時間や労力が大きく削がれているからだ。そうであるならばやはりいま、言うべきことは言う、ということを放送界全体で実行するしかないのではないか。何を言うかは放送人自身に委ねるしかないが、その前提となる「知っておくべきこと」を、以下で確認しておきたい。

放送は特別ではない

放送は特別なメディアだから、規制を受けても仕方ない、とよくいわれる。あえていえば、それは誤りだ。大原則は、新聞も出版も、そしてテレビもラジオも、等しく憲法で保障された言論・表現の自由のもとにあり、そこに差異はない。この大原則は「絶対」で不変のものだ。一方で、メディア特性に応じて一定の社会的工夫や制約が施される場合が少なからずある。したがって、このあり方は技術的進歩や受け手の受容度など、時代によっても変わるのであって「絶対」ではない。よくいわれる、放送に対する規制もその一つだ。

地上波の周波数は有限であるとか、テレビは活字に比べて受け手に対する衝撃度（影響力）が大きいといった理由で、これまで放送は特別なルールに服することが説明されてきた。確かに、勝手に電波を発信しては混信が起きるので、誰かが一定のルールのもとでコントロールする必要がある。それが免許制度と呼ばれる手法であって、信頼できる企業にのみ「事業」としての放送を認め、条件を守っているかどうかを事後的にチェックするというのが一般的なやり方だ。

ただしこのコントロールは言論統制が目的であってはならず（それは大原則に反する）、そのための工夫が各国においてなされている。もっとも一般的なものは、独立行政委員会と呼ばれる、政府から独立した組織に事業の認可・許可の権限を与えることで、政治性を排除することだ。米国のＦＣＣ（連邦通信委員会）とか、英国のＯｆｃｏｍ（情報通信庁）や仏国のＣＳＡ（視聴覚最高評議会）が有名だ。ほかにも、できる限り外形的な条件をもとに審査をする、その過程の透明性を高める、などということも重要なポイントである。

日本も、かつてはこの方法を採用していた。戦後すぐの電波監理委員会があった時期だ。しかしいまは、政府（総務省）が直接管理するという、世界的にもまれな直轄方式を採用している。ただし、免許に関しては電波法という〈事業〉を司る法律を、〈内容〉を規律する放送法とは別において「外形的な条件」で判断を下すことを法制度上も表明していることになる。しかし残念ながら実態としては、戦後の民放局開局に際し、行政は免許権という権益を最大限活用してきた。同時に新聞および放送界側も、むしろこうした制度を逆手にとって、政治力を駆使することで、結果として行政に対し、ある意味で恣意的な判断を求めてきた歴史がある。

したがって、免許の交付から政治性を排除し、それによって放送の独立性を確立するためにはまず、放送局自らが確固たる意思を実行する覚悟が必要だということになる。その前提は、放送は自由であって、ジャーナリズムたるもの常に国家権力から独立していなければならない、という共通認識である。そのうえで放送事業者は、選ばれし者としての社会的使命を果たす必要があり、それが放送法に定められる放送人の職責そのものであることはいうまでもない。

電波法が求める国の役割

では現行制度の下で、政府がやってよいこととは何か。それはハード上の環境整備に限定されているし、法は常に制約的に解釈されなければならない。たとえていえば、電波法などの業法で定められている国家の役割は、スムーズな車の走行のための道路整備に限定されているのであって、舗装をする（デジタル化をサポートする）、車線を引く（周波数ごとに免許を与える）といったことだ。

一方で、車の運転の仕方を定めるのが放送法ということになり、ソフト上のルールが決められている。大切なのは、ここでの国の役割は自由走行（放送の自由）を保障する、ということであって、運転の仕方に口出しをしたり、ましてや強権を発動して車を止めたり、運転手を逮捕したりはできないということだ。ジグザグ走行やスピード違反はたしかに他の車に迷惑だし、事故が起きてからでは遅いのでやめさせる必要がある。しかしそれはあくまでも、放送局＝運転者の「自律」に任せる、というのが法の立て付けだからである。

これからすると、政権党が選挙時に抗議や要請文を放送局に示す行為は、勝手に道路標識を立てて一時停止させたりスピードを制限する行為で、そうした権限を一社会的存在にすぎない政党が持てるはずがない。これが許されれば、同じような大きな社会的勢力である宗教団体や企業もみんなやってよいことになり、交通ルールは破綻する。

さらには、行政指導は、法の根拠なしに警察官役を買って出て一方的に車を止める行為であるし、停波権限は、車の助手席に乗り込んできてサイドブレーキを引く行為である。これらは、自由な運転ができるという「放送の自由」を、根底から壊す行為であることは明白だ。しかも、急な停止を求められることはむしろ安全運転上も大いに問題があるし、いつ止められるかわからないということでオロオロ運転していては、楽しいドライブは到底できない。したがって、現在政府が行っていることは、法制度上許されないばかりか、豊かで面白い番組作りを阻害する、本末転倒な行為だといえる。

放送法では、番組基準を自ら制定し公表、視聴者代表による番組審議会を開催し番組をチェック、誤りは放送内で正す（訂正放送）といったことが、放送人の職責として求められている。さらに、こうした各局の自主的な対応が不十分だった場合のセーフティーネットとして、放送界が共同して作るＢＰＯ（放送倫理・番組向上機構）が存在する。この一連の仕組みに、国が入る余地は一切ない。

もちろん放送人は、すべてが自分たちに委ねられている意味をきちんと自覚する必要がある。すなわち、アクセル（自由）とブレーキ（自律）は常に一体であって、両方があってはじめて楽しいドライブが実現するからだ。とりわけ、視聴率という名のプレッシャーによってついついアクセルを強く踏み込み過ぎるきらいがある。そうした時のためには、より性能の良いブレーキを用意しておく必要があり、こうした自律の実効性は、放送局としてまだまだ工夫の余地があるだろう。

またそうした際の一つの指針が、法に明記されている番組編集準則と呼ばれる四つの決まり事だ（放送法四条）。本当は余計なお世話であって、なくてよい（あるいはない方がよい）条文ともいえるが、「視聴者への約束事」だと思えば、悪くない内容だ。すなわち、少し見方を変えればその中身は、「公共性・公正性・真実性・多様性」といった普遍的な報道倫理そのものだからである。

念のため、条文を確認しておこう。放送法四条は「第二章　放送番組の編集等に関する通則」の一つで、「国内放送等の放送番組の編集等」を定めている。その第一項は、「放送事業者は、国内放送及び内外放送（以下「国内放送等」という。）の放送番組の編集に当たつては、次の各号の定めるところによらなければならない。」とし、四つの基準を挙げている。

一　公安及び善良な風俗を害しないこと。

二　政治的に公平であること。
三　報道は事実をまげないですること。
四　意見が対立している問題については、できるだけ多くの角度から論点を明らかにすること。

これを一般に縮めて、①公序良俗（公安・善良風俗）、②政治的公平、③事実報道、④多角的論点の提示、などと呼びならわしているわけであって、そしてこれをあえて報道倫理の一般原則に当てはめていうのであれば、先に挙げたようなものが該当するということになる。

高市発言と政府見解の背景

〈図1〉にある二〇一五年秋以来の動きをみると、その背景に三つの流れがあることが分かる。

一つは〈行政の権益拡大〉の流れで、そのなかで総務省としての放送法を根拠とした個別番組に関するチェックや、放送局に対する事後審査の意思の明確化をみることができる。そして、八五年までの「放送法は倫理規範」と国会答弁し、公権力の権力行使を抑制的に行ってきた「ほどほど」時代から、それ以降の法的拘束力を宣言し、実際に行政指導を開始した「お試し」時代を経て、二〇〇〇年以降の指導が常態化した「遠慮なし」の時代へと、着実に行政介入のハードルを下げ続けている。

2014.11.18	安倍晋三首相、TBSテレビ「NEWS23」の生出演中に街頭インタビューの取り上げ方を批判
2014.11.20	自民党、在京テレビキー各局に衆院選報道で「公平中立、公正の確保」を求める文書を送付
2014.11.21	衆議院解散
2014.12.24	第3次安倍内閣発足。総務相に高市早苗氏が再任
2015.3.18	「週刊文春」3/26号、2014年5月放送のNHK「クローズアップ現代」で出家詐欺報道の「やらせ」を指摘
2015.3.27	テレビ朝日「報道ステーション」でコメンテーターの古賀茂明氏が自らの番組降板をめぐり「官邸からバッシングを受けてきた」などと発言。古舘伊知郎キャスターと口論に
2015.4.17	自民党の情報通信戦略調査会(会長=川崎二郎衆院議員)、テレビ朝日「報道ステーション」の古賀茂明氏の発言とNHK「クローズアップ現代」の「やらせ」をめぐって両者から事情を聴く
2015.4.28	総務省「クローズアップ現代」問題でNHKに「厳重注意」の行政指導
2015.5.12	高市早苗総務相、衆議院総務委で自民党の藤川正人議員の質問に対し「一つの番組のみでも、選挙の公平性に明らかに支障を及ぼすと認められる場合といった極端な場合におきましては、一般論として政治的に公平であることを確保しているとは認められない」と答弁
2015.6.25	自民党・文化芸術懇話会で議員らが「マスコミを懲らしめるには広告収入がなくなるのが一番」「沖縄の二つの新聞はつぶさないといけない」などと発言。26日には沖縄二紙の編集局長が抗議声明。29日には民放連会長、新聞協会編集委員会、日本記者クラブなどが抗議
2015.7.3	安倍晋三首相、自民党議員勉強会で報道機関を威圧する発言があったことを衆院特別委で陳謝
2015.9.19	集団的自衛権の行使を認める安全保障関連法が成立
2015.10.7	第3次安倍改造内閣発足。総務相に高市早苗氏が再任
2015.11.6	BPO放送倫理検証委、出家詐欺報道で「やらせ」があったと指摘されたNHK「クローズアップ現代」について「重大な放送倫理違反があった」とする意見を発表。同番組への総務省と自民党の対応にも触れ、国や政治家は番組内容に干渉せず、放送事業者とBPOの自主的な取り組みに委ねるよう求める 高市早苗総務相が談話。BPO放送倫理検証委の「クローズアップ現代」に関する意見書で放送法第4条1項3号などの規定は法規範ではなく放送事業者の倫理規範であるとしていることに対し、「放送法の番組準則に違反したか否かの最終的な判断は総務大臣が行う」とし、同準則は単なる倫理規範ではなく法規範性を有するものとの考え示す
2015.11.9	菅義偉内閣官房長官、会見で「BPOが放送法の番組準則を単なる倫理規範としているのは、同法の解釈を誤解している」と発言。同日、谷垣禎一自民党幹事長も「一切やらせに対し口をつぐんでいるのがいいとも思わない」とし、今後同様のケースがあった場合、報道機関から「実情をうかがうことがないとは言えない」と会見で発言
2015.11.10	高市早苗総務相、放送法に違反した放送事業者に総務大臣が3ヵ月以内の業務停止命令(放送法第174条)や無線局の運用停止命令(電波法第76条)を行うことが出来るとの規定を根拠に、「番組準則は法律規範性を有する」との考えを改めて表明。安倍晋三首相もBPOの意見書の最後の部分には「さまざまな議論をごった煮にして、イメージを作ろうとしていると言わざるを得ない」と発言。いずれも衆院予算委の閉会中審査で質問に答えた
2015.11.14	放送法遵守を求める視聴者の会、産経新聞に「私達は、違法な報道は見逃しません」とする意見広告を掲載(読売新聞11月15日、2016年2月13日にも)。12月4日に同会の質問に対して、高市早苗総務相が回答書を送付
2015.12.11	BPO放送人権委、やらせが指摘されていたNHK「クローズアップ現代」に放送倫理上重大な問題があると勧告。ただし、申立人の人権侵害には当たらないとした。同問題でNHK幹部を呼び説明を求めた自民党情報通信戦略調査会や、厳重注意の行政指導を行った総務相の対応に「報道の自由の観点から報道内容を委縮させかねない」と強く危惧
2016.2.8	高市早苗総務相、「放送法第4条は単なる倫理規定ではなく法規範性をもつ」「何度行政から要請されても改善されない場合は、電波の停止に至るような対応が将来的にわたって全くあり得ないとは断言できない」と発言。衆院予算委で民主党の奥野総一郎議員の法に基づく業務停止と無線局の停止の可能性に関する質問に対して
2016.2.12	総務省、放送法第4条第1項の「政治的公平」の解釈に関する政府統一見解を衆院予算委の理事懇談会に提示。「政治的公平」についての解釈は従来から「何ら変更はない」とし、その適合性は「一つの番組ではなく、放送事業者の番組全体を見て判断する」とした。「番組全体」は「一つ一つの番組の集合体」であり、「一つ一つの番組を見て、全体を判断することは当然」とも述べる

〈図1〉

二つめは〈政権批判は許さない〉という自民党の意思の表れだ。それが政権として、放送局の政治的公平性に関する監視の意思を明らかにし、より厳格に適用することを示したものとなっている。こちらもおおよそ同じ時代区分で整理が可能で、一九八〇年代から九〇年代にかけての、スパイ防止法案やメディア規制三法（個人情報保護法案、人権擁護法案、青少年有害社会環境対策基本法案）と呼ばれた立法政策に顕著に表れる。同時に、党内で報道モニタリング制度の導入などを進めるなど、メディア規制の流れは着実に進んできている。そして二〇〇〇年代に入ると、事実上の直接的な取材・報道規制立法が相次ぐことになる（個人情報保護法、武力攻撃事態対処法、憲法改正国民投票法、裁判員法、特定秘密保護法など）。

こうした二つの大きな流れのうえにあって、とりわけ高市早苗総務相の放送法の解釈をめぐる発言を際立たせる結果となっているのは、〈首相のキャラクター〉といえる。硬軟織り交ぜた巧妙なメディア戦略は、安倍晋三首相の大きな特徴といえるが、放送局に対する厳しい姿勢は第一次政権以来、一貫している。ただしこれらは、一方的に行われているのではなく、社会的空気（市民からの強いメディア批判）の後押しがあることも忘れてはならないだろう。

すなわち、一九八〇年代半ば以降、急速に強まったマスメディア批判を受け、行政は間髪を容れず行政指導を始めるのである。それは当然、放送法が法的拘束力を持つとの前提に立つものであるし、その判断権者は政府であることを示すものでもあった。しかしこの時期はまだ、市民社会全体としては報道を「守る」側であったといえ、だからこそ先に挙げた規制立法は廃案になったり立ち消えになった経緯がある。これに比して今日、放送界にとってつらいのは、市民社会の雰囲気が放送を「攻める」側に回っていることであろう。むしろ、政府にテレビ局を叱ってほしいとの声すら強まっているように感じられる。

すでに政府は政治的公平性の判断に関し、六二年三月十四日の衆院逓信委で迫水久常郵政相が、「役所がやります。郵政省がやるわけです」と答えてもいる。これと今回の高市国会答弁である「行政指導を、放送を所管する総務大臣が行うという場合もございます」は、字句上ではさして違いがないともいえる。その意味ではまさに、行政もそして政治家としての思いも、一貫して同じだといえるだろう。

もちろん、かつて遠慮がちに抽象的可能性を述べていたにすぎなかったものの、いまでは具体的事案を念頭に実行を強く示唆している点で大きな差がある。しかも、「国論を二分する問題で一方に偏った内容の番組は、たとえ一番組であっても電波停止の可能性がある」と読める政府統一見解（第四章で詳述）にみられるように、巧妙にそして着実に「放送の自由」は剝ぎ取られつつある。すでに手遅れかもしれないが、否、だからこそ、いまからでも異を唱えることで、視聴者のテレビやラジオを見る目を変えることから、まず始めることが必要だ。

第一章　報道圧力

報道の自由をいかに守るか

＊

二〇一六年発表の国境なき記者団による世界報道自由度ランキングで、日本は過去最低の七十二位となった。ここに象徴されるように、国内外で日本の言論の自由に対する懸念が表明されている。後述するとおり、その主たる原因は新規立法を含めた政府のメディア政策に対する評価にあるが、一方で安倍晋三政権に対する世論の支持は高く、むしろメディアの監視役を政府に委ねるような風潮すらあるのが現実だ。こうしたアンビバレントな状況こそが、いまの日本の言論の状況であり、そうしたなかで確実に報道の自由は縮減を余儀なくされているといえるだろう。

一六年現在の政府のメディア戦略には二つの側面がある。一つはリーディング政党である自由民主党のメディアコントロールの歴史的側面であり、もう一つは安倍政権のメディア戦略といえる属人的側面である。たとえば、一五年秋以降の放送法解釈をめぐる議論においても、歴史的な系譜のなかで、総務省として放送法を根拠とした個別番組に関するチェックや、放送事業に対する内容事後審査の意思を明確化したという側面がある一方で、政権として放送番組の政治的公平性に関する監視の意思を再確認し、より厳格に適用する意思を示したいという、安倍政権の確固たる思いがにじみ出ている。そしてこれらの背景に、政府が番組の善し悪しを判断し、問題があると思えばテレビを叱ることに社会的合意があるという、安倍政権の「自信」がみえるのが大きな特徴といえるだろう。

政府・政権党のメディアコントロールの強化

以下に、放送をめぐる政府、自民党の対応を軸に、政府とメディアの関係の歴史的経緯を追ってみたい。それは大きく、三つのステージを経てきたといえる。

第一期は、一九五〇年から八〇年代半ばまでの三十年あまりであり、政府が謙抑性を発揮して、放送番組への直接介入を控えていた時期である。占領下に骨格ができあがった戦後の放送法制は、放送内容（コンテンツ）を規律する放送法と、放送事業（ビジネス）について規定する電波法、そして放送行政を主として司る独立行政機関について定めた電波監理委員会設置法の、いわゆる「電波三法」によって構成されていた。当時のお題目は、民主的な社会制度の構築のための条件として、健全な言論報道活動を根づかせることであった（ほかに、大学におけるジャーナリズム教育の実践や新聞倫理綱領の制定、日本新聞協会の設立などがあった）。

五〇年に制定された放送法も、その目的としてわざわざ「放送が健全な民主主義の発達に資するようにすること」を明記している。同法は続く条文で「放送番組編集の自由」をうたっており、まさに放送の自由を保障するための法制度であることがわかる。それゆえ、確かに放送人の職責として、真実報道や政治的公平といった番組編集の基準が定められているが、それらは「放送局が視聴者に対する約束事」として定められた倫理規範（自律のための報道倫理）であって、法的規範（法的拘束力をもつ規定）ではない（詳しくは、鈴木秀美・山田健太編著『放送制度概論――新・放送法を読みとく』商事法務、近刊）。

実際、一九五〇年から二年間は先述の電波監理委員会を設置し、放送に対する政府の直接介入を法制度上排していた。そして占領終了後、ただちに同委員会を廃止し郵政省（今日、放送を所管する総務省の前身の一つ）に免許権限を移行したのちも、政府自身が放送法を倫理規範ととらえ、個別番組内容について表立って口出しすることをよしとしなかった。もちろん、放送局がまったく自由であったかといえばそうではなく、水面下では政治圧力によって放送番組が中止となったり（『ひとりっ子』事件）、キャスターが降板させられたりした（『ハノイ　田英夫の証言』事件）。しかしそれに対しては、自主上映運動が全国に広がり、当該制作スタッフが抗議の退社をするなど、放送界自身の抵抗力と市民社会のサポートがあったのである（詳しくは第三章参照）。

しかしそうした状況は、大きく変貌を遂げることになる。続く第二期は、八〇年代後半から二〇〇〇年前後までで、政府が個別の放送番組に目を光らせ始めることになる。初めは各局が設置する視聴者代表の番組審議会への要望にとどまっていたが、一九九〇年代には法に違反しているかどうかを郵政省が判断するといった、判断権者の転換を明確に示すようになった（それ以前の六二年に、迫水久常郵政大臣が「役所がやります」と国会答弁しているが、放送局に対する具体的な行政措置に結びつくことはなかった）。もちろんこの前提は、放送法を倫理規範ではなく法的拘束力をもつ存在としてとらえ、単なる倫理違反ではなく違法行為とみなすということである。

個別番組に対して注意を与える行政指導（行政手続法二条一項六号の「一定の作為又は不作為を求める指導、勧告、助言その他の行為」）に着目すれば、八五～九二年は深夜の「低俗」番組に対する行政指導に端を発した、その後の「常態化」へ向けた助走の時期で、九三年以降は「椿発言」に関する郵政省放送行政局長の国会答弁を境に行政指導の正当性を「追認」した時期であるといえる（全国朝日放送［今日のテレビ朝日］の椿貞良取締役報道局長が、日本民間放送連盟の非公開会議の席上で行った、テレビ報道において政治的公平を確保する必要がないかのような発言［椿発言］に端を発する一連の問題を指して「椿事件」と呼ぶ）。

第二期は、テレビや新聞といったマスメディアに対する人権侵害批判が強まったことに乗じて、個人情報の保護に関する法律案、人権擁護法案、青少年有害社会環境対策基本法案など次々にメディア規制条項を含む新規立法が企図された時期と重なる。そうした意味では、政府の規制マインドは、市民のあと押しを受けている側面を有する。こうした報道活動に対する「規制圧力」は司法の分野でも高まり、かつては平均五十万円ほどであった名誉毀損訴訟における損害賠償額が、二〇〇一年頃一気に十倍に跳ね上がり、ときに一千万円にも達するようになった。しかも名誉の価値は政治家が最高ランクに位置づけられており、米国などで採用されている公人批判の自由を担保する名誉毀損法制（現実的悪意の法理や立証責任の転換）とは正反対の状況が生じている。これらは最高裁判所の指示によるもので、ここにも政治の意思が反映されていると考えるのが自然である（詳しくは、山田健太『法とジャーナリズム』第三版　学陽書房、二〇一四）。

そして第三期が、二〇〇〇年代以降、今日にいたるまでである。行政指導が急増することにその特徴が顕著に表れ、運用面でも具体的な行政権の行使をいとわなくなった。政府が放送局に遠慮なくものをいう時代が到来したわけだ。法制度上も、有事立法（武力攻撃事態等における我が国の平和と独立並びに国及び国民の安全の確保に関する法律［武力攻撃事態対処法］や武力攻撃事態等における国民の保護のための措置に関する法律［国民保護法］における指定公共機関の規定）やイラク戦争での自衛隊取材の報道規制協定締結に始まり、特定秘密の保護に関する法律（特定秘密保護法）に象徴される直接的な報道規制立法が相次いで法制化された時期にあたる。さらにいま、政府・自民党の対応はより厳しさを増している。後述するように政府の方針への異論を許さない姿勢をはっきりと示すようになり、放送局に対する事情聴取や要請、抗議などがひきもきらないからだ。さらに、放送法の規定に照らし、行政指導をこえ電波法で定められた行政処分である電波停止を行うことについても、国会で繰り返し答弁するにいたっている。

日本は他の多くの国と大きく異なる放送行政制度をとっており、政府（総務省）が放送免許の交付権限を有する直轄管理方式だ。同様の制度を有する国は、ロシア、朝鮮民主主義人民共和国（北朝鮮）などごくわずかであることが、過去の国立国会図書館の調査資料で明らかになっている。それゆえにいっそう、行政権が番組内容を判断し将来の編集に影響を及ぼす行為はあってはならず、もし問題があったとしても、それはメディアの自律にゆだねなければならない。前にも触れた一六年二月の政府統一見解で示された、一定期間の番組全体ではなく個別一番組であっても判断対象にするという方針は、従来の考え方を事実上変更するものであり、番組編集の自由が損なわれる可能性が高い（なお、一番組で政治的公平を判断するとの高市早苗総務相の方針転換は、一五年五月に同趣旨の国会答弁が行われている）。ただしその前提となる「政府（政治家）が判断する」ということ自体の問題性がより重大で、放送法の趣旨はもちろんのこと、日本国憲法で保障された表現の自由との関係で決定的な瑕疵《かし》がある。

安倍政権固有のメディア戦略

安倍政権のメディア戦略はユニークなものだ。その特徴は硬軟の使い分けといえるだろう。いわば懐柔策ともいえるのが、個別会見方式だ。報道界は従来、内閣総理大臣のインタビューや番組出演を輪番制としてきた。しかし安倍政権はこうした慣習を変更し、官邸の都合でメディアを選び、官邸が希望するタイミングで登場するという手法を徹底している。その結果、重要な法案成立時や選挙公示日前後では、政権に親和性がある媒体を活用して自身の主張を喧伝するという傾向が強まっている。同時にまた、新聞やテレビなどのマスメディアの経営・報道責任者との会食を重ねており、メディアの側も結果として首相との距離の近さを競うようになっている。もちろん、首相を含め政治家に会うのは記者の重要な仕事の一つであり、その際に飲食をともにする場合もあるだろうが、その回数の多さと対象となる社の偏在は、これまでの政権とは一線を画すものだ（後に詳述）。

一方で強面ぶりも徹底している。それは、政府方針に対する異論を許さないという姿勢といえるだろう。とりわけ、原子力発電所の再稼働、沖縄のアメリカ軍基地、安全保障関連法案（安保法制）といった、国論を二分するような大きな政治課題に関し、メディアの報道に強い態度で臨んでいるように見受けられる。さらには、個別メディアを徹底してたたくという手法も明確である。慰安婦報道をめぐる『朝日新聞』バッシングが一番わかりやすいが、そのほかにも、辺野古新基地建設をめぐっての『沖縄タイムス』『琉球新報』の沖縄地元二紙に対する批判も相当に厳しいものがある。こうした官邸の空気が、自民党内における沖縄地元紙つぶしの発言などに通じているとの見方が強い（二〇一五年六月に開かれた自民党若手議員の勉強会である文化芸術懇話会で、「批判的なメディアは広告主に圧力をかけて懲らしめればよい」「沖縄の新聞はつぶさなくてはいけない」などの発言が出され、一時的に責任者は交代させられたものの、ほどなく役職に復帰した）。いずれも「偏向」報道批判であるが、こうした批判は、社会的に一定の支持を集めているのが大きな特徴だ。すなわち、新聞やテレビといったマスメディアは自分の都合の悪い情報を隠し、嘘の報道を行なっていて、そうしたメディアを政府が懲らしめてくれるならけっこうではないか、との空気感である。

こうした強いメディア規制色は、第一次安倍政権時から共通した特徴でもある。安倍は二〇〇〇年に内閣官房副長官に就任後、〇三年の自民党幹事長、〇五年の内閣官房長官を経て〇六年に首相に就任、政府首脳、自民党幹部として放送局に対し厳しい姿勢を示し続けた。その一例として、日本放送協会（ＮＨＫ）の戦時性暴力（慰安婦）をめぐる特集番組に関して介入を疑われ裁判になり、ＢＰＯ放送倫理検証委員会の最初期の事例として扱われ「政治と放送」の関係性について大きな議論を巻き起こしたことがあげられる。

また、この時期は第二次・第三次安倍政権で内閣官房長官を務める菅義偉が総務相の立場にあり、〇六年にはＮＨＫに対し国際放送で北朝鮮拉致問題を積極的に扱うよう具体的な指示を行った。行政指導をやつぎばやに実施した時期でもあり、件数として突出している（それまで年一件程度であったが、〇四年～〇七年では二十二番組十八件）。なお〇四年の行政指導二件は過去に唯一、政治的公平を問題とするものであったし、〇六年には安倍官房長官の映像の写り込みに関する指導も行った。そして一五年、六年ぶりに一件の行政指導がなされたが、総務大臣名としては〇七年三月以来であった。また、〇七年の放送法改正にあたっては当初、「再発防止計画の提出の求めに係る制度」の導入が盛り込まれていたが、ＢＰＯの強化と引き換えに見送られた経緯がある。それからすると、一六年二月の放送法解釈の変更は、こうした法改正の動きと志向性で完全に一致するものである。

ちなみに、第一次安倍政権時に成立した重要法案には改正教育基本法と憲法改正手続法（日本国憲法の改正手続に関する法律［国民投票法］と改正国会法）があるが、後者には報道規制条項が存在する（詳しくは、山田健太『言論の自由』ミネルヴァ書房、二〇一二）。また一二年に自民党が発表した憲法改正草案では、表現の自由に関し、「公益及び公の秩序」に反しないかぎり認められるのであって、平穏な社会生活を乱すような人権の主張は取り締まりの対象になるとされる。これでは、政治家の行状を報じることが憲法の表現の自由の保障の範囲外となる可能性が高い。

一三年以降に頻発する一連の報道をめぐる政府・自民党からの働きかけの最初の事例の対象は、東京放送（ＴＢＳ）だった。一三年夏の参議院議員選挙において『ＮＥＷＳ23』の報道内容が公平さに欠けるとして、自民党は文書で抗議、取材拒否を行った。そのおよそ一年半後、またしても同番組の首相出演時の扱いに不満をもったのがきっかけと思われる文書が、衆議院選挙の公示直前の一四年十一月に自民党から全放送局あてに発信され、その後、自民党が局関係者を党本部に呼んだ。文書では「政治的公平」を求め、街頭インタビューの扱い方にまで言及したうえ、過去の事例にふれるかたちで選挙報道の内容に強く踏み込んだものになっている（詳しくは第四章参照）。さらに一五年三月三十日には菅官房長官が、テレビ朝日の『報道ステーション』内でのコメンテーターの発言をうけて定例記者会見で「事実にまったく反するコメントはまさに公共の電波を使った報道としてきわめて不適切」「放送法という法律があるので、まずテレビ局がどう対応されるか」と牽制した。これをうけ翌三十一日、テレビ朝日の早河洋会長が官邸を念頭においた謝罪を行なった。さらにＮＨＫ『クローズアップ現代』ほかで扱われた番組内容をめぐって出されたＢＰＯ報告書のなかに、政府の行政指導や自民党がＮＨＫ幹部を呼んだことに対する批判が含まれていたことから、政府（首相・総務相）や自民党（幹事長）は強く反発した。そうした流れのなかで一五年末には、国際連合の人権理事会の「表現の自由」調査（デビッド・ケイ特別報告者）の受け入れを急きょ延期するよう要請した（その後、一六年三月に来日は実現）。

こうした状況と偶然とはいえ軌を一にするかたちで、政府から批判の対象となっていた三番組、

『ＮＥＷＳ23』『報道ステーション』『クローズアップ現代』に出演していたキャスター（岸井成格、膳場貴子、古舘伊知郎、国谷裕子）が、いずれも一五年度末で降板することが決定した。また、市民団体「放送法遵守を求める視聴者の会」が全国紙に複数回にわたりカラーの全面意見広告を出し（『産経新聞』一五年十一月十四日付、『読売新聞』一五年十一月十五日付朝刊、同一六年二月十三日付朝刊）、安保法制や特定秘密保護法案のテレビ報道を例にあげて、政権批判に「偏向」していると主張している。とりわけ、ＴＢＳをターゲットに、『ＮＥＷＳ23』『報道特集』を取り上げ、岸井キャスターは「知る権利を蹂躙《じゅうりん》するプロパガンダ」をしており報道番組とみなしがたいと訴えている。また同時に同団体は総務省に対し、一つの報道番組内で政治的公平さを担保するよう放送法の解釈変更を求めてもいた。こうした運動が、少なくとも放送局に対する心理的圧力として機能したり、報道が偏向しているといった世間における空気の醸成を助長していると考えられるだろう。また結果的に総務省は、同団体が求めるかたちで一六年二月に政府統一見解を発表したことになる。

求められる報道界の自主自律

政府が国家の意思統一をはかり物事を推し進めようとする場合、古今東西、秘密保護法制、緊急事態法制、名誉毀損（言論規制）法制を整備する。日本の場合も明治政府は、軍機保護法、太政官布告、讒謗律《ざんぼうりつ》を制定、昭和期に入ると改正治安維持法や国家総動員法などによって、その法制度を強化した。また戦前と戦中の言論状況を振り返ると、言論統制が一方的に行われていたわけではなく、新聞社を中心とする「戦争協力」が積極的になされていたことにも気づかされる。大本営発表に基づく記事づくりはいうに及ばず、たとえば大阪朝日新聞は、陸軍省や海軍省と協力して戦意高揚イベントを野球場を借りきって大々的に開催したほか、当時の教育現場に大きな影響をもっていた紙芝居を製作、軍国主義教育に協力した。

今日の言論状況は、ここにあげた名誉毀損法制と同じ効果を生むものである。ちなみにかつては、ときの為政者を批判することを名誉毀損として罰していた。そしていま、報道側は読者・視聴者からの声に押されるかたちで、言いたいことをがまんする状況になっており、その結果、世の中の空気はますますメディアの偏向報道は許さないという方向に進んでいる。しかもその内実は、もっぱら政権批判は許さないというように意味合いが変わってしまっている。とりわけ日本の場合、かねて報道規範として掲げられている客観中立主義、公平公正原理は、数量的公平を目指すものであって、本来の少数意見の尊重や反論機会の提供といった質的公正さとは異質のものである。あるいは政治的公平を報道倫理として成立させるためには、政府からの独立性（外部の勢力によって言論を左右されない編集の独立）という意味での党派性の排除として理解すべきであろう。しかし実際は、新聞の大部数至上主義と相まって、政権批判をほどほどにして中庸を目指す報道を、オブラートに包む言い方として客観報道と呼んできた歴史的経緯があり、むしろ今日、それが逆利用されたかたちとなっている（第四章で詳述）。

さらにこうした「中立」意識は、政治性の排除というかたちで社会全体に広がっている。二〇一四年六月、憲法を詠んだ俳句がさいたま市の「公民館だより」に掲載を拒否されたり、一五年七月に東京都現代美術館で、現代美術家の会田誠が制作した政治をモチーフとした作品の撤去が検討されたり、大学における憲法集会の開催が認められないなどの事例が次々に生まれている。ほかにも、地方公共団体が憲法関連の集会の後援名義を引き揚げたり、公共施設の貸し出しや公共交通機関への広告掲出を新たに認めなかったりという例も報告されている。報道の世界でいえば、危険地域における取材を禁止する動きが強まっており、一五年二月、外務省がジャーナリストから旅券を返納させる事例も発生した（渡航の自由をめぐってジャーナリストが国を提訴）。しかし世の中の空気は〇三年前後から急速に「自己責任論」が高まり、報道活動を身勝手な行動とみなし、政府の実施する取材制限を当然視する声が強まっている（関連して、山田健太『見張塔からずっと』田畑書店、二〇一六　参照）。

これらはまさに「国益」を優先させた結果であるが、これは報道界のなかでもみられる傾向である。たとえば一四年の『朝日新聞』慰安婦報道をめぐっては、「国益損ねた朝日、反省なし」「国益害した慰安婦報道」との見出しが他紙の一面を飾った（九月十二日付『産経新聞』『読売新聞』、詳しくは第四章）。同様の状況は月刊誌や週刊誌でも起こった。これらは、国益に反する報道は認めないとの考え方につながることになる。今後、自衛隊の海外派遣が常態化するなかで、より一般的、恒常的に、報道姿勢として国益というものとどう向き合うのかが問われることになるだろう。政府は特定秘密保護法案の審議過程において、「国家安全保障は知る権利に常に優先する」としたが、それは敗戦を機に「お国のためジャーナリズム」を反省した報道界の誓いと、安全保障上の国益とが反する可能性があるからだ。政府は言論・報道の自由を守る憲法上の義務があるが、同時に報道に携わるすべての者には、市民的自由としての表現の自由の代行者として、その自由を守る社会的責務がある。報道機関たるもの、表現の自由を守るためにときに行き過ぎた表現行為を自制することが必要だ。その意味で自主規制はあって当然であるが、外部圧力を受けての「自粛」や、権威をおそれての「萎縮」は似て非なるものである。そしてそのためにも報道人は自主自律を大切にし、公権力からの干渉や圧力に対する毅然とした姿勢と矜持《きょうじ》をもつことが求められているといえるだろう。

沖縄と本土の「温度差」の本質

自民党内の勉強会での発言に端を発した「報道圧力」問題は、安倍晋三首相の形ばかりの陳謝によって政治的には幕引きが図られたが、問題の本質は何も解決していないばかりか、むしろ重要な問題が「意図的」に忘れ去られることになった。

政府に批判的な新聞には広告主に圧力をかけ懲らしめよう、との自民党議員の発言は、「国会審議に迷惑をかけた」というレベルでは到底なく、憲法に抵触するものである。しかもこれらの発言に対し、首相自ら「議員にも言論の自由がある」としたこともまた、重大な「解釈改憲」であって、見過ごせない発言だ。なぜなら、公権力が直接間接を問わず、言論報道機関に財政的な縛りをかけることは、最も古典的な国家権力による「検閲行為」の典型であり、日本も戦前・戦中、新聞・出版社をこの種の方法で言論統制してきた歴史を持つ。こうした歴史を踏まえ、戦後の日本は言論統制法を廃するとともに、憲法は検閲を絶対禁止したのである。

また、憲法は国会議員、公務員に憲法遵守義務を負わせている。その意味は、憲法で保障された市民の表現の自由を守るのが政治家の役割であって、その自由を抑圧することは許されない。当然に、言論の自由を封殺するような言論の自由を、政治家は持ちあわせていないし、憲法上持ってはならない。そうした解釈を一方的にねじ曲げ、意図的に読み替えることは認められるはずがない。さらにやっかいなのは、こうした発言の背景には、大きな二つの流れがあるということだ。それは先にも述べたとおり、現政権のメディア戦略と自民党のメディア規制指向である。前者は、報道機関に対する個別のインタビューを認めるという懐柔策を通じ、好きな時に好きなタイミングで好きな場所で好きなことを言うという、まさに官邸の自由意思によって多くの発言機会を実現している。こうした自由な発言を言論の自由と勘違いしているとしか思えない。

一方で、政府方針に反する言説は厳しく批判、抗議し抑え込むということを徹底している。たとえば、二〇一四年二月の自衛隊配備に関する新聞協会への抗議しかり、昨今のテレビ局に対する総務省からの行政指導がこれにあたる。そしてこうした傾向は、第一次安倍政権以降、現政権の際立った特徴でもある。また自民党は、すでに二〇〇〇年前後から、新聞・テレビ・週刊誌の取材・報道を念頭にした法規制を志向し続けている。さらに、先般の選挙時に顕著な通り、個別の報道内容に関する抗議や文書による要求をするに至っている。自民党国会議員は、こうした政権と党によって醸成された「空気」に慣れ親しんでいるといえ、「報道圧力」発言は単に個人の資質でも一過性のものでもない根が深い問題だ。

自民党勉強会に講師で招かれた百田尚樹の発言は、ストレートに法的問題にはなり難い。一方で、作家という表現者として倫理上許されない発言であるとともに、さらにはその認識の背景に大きな問題があると考えられる。発言のポイントは大きく二つで、沖縄地元紙をつぶせといったことと、沖縄の過去・現在の状況についての内容に誤りがあったことである。前者はその前提に、沖縄の新聞は偏向しているという一種の思い込みがある。同様のイメージは広くネット上で流布されているほか、本土からも有識者がかけつけて、県内では市民団体による沖縄メディアに対する糾弾キャンペーンが繰り広げられている。最近では沖縄の自民党が、県知事選や総選挙で負けたのは偏った報道をする新聞のせいだと発言した。

日本の場合、多くの県ではその地域を販売エリアにする有力な地方紙が一、二紙ある。それらの新聞は当然、地元ニュースを中心に扱うのであって、一般には五、六割は県内の出来事である。しかも、県民の生命や安全にかかわる事項は、大きな扱いにするのが当然だ。たとえば、福島の県紙である福島民報や福島民友では連日、原発・被災に関する出来事が一面を飾るほか、紙面の多くも関連記事で埋まっている。沖縄で基地ニュースが多いのは、これと同じ構造であり、しかもこの問題が戦後、一貫して解決されないまま今日につながっていることで、長期にわたって基地関連ニュースが紙面上で大きなスペースを割いていることになる。その結果、「琉球新報・沖縄タイムス＝基地記事が多い」という実態があるのであって、それはまさに、県内で基地問題が解決していないことの証しである。

一方で後者は、沖縄戦や米国施政下の苦難の歴史認識をあえて無視し、日米地位協定に由来する米軍犯罪に対する対処の限界という問題から意図的に目をそらすものである。こうした歴史認識や制度的問題について、知らずに発言したとは思えず、内容が嘘であることを知っていて話すという点で、「悪意」をもったものと思わざるを得ない。こうした悪意ある発言は、社会的影響力がある者として、しかも表現行為を業としている者としてはいかがなものか。その意味で、ツイッターでのつぶやきも含めて表現者の倫理にもとる行為と考えるが、それを公的な場といえる自民党の正式な会議の席上で言ったことで、よりその問題性は高まったといえる。

そして、こうした歴史認識の欠如や制度的問題の無視は、まさに在沖米軍基地問題、とりわけ辺野古新基地建設にあらわれる政府の姿勢そのものであることに気付かされる。この奇妙なほどの一致を示すところに、この発言の本質があるといえはしないか。そしてこの点に敏感に反応したメディアと、単なる「お騒がせ作家」のいつもの暴言扱いとした本土メディアの違いが、紙面扱いの差であると同時に、沖縄と本土の意識の差であるといえよう。

本土紙は沖縄に冷たい、とよくいわれる。しかしこれは、ある意味では当然のことで、同じことは他の地方紙との関係でも成立する。ではなぜことさらに、沖縄イシューで、本土紙と沖縄地元紙の「温度差」が問題となるのか。

第一は、沖縄で生じている問題を、沖縄ローカルの問題と捉えるかどうかの〈視点〉の問題だ。具体的に「県民大会」が開かれたテーマで考えてみよう。辺野古新基地建設、オスプレイ強行配備、教科書検定沖縄戦記述変更、米兵暴行事件……。確かにこれらは、その時点で沖縄で生じた事象であることに違いはない。しかし同時にこれらは、米軍基地、オスプレイ配備、教科書検定、日米地位協定と、日本全国に共通の普遍的な問題でもあった。それらを、沖縄ローカルの問題として捉え、あえて目をそらすかのような扱いをする本土紙に、沖縄の「歴史」が見え、「差別」を感じるということになるのではなかろうか。すなわち、太平洋戦争で「捨て石」とされ、米国の「植民地」として差し出された歴史が、また繰り返されていることを本土紙の「冷たい」扱いを通して、県民は見ているということだ。

第二は、紙面作りの上で〈感情〉をどう表現するかの違いがある。一般にテレビは「感情のメディア」と呼ばれ、視聴者の怒りや感動を引き起こさせるような番組作りがよくある。新聞は「理性のメディア」とされ、できる限り冷静な筆致で、事実をもって語り、どう解釈するかは読者に委ねることを原則としている。これに対し沖縄紙の場合は、最近では辺野古新基地建設・オスプレイ強行配備・教科書検定に対しはっきりとNOのスタンスを示し、紙面の編集方針に明確に反映させている。そうした「主張する紙面」が、本土の新聞の紙面に慣れ親しんだ読者からは、強い「違和感」が示されるということになっている。しかしそれは、いわば百年の歴史を持つ新聞制作の慣習から見た感覚の問題で、沖縄紙が新しい手法にチャレンジしているともいえるのである。

第三は、沖縄県民の思いをどう理解するかである。いわば〈認識〉の問題ともいえるだろう。以前に比べ、本土の新聞も沖縄問題を扱う量は格段に増えている。一面の記事量だけで比較すると、教科書検定問題以降、沖縄紙と東京紙の差はそれほど大きくはない。ただしそれは、中央（東京）の政治問題として捉えた結果の扱いの大きさであることに気付かされる。今回の自民党勉強会に端を発する「騒動」に関しても、安保法制に影響を与える政治問題として大きな扱いになったとはいえ、多くの新聞での立ち上がりは遅かった。むしろ新聞が問題視したというより、政治問題化したことで扱いが大きくなった側面を否定しきれない。

それがより顕著なのは百田発言で、沖縄タイムスで翌二十六日に一面トップで扱い、その後も一週間以上紙面のトップを飾ったのに対し、多くの本土紙はそれほど大きな扱いにはせず、少なくとも紙面上において県民の怒りはほとんど共有されていないといえるだろう。そしてこのことは、北部訓練場（高江）へリパッドの強行工事再開などにおいて顕著な紙面扱い量の差となって表れることになる。

政権にコントロールされるメディア

安倍晋三政権は、実にマスメディアをうまくコントロールしているように見える。それは裏返せば、新聞やテレビが首相の思うが儘《まま》に使われている、ということにもなりかねない。そのメディア政策あるいは戦略なるものがあるのか、あったとしてどのようなものか、残念ながらその真意を窺うすべがないが、少なくとも外形的に二つのことが言えるだろう。一つは、政権批判を許さないという強い姿勢だ。その一方で、親和的なメディアは大切に扱うことで、あたかも政権との距離をメディア間で競わせるかのような状況を生んでいる。この硬軟の使い分けこそが、政権に好意的な「世論」を作り出し、安倍政権の高支持率を保つ要因ではないか。

特徴的な数字から挙げよう。〈図2〉に示すのが、第二次安倍政権発足以降二〇一五年末までの首相とメディア関係者との会合および単独取材の回数である。今日において、新聞離れが言われて久しく、昨今では若者のテレビ離れも進んでいる状況のなかで、新聞・テレビの社会的影響力を疑問視する声も当然あろう。しかし少なくとも、世論形成に一定の影響力を保持し続けていると官邸自身が考えるからこそ、極めて頻繁にこれだけの回数、メディア関係者と食事を重ねているわけであろうし、記者会見の何倍もの回数の個別インタビューに応じていると考えられる。

そしてここからすぐにわかることは、メディアによって明白な「格差」が存在するということと、会食と個別インタビュー（当該メディアへの登場回数）には明らかな相関関係があるということだ。ここではよりわかりやすさを示すために、新聞・テレビを系列ごとに並べている（産経新聞＝フジテレビの強固なグループ戦略に比べると、読売新聞＝日本テレビ、さらには朝日新聞＝テレビ朝日は、それぞれ人的・資本的に強い結びつきはあるものの、相当の独立性を発揮しているし、毎日新聞＝TBSテレビ間のつながりはさらに薄いものであるが、ここでは単純化してグルーピングしていることをお断りする）。

なお、調査方法は新聞各紙の首相動向欄を単純に調べたものであるが、実際とは少なからぬ齟齬《そご》があることが想像される。なぜなら、今日において首相官邸は記者の出入りをシャットアウトしているため、実際に首相がだれに会っているかは視認できているわけではない。さらには新聞も、必ずしも知り得た情報をすべて書かず「省略」することが少なからずある。とりわけ、自社の幹部が会った場合に「〇〇ほか」といった表記でごまかしている例があるからだ。これらは複

〈図２〉

	①		②		③		④		⑤							
	産経	フジテレビ	読売	日本テレビ	朝日	テレビ朝日	毎日	TBS	日経	テレビ東京	中日	NHK	共同	時事	ほか新聞	ほか放送
会食・懇談	11	13	28	15	5	2	11	1	12	0	1	12	14	10	21	8
インタビュー	15	17	3	22	4	10	4	8	7	4	1	33	2	2	18	5
小計	26	30	31	37	9	12	15	9	19	4	2	45	16	12	39	13

（数字は回数）

産経新聞：	清原武彦→太田英昭（産経新聞会長）
読売新聞：	渡邉恒雄（読売新聞グループ本社会長）、小田尚（読売新部東京本社論説委員長）
朝日新聞：	曽我豪（朝日新聞政治部長→編集委員）
毎日新聞：	朝比奈豊（毎日新聞社社長）、山田孝男（毎日新聞特別編集委員）
日本経済新聞：	喜多恒雄（日本経済新聞社社長）
フジテレビ：	日枝久（フジテレビ会長）
日本テレビ：	大久保好男（日本テレビ社長）、粕谷賢之（日本テレビ報道局長）
テレビ朝日：	早河洋（テレビ朝日社長→会長）
NHK：	島田敏男（NHK解説委員）
共同通信：	石川聡→福山正喜（共同通信社社長）、後藤謙次（OB）
時事通信：	田崎史郎（時事通信解説委員）

※TBS、テレビ東京は特定の人が会っている傾向はないので省略

数の新聞で穴埋めを試みてはいるが、ここに示すものですべてとの確証は、一読者としては得られない。それでもなお、ここに示す数字にはそれなりの説得力がある。

すなわち、今日において安倍政権の政策に親和的な反応を示している①②グループと、批判的な③④グループでは、会食数において、二倍から最大六倍近い開きがあるということになる。そして同じ傾向はインタビュー数においてもいえる。とりわけ読売新聞の会食数の突出ぶりが明らかで、ほかの産経新聞、フジテレビ、日本テレビと比較しても倍前後の差があるからだ。あるいは週刊誌的な見方でいえば、どこで会っているのかも興味深いデータだ。すなわち、重要と思われる社（人物）とは高級レストランで食事をする傾向が見て取れるからである。おそらく最低でも食事だけで五万円を下らないと思われる。各社で主として会食等をしている者の名前も参考までに挙げておいた（なお、ここまで「会食」と表記してきているが、回数は食事を伴わない「懇談」も含めた合計数である。また、フジテレビの場合は、毎年夏恒例の泊りがけのゴルフを日付別にカウントしている）。念のために付言すれば、もちろん食事自体が悪いわけではないし、単独インタビューをすることが責められるものではない。問題は、それが読者・視聴者からどのようにみられるかということと、その関係について透明性が確保されているかということである。もちろん、この透明性は政治家により強く求められているわけで、特定のメディアとの高額の会食を公金支出しているとなれば、まさに政治家としての振る舞いとして公正さを疑われるものだ。したがって、政治とメディアの距離を考える場合、今日においては専らメディア批判の素材として扱われがちであるが、政治家（あるいは政府そのもの）の特定者・組織に対する便宜供与の問題として、倫理面ばかりか法的にも厳しく追及される必要がある問題だ。

ここでもう一つ重要なポイントは、会食やインタビューのタイミングだ。ここでは、それらがいつ行われたかを重要政治日程との関係でみてみよう。第二次安倍政権で激しい国会攻防があり、国論が割れたとされている法案には特定秘密保護法案と安保関連法案があった。また当然ながら、最大の政治日程は衆参の国政選挙である。ここではそれぞれについて、流れを確認してみよう。

特定秘密保護法は、一三年八月末に自民党のプロジェクトチームから概要が発表され、その後一気に法案成立へと進んだが、その最終段階は法案成立を控えた十二月あたまの一週間だった。参議院特別委員会での強行採決があった十二月五日の直前、二日に渡邉恒雄・読売新聞グループ本社会長が会食、法案成立の前日である五日には夕刊フジの単独インタビューに応じている。同記事は翌日、産経新聞にも転載された。さらに成立後、監視機関の議論の最中である十六日に、各社局長クラスが会食、十九日には改めて渡邉会長が会食したほか、同日には再度、夕刊フジの単独インタビューが組まれている。その後、二十六日は各社政治部長との会食があった。

一方、選挙関連では、一四年末に解散総選挙（衆議院選挙）が行われたが、十二月二日の公示前に、フジテレビ、日本テレビのインタビューを受け、選挙期間に入ってから、TBSとテレビ朝日の番組に出演した。また、十四日の投開票を受けて十六日には各社政治部の常連メンバー（先の一覧に示した編集委員等）と会食、その後年末にかけて、産経新聞、ニッポン放送、週刊新潮、夕刊フジ、山口新聞（首相の出身県）の取材を個別に受けていった。同様の傾向は前年の参議院選挙でも見られ、公示日の七月四日前に、読売テレビと日本テレビの番組に出演、さらに読売新

〈図3〉2015年9月20日の各紙

2015年8月31日の朝日新聞（上）と読売新聞（下）

聞と会食をし、投開票日の二十一日翌日には、各社社長との会食を行っている。

なお、ここまで政権に親和的あるいは批判的と表現してきたが、考証が比較的容易な新聞の紙面でその一端を見ておきたい。現在、新聞界はかつてのような〈是々非々〉というよりは、政権の政策に対し賛否が固定化した状況にある。確かに、かつてないほど主張がはっきりしているという意味では「多様な言論」が現出した状況であるが、その一方で二極化の「固定化」現象が見て取れるといえる。〈図3〉では、安保法制の成立時点である二〇一五年九月二十日付朝刊を例に挙げた。見出しからもはっきりと法案への賛否がわかるが、より印象的なのは写真の使い方だろう。朝日・毎日両紙は国会前あるいは街頭の反対デモを使用したのに対し、読売は日米共同訓練の様子を、産経新聞は安倍首相の顔写真を一面に配した。例えば朝日は、十九日付朝刊・夕刊の一面でも、国会本会議の写真とともに、国会前抗議行動の写真を掲載している。

こうしたデモの扱いは、とりわけ原発再稼働をめぐる官邸前抗議行動の扱い以降、各社の姿勢を端的に表す指標にもなっている（山田健太『3・11とメディア』トランスビュー、二〇一三　参照）。法案に対する最大のデモとなった八月三十日の国会前抗議活動の扱いでも同様の傾向だ。朝日は三十一日付朝刊の一面で大きくカラー写真で扱ったのに対し、読売は三十四面で小さな白黒写真で紹介するにとどまった。あわせて参考までに、東京新聞と琉球新報の同日の紙面も紹介しておこう。両紙とも、安保法案とともに集団的自衛権そのものにも強く反対する紙面を作ってきているが、いずれもデモ・抗議活動や県民集会などを積極的に紙面化し、こうした直接的な市民活動を「民意」として捉えていることが分かる。

言論・表現の自由の現在

＊

二〇一六年現在、日本における表現の自由は一見すると、制度上も実態上も悪くはないように感じられる。むしろ、一般生活上は、自由に話し、書き、聞くことに、なに不自由ないということができよう。しかし、その実をきちんと観察するならば、そしてここ十五年の間に着実に増えている表現規制の法制度を知るならば、安穏としてはいられないことに気付かずにはいられない。

二〇〇〇年以降の情報の流れの変化、すなわち、情報公開法の施行やインターネットの本格普及（双方向性の確保）は、本来であれば「情報主権者」の誕生を実現するはずであった。しかし実際に進む政府の情報コントロールの強化は、民主主義社会の必要絶対条件として求められている、表現の自由の保障とは明らかに対極にあるものだ。本節では、社会で何が進んでいるかを改めて俯瞰《ふかん》することで、言論の自由のいまを問うことにしたい。

●規制マインドの空気

近年になって進む言論・表現の自由に対する脅威は、管理国家志向の「お国のため」規制、行政権の拡大による「みんなのため」規制、公権力の権威維持をはかる「メンツのため」規制に特徴的だ。そして、多少の自由の制約はやむなしとして受け入れる社会の空気と、それに後押しされて制度化に躊躇《ちゅうちょ》がない行政・立法の姿勢がみられることにある。さらにいえば、こうした空気には四つの側面があると考えられよう。

第一は、国家・社会の安心・安全を守るためには、自由の制約を厭《いと》わない雰囲気である。しかもその安全の対極である脅威が、必ずしも実態とは一致するものではなく作られたものであることも少なくない。たとえば、中国や北朝鮮がいつ何時攻めてくるかわからないという。しかし実際は、メディアの報道が危機を煽《あお》り、国民の支持を得て、軍事費は増額され、日米間の軍事同盟化は強化され、それに付随して、表現の規制が進むという側面が否定できない。

これは何も、国家安全保障上の問題だけではない。たとえば、少年犯罪の凶悪化であるとか、子どもポルノの氾濫であるとか、警察の発表する数字は、あえていうならばさもそうした事態が進行しているかのように見せかけている。そしてこれまた多くのメディアが、その行政発表を鵜《う》呑みにして無批判に報道することによって、ならばそのためには、加害少年を厳しく罰したり、子どもを守るための規制が必要であるという図式が生まれることになる。

第二には、その規制主体として、国や自治体が正面に出てくることをさして気にしない、むしろ期待する雰囲気があることである。もっというならば、現在の状況を変えるには、強力なリーダーシップのもとで、政治や行政の力によって既得権益を壊してほしいと思っている層の存在がある。

そして不幸なことに、この社会を悪くしている嫌われモノのなかに、いわゆる人権が含まれ、人権を守るとか、人権のために闘うといったことは、なにやら胡散《うさん》臭く見られたり、場合によっては利己主義の変わり者で、多数者のことを考えない偏屈者とのレッテルを貼られかねない状況がある。その象徴が労働組合活動であったり、在日外国人、とりわけコリアン（韓国人・朝鮮人）や中国人の権利救済のための活動であったりする。

そこで、国が朝鮮学校への補助金支給をストップすることに喝采が起こり、生活困窮者を炙《あぶ》り出し少しでも怪しい者には支給しないという、保護とは真逆の政策に支持が集まることになる。そしてこれらもまた、国により強い制裁・決断をメディアが求め、それに安心して公権力の行使がなされるという構図が存在する。あるいは、結果としてメディアが人権のセーフティーネットを壊すことに加担してきている。

さらには、とりわけインターネットの世界に見られるように、本来であれば、家庭や学校、あるいはメディア内の自主規制も含めた自浄努力の中で解決すべきトラブルや悩みを、公権力たる警察を含む行政に頼る風潮が強まっている。その善し悪しを「公」に決めてもらうことの安心感や、自分が決めることや努力することからの責任回避、他者との調整や衝突を嫌い、安易な解決に頼る風潮がそれを後押ししているとみられる。

第三には、思考停止を気にしないという空気だ。それは想像力の欠如でもあるし、社会的無関心の拡大でもある。日本社会の将来に対する見通しの暗さは否定できない。どうせ何も変わらないという諦めが蔓延しがちな社会状況があるし、一方で、そこそこの日常の幸せがかろうじて保たれているという感覚に支えられ、難しいことは何も考えず流れに任せることをよしとする雰囲気があるともいえるだろう。

バブルがきて給料が上がり、少しは楽しい毎日が送れると喧伝されているが、そうした幻想を起こさせるきっかけを作っているのは政府であるとともにメディア報道だ。たとえば、一九八〇年代はほとんどが終身雇用正規労働者で、等しく給与が上がる環境があったものの、今日では三分の一は非正規雇用で、格差の拡大こそあれ、等しく労働者の給与が上がることが、簡単にはありえないことは、メディア自身が一番よく知っている。

もしそのような煽り報道があっても、ほんの少し自分の頭で考えればすぐに騙されていることがわかる類いであるが、意志的、無意識的にそれを避けてきている。そして大勢に従うことをよしとし、それがもっとも無難な処世術として定着してきている。したがって、ちょっとヘンなことがあっても、ギモンが生じても、それがすぐにいまの自分に関係なければ、まあいいや、という気持ちでその不自由さを受け入れ、それがいつの間にか当たり前になってしまうという悪循環がある。

そして第四に、効率性をことさらに絶対視する雰囲気だ。合理性や効率化が絶対悪だというつもりは毛頭ない。仕事を進めるうえでも社会を成立させていくためにも、それらが必要な場面もあるに違いない。しかしその前提はあくまで、個々人の尊厳が守られ、人として社会に認められていること、あるいは人が中心の社会であることである。企業が世界一になっても、そこで働く労働者が不幸であってはならないのは当然だし、企業はいったん雇った人を、会社の都合で使い捨てにしてはいけないのがこれまでのルールだった。

しかしいま、グローバリゼーションの中の国際競争力という「魔法の言葉」によって、何でもありの状況が生まれ、すべての価値観がひっくり返ってしまう事態にある。働かざる者食うべからず、優秀な者が富むのは当然で職がないのは努力が足りないせいだ、との企業人の声に、ちょっとした違和感を覚えつつも、「ろくに働きもしないで高給を手にしている中高年」を否定するためには、その言説を受け入れざるをえない若者がいる。そしてその若者は、同じ論理で職を失っているのである。

世の中で、効率性と対極にあるものの一つが文化性であるといえるだろう。しかしその文化すらも、効率やコスト論理で捉えようとする傾向が強まっている。さらにいうならば、メディア自身が、そうした指標をもとに業務を遂行し、コンテンツの生産を行っているということができよう。こうした傾向はとりわけ九〇年代に入って顕著となり、それから四半世紀が過ぎようとしているわけであるが、その結果、企業あるいは人材の劣化が起きてはいないか。

そしてなによりこうした状況は、すべて表現の領域にも当てはまる空気そのものであるということだ。〈権威〉に表現の場の管理を委ねる、〈異質〉な自分の意見と違うものを認めない、〈劣化〉が知の世界を蝕《むしば》むという状況が進んでいる。その結果として、社会の多様性が失われ、メディアの規範が失われ、表現の大切さを思う気持ちが失われ、徐々にそして確実に、自由で闊達《かったつ》な知識・情報の流通は失われてきている。それは、言論公共空間の喪失であり、民主主義の崩壊につながりつつあるという危機感をもたざるをえない。

●安倍政権の規制立法

こうした自由の抑制を容認する「空気」は、これまでの当たり前が通用しない状況や、公権力による秩序維持が期待される雰囲気を作り、効率性や平穏の維持が市民的自由よりも優先される時代を迎えることになった。公権力の謙抑性がなくなり、市民と権力からの挟撃による遠慮ない規制がより明確になってきている。こうした状況を検証するにあたり、民主党政権の三年間を思い起こすならば、その実は自民党時代からの総決算であるという意味で、「いま」を考えるために有効であろう。

当時、「国難」に乗じて政府がしたことは、震災直後の通信・放送メディアに対するコンテンツ規制の要請と、総合的な秘密保護法制度の復活であった。前者は、いざとなれば政府が遠慮なく報道内容に介入できる法スキームの存在を明らかにし、後者は一九七〇年代から連綿と続く政府・官僚の野望の実現でもある。そしてこうした緊急事態を通じて政府の本性が明らかとなり、開かれた政府は単なるお題目であることがわかった。結果として情報公開法改正は塩漬けとなり、議事録不存在は正当化されていったわけである。

そして二〇一二年末の安倍晋三政権の誕生である。

報道では当初、安倍首相の政権運営を「安全運転」と称していた。もともと、民主党政権末期の党首討論では、野田佳彦首相（当時、以下同じ）を「安全運転」、対する安倍党首を「前面に安倍カラー」といっていた。それが、衆議院選前の党首討論会が開催された十二月あたまからは逆に、安倍手法を表す言葉として「安全運転」が使われるようになった経緯がある。政権初期の新聞・テレビでは、「安全運転で安倍カラー封印」を繰り返し、冷静な政権運営のイメージを植えつけていった。

今から振り返れば、それが〝仮面〟であったことは、当初から明らかであったといえるだろう。一丁目一番地といわれる憲法改正・教育改革の分野においても、海外政府やメディアから「ストロング・ナショナリスト（強硬な国家主義者）」とまでいわれるような国会答弁が続いていた。この分野の志向性を具体化するための各種有識者懇談会も、急ピッチで具体的な活動を進めていた。たとえば、教育再生会議の議論を受けての下村博文文科相の発言でも、道徳の教科化を学習指導要領の改訂時期を前倒しして実行する意欲を見せるなど、政権のカラーは全開だった。第一次小泉内閣で愛国心教育のための道徳副読本として生まれた『心のノート』についても、一三年三月には「心のノート活用事例集」として『改訂版「心のノート」を生かした道徳教育の展開』が発行され、前回不評だった本体の改訂版の配布も実行された。

同時にまた、報道各社別の特別インタビューのほか、各種パフォーマンスによるメディア露出も抜群で、メディアと一体となったソフト路線イメージ作りが功を奏し、高い支持率が維持されている。アベノミクスの一環としての景気浮揚策にしても、一二年末以降一六年現在に至るまで、期待感によるムード先行が続いており、その雰囲気を醸し出す露払い役を果たしているのは、今も昔も大手メディアであるといえるだろう。

そうしてこうした経済政策優先のソフト路線は、まさに「選挙対策」であって、有権者もメディアもその手法にのって、一三年の参議院選挙と翌一四年の衆議院選挙を過ごしたことになる。そして選挙が終わるや否や、政府はなりふり構わぬ形で秘密保護法制や安保法制の成立に進み、それが終わればまた前回同様、経済政策に特化する形を見せて一六年の参議院選挙を迎えたといえるだろう。

いずれにせよ、安倍政権には「遠慮」という言葉は見当たらない。その特徴は、何といっても第一次政権時代の「積み残し」課題の完成を目指す、強い信念だ。そして、まさに表現の自由領域においても、同様の確信的な政策が取られると推察できる。確かに、現時点までに戦前・戦中のような正面から言論規制を主目的とした法律はない。しかし、第二・三次政権中に提案されたものだけでも、表現規制に直接・間接につながる言論立法が十を超える。しかもその大概は、表現の自由に関する議論がほとんど行われないまま成立・施行されていることに強い危機感を持たざるをえないのである。

①共通番号法（行政手続における特定の個人を識別するための番号の利用等に関する法律＝マイナンバー法）＝閣法
②改正個人情報保護法（個人情報の保護に関する法律の一部を改正する法律）＝閣法
③消費税還元セール禁止特措法（消費税の円滑かつ適正な転嫁の確保のための消費税の転嫁を阻害する行為の是正等に関する特別措置法）＝閣法
④改正子どもポルノ禁止法（児童買春、児童ポルノに係る行為等の処罰及び児童の保護等に関する法律の一部を改正する法律）＝衆法（与党共同）
⑤改正災害対策基本法＝閣法
⑥電波利用料改定法（改正電波法）＝閣法
⑦薬品ネット販売解禁法（改正薬事法）＝閣法
⑧ネット選挙運動解禁法（改正公職選挙法）＝衆法（与党共同）
⑨特定秘密保護法（特定秘密の保護に関する法律）＝閣法
⑩国家安全保障関連法（我が国及び国際社会の平和及び安全の確保に資するための自衛隊法等の一部を改正する法律＝平和安全法制整備法、国際平和共同対処事態に際して我が国が実施する諸外国の軍隊等に対する協力支援活動等に関する法律＝国際平和支援法。前者はさらに以下の十の法律の一括改正法である。自衛隊法、国際連合平和維持活動等に対する協力に関する法律＝国連ＰＫＯ協力法、周辺事態に際して我が国の平和及び安全を確保するための措置に関する法律＝周辺事態安全確保法➡重要影響事態安全確保法、周辺事態に際して実施する船舶検査活動に関する法律＝船舶検査活動法、武力攻

撃事態等における我が国の平和と独立並びに国及び国民の安全の確保に関する法律＝武力攻撃事態対処法、武力攻撃事態等におけるアメリカ合衆国の軍隊の行動に伴い我が国が実施する措置に関する法律＝米軍等行動関連措置法、武力攻撃事態等における特定公共施設等の利用に関する法律＝特定公共施設利用法、武力攻撃事態における外国軍用品等の海上輸送の規制に関する法律＝海上輸送規制法、武力攻撃事態における捕虜等の取扱いに関する法律＝捕虜取扱い法、国家安全保障会議設置法）＝閣法

⑪ヘイトスピーチ対策法（本邦外出身者に対する不当な差別的言動の解消に向けた取組の推進に関する法律）＝参法

⑫改正盗聴法（犯罪捜査のための通信傍受に関する法律の一部改正）＝閣法

変わる表現の自由の基本ルール

●自由の縮減を呼ぶ一時的自由の付与

これらには、目の前の問題解決のため、全体のバランスを無視し、総体としての表現の自由が縮減する可能性を孕《はら》むもの、日本の表現の自由の基本ルールを無視するがために、今後の法規制の糸口を与える危険性を孕むもの、見た目は権利の拡大のようにみえるものの、その実は権利に伴う「義務の強化」であるもの、がある。以下、順に見ていこう。

第一のグループの典型は、ネット選挙解禁である。市民の政治参加を促進する可能性については大いに期待したい一方で、選挙期間中の表現活動を歪めるものであることもまた、確かだから

だ。ネット上の表現行為のうち、ショートメールやウェブメールを除外した電子メールだけを別扱いするといった法の立て付け自体、すでに時代遅れとの批判が出されている。こうした現状にそぐわない仕組みを導入してでも、最初の一歩をなぜ無理したのかを考えると、得をするのが一般有権者よりも、大政党及びそこに属する候補者ではないかとの疑問に行き着くのである。

公職選挙法の基本構造は、資金力の多寡によって選挙運動に差がつかないように、候補者に厳しい制約を課し、公営の「平等な」運動機会を与えるというものである。公費で賄う政見放送（テレビ・ラジオ）や選挙広告（新聞）しかり、ポスターの掲示等もきわめて限定的であることからもその実態が見てとれる。にもかかわらず、突然ネットの世界においては、こうした制約を取り払い、自由な選挙活動を認めたことになる。その結果、資金力豊かな政党は、ネット上で様々な工夫を凝らした宣伝活動を実行する状況にある。さらにはインターネット上の有料広告（たとえばバナー広告）も、政党のみに許されることになっており、しかも、政党名が入っていれば個人名を入れてもよいとの抜け道を、「勝手」に政党間で作るに至っている。

誹謗中傷に対する対応策も、面倒な申し出を行えば、プロバイダが削除措置をとれるようにしたが、こうした措置を実行できるのもまた、資金的余裕があって弁護士等の専任スタッフを雇用して、相手候補やその応援団からのネガティブキャンペーンにことごとく反論できるような者のみであることは明らかだ。小政党あるいは無所属候補は、日々の選挙活動に精一杯で、そのような対応に手を回せるとは到底思えないからだ。実はこのような実情を想定しつつ、政党間で自主的なルール作りが行われた。実質的には総務省と二人三脚で作成しているとみられる「ガイドライン」だ。先ほどのバナー広告をはじめ、運動の中身はここで規定されているわけで、まさに「政党の政党による政党のための選挙」を実行するためのルール作りという側面が見え隠れする。

すでにこうした政党優位の選挙戦は、現行の選挙制度でも存在はする。なぜなら、政党の選挙運動は「政治活動」とみなすことで、候補者個人に比して特段の自由を手に入れているからだ。そして、憲法改正国民投票法においては、さらにその政党優位を徹底し、期間中においては政党だけが商業広告を出すことを可能とし、政党が国の実施する改正のためのPRを実質的に担う仕組みを導入した（広報協議会制度）。この状況は、まさに政党による情報コントロールにほかならないであろう。選挙期間中の有権者向けの政治選択情報が、こうした政党優位のものになることは、まさに既成の大政党が発信する情報が圧倒的に多く流通する実態を生みかねず、自由な表現活動の確保という観点から問題があるといわざるをえない。

ネット解禁は先に触れたとおり、文書は原則禁止、ネットは原則自由という状況を生み出すが、この差を合理的に説明することも不可能だ。実際に、SNSで流れてきた情報を転送することはよくても、プリントアウトして友人に見せることは違法となるという「珍事」を生む。あるいは、候補者から受け取った電子メールを転送するのも違法だ。一般有権者にとって、与えられた自由はきわめて一面的なものであることがよくわかる。さらに、選挙期間中に候補者や一般有権者に比して、より自由な表現活動を与えられてきた報道機関が、今回の改正で逆転するという状況が生み出されてもいる。すなわち、ネット上で有権者は人気投票を除けば、ほぼ自由に当落に関する情報を発信できるが、報道機関は「公正な報道」に縛られることになる。このように、一三年の改正はきわめて大きな表現の自由のルール変更であって、しかもその自由はより政党に与えられることで歪められるということだ（詳しくは「おわりに」）。

●効率性の犠牲になる自由

還元セール禁止法もまた杜撰《ずさん》な法律の典型例で、それによって表現活動に大きなダメージが与えられることになる。政府として、消費税増税を世の中的に声高にいってほしくないがための、姑息《こそく》な表現規制としかみえないからだ。「三％分値下げ」はよくて、「消費税増税分値下げ」は禁止という広告規制に、理屈は立ちえない。すなわち、法規制に合理性や妥当性が欠如しているということだ。まさに、意図をもった、そして合理的理由が説明できない表現規制の典型例で、憲法違反の可能性が高いとすらいえる。

同法の目的は、中小企業イジメを禁止することにあることははっきりしている。たとえば、大手スーパーが納入業者に対し消費税分を上乗せしない金額の仕入れ価格を強要することなどが当たると想定される。それからすると、消費者に対してなされる広告が、下請けイジメにどのように関連するのかは見えないのであって、目的と手段の連関性がない法律ということになる。しかも、消費税還元セールを掲げることは、いわば広告表現を通じての、政府の政策に対する異議申し立てとみることも可能である。そうした表現行為を禁止するということは、税に関する議論を制約することにもつながる。

こうした事例は、明らかに広告表現に対しての軽視が見てとれ、先に挙げた選挙期間中の広告規制と通底するものがある。いわば、広告は経済的自由にしか過ぎず、政府が自由に規制できるものとの思い違いが感じられるということだ。たしかに、広告表現には通常の表現行為とは違った規制手法が認められる場合がある。しかしそれは、表現と情報の違いなど、その特殊性によるものであって、緩やかな基準で表現の規制が許されるという意味ではない。

一方で共通番号法は、また違った意味で罪深い法律である。みんなが便利になるなら、個々人の不自由はやむなしの空気に乗った法制化ともいえる。たしかに、部分的には国民の利便性と行政の効率化・スリム化が実現されることになるであろう。しかしそれさえも、すでに地方自治体レベルでは情報のデジタル化やデータベース化が進んでいることからすると、効率化というよりは個人情報の行政機関間の自由利用に重きがある。人減らしに多少は役立つかもしれないものの、その導入経費と毎年のランニングコストは膨大で、雇用創出にも財政削減にも逆行することは明らかと指摘されている。コストパフォーマンスの不透明性や、情報の安全性への疑問など、突っ込みどころ満載の法制度で、あえていえば道路工事同様の景気浮揚策としての公共事業財政投資としては有効かもしれない。

いわば個人情報利用促進法というべきこの制度は、構想当初においては、曲がりなりにも市民一人ひとりの権利としての、自己情報コントロール権の拡大がうたい文句だった。自分の番号（マイナンバー）がどのように使われているか、自宅のパソコンから確認できるということだ。しかしいつのまにか、お題目にすらならなくなり、しかも例外の一般化によって、政府はいずれかの公的機関が収集した個人情報を、ほぼ制約なく自由に相互利用でき、しかも自治体の独自利用や民間への利用拡大が控えている。その結果、私たち市民は、だれがいつ、いったい何のために利用したかを、事実上知ることは不可能になるであろう。

法案段階で突如、報道機関等の適用除外条項が挿入されたが、個人情報保護法のように法の適用から除外されるわけではない中途半端なものであって、収集した個人情報に対する責務は免除されていない。その結果、たとえば政治家の不正な資金の流れを暴こうと税務情報を入手したとたん、法に触れる可能性が否定できない。さらに法は、違法・不当な使用を監視する目的で独立行政機関を設置したが、この機関が報道機関をも監視の対象とすることで、取材によって収集した情報の提出を求めることも可能な仕組みになっている。個人情報保護法制定後に過剰反応等から取材に大きな支障が出ている実態を勘案すると、そうしたマイナス要因に対する対策が制度上皆無の中で、さらに個人情報の保護規定が特別法である共通番号法でかぶせられると、いっそうの取材上の困難が立ちはだかることになるであろう。

●厭わない基本ルールの変更

そして、日本における表現の自由の基本ルールを、根本的に変える可能性がある法律群の最初が、子どもポルノ禁止法だ。子どもポルノに関してはすでに国内において厳格な取締りが実施されており、改正はむしろ別の効果を生む可能性が高い。それは、憲法で保障されている日本の特徴的な表現の自由ルールがパラダイム転換されることにある。日本はこれまで、表現の自由の土俵をはじめから限定することをしてこなかった。いわば、すべての表現行為は一義的には自由であって、あくまでも事後的な処罰の可能性があるということだ。

これに対し、海外では子どもポルノを初めから「認められない表現」として土俵の外において いる。このように一定の表現を区別して、世の中に存在すること自体を認めないのも、被害を根絶するためには一つの方法ではある。しかし日本の場合は戦争の体験から、時の為政者が気に食わない表現を社会から排除する危険性を考え、こうしたルールを採用してきていない。今回の改正で単純所持を禁止し、処罰規定を設けたということは、まさにこれまでの日本型表現の自由保障スタイルを一変させ、社会において一切の存在を認めない表現カテゴリーを設けるということにほかならない。こうした「例外」をいったん作ってしまった場合、その拡大を防ぐことができるのか、きわめて疑問である。さらにまた、改正法ではすでにある子どもポルノ規制の範囲をこえて、子どもを描いた漫画やアニメを含めて規制を拡大・強化する方向性が明確に示されている。これは、性的被害にあっている子どもを守るという本来の目的を大きく逸脱して、立法者が期待するある種の「道徳」、たとえば近親相姦や教師と生徒の恋愛設定を「子どもポルノ表現物」として規制することになる。東京都青少年条例改正で企図され、漫画家等から強い反対を受けて撤回された、漫画やアニメの「非実在青少年」に関わる性表現規制を、法に格上げして再度狙うものといえるであろう。過去の「実績」や議論を無視して、問題ありの状況をあえて盛り込もうとしているということは、広範な過剰自主規制を法圧力で意図的に呼び起こそうとしているとすら見られる。このような規制強化は表現の自由を著しく損ねるおそれがあり、子どもを守るという本来の人権擁護の目的とはかけ離れたものとなっている。

同様の課題を有する表現領域として、昨今の在特会をはじめとする目に余るヘイトスピーチを前に、集団的名誉毀損表現を法的に禁止すべきという声が強まっている。これは、人種・民族差別表現を表現の自由の土俵外におくことに他ならない。確かに彼らの言動は、他者の人格を否定する、聞くに堪えない罵詈雑言だ。当事者にとっては、日々の生活を脅かされるばかりか、生命の危険さえ感じさせる極めて悪質な行為で、何らかの効果的対処がすぐに必要であること自体は疑いようがない。しかし日常的にもいまだ繰り返される女性や障害者、そして被差別部落出身者等に対する差別表現も含め、どこまで法的に規制し、刑事罰を与えるかは極めて難しい。これまでは、結果として表現の自由の枠を狭める可能性とのバランスのなかで、自由を優先してきた経緯がある。その例外を認めることは、まさに「蟻の一穴」になる可能性がある。公の秩序に反する表現を認めないとの昨今の政権党の発想からしても、危惧の念は強まるのである（ヘイトスピーチについては終章）。

この点について確認しておく必要があるのが、そうした絶対的な表現の自由に対し、現在の社会にブレーキがないのか、あるいは有効に機能していないのかという点である。先にふれたとおり、大陸ヨーロッパを中心に、ナチズムの再来を許さないというこれまた歴史的反省の中から、人種・民族差別の思想を含む言動の絶対禁止を定め、社会としての存在を認めていない。あるいは米国は、日本同様に表現の自由の例外なき保障をしている一方で、表現とその他の人権の衝突に対してはその他の権利衝突同様、裁判による解決を目指している。そうした「被害者」が裁判を受ける権利を厚く、かつ実際にも日常的な解決手段として社会的に担保することで、「調整」

が行われているわけだ。しかもその調整の中には、高額の賠償金もあり、いわばそれが行き過ぎた表現の抑止力にもなっているといえるだろう。

一方で日本の場合の抑止力は、「業界規制」である。情報流通の中核的な担い手であったマスメディアは、それぞれ媒体別に、厳しい「自主規制」を実施してきた。それは一歩間違えると、タブーを作り、メディア自身が情報隠しをしているのではないかとの批判を浴びる要因にもなる。しかし一方で、こうした業界の自浄努力である「規範力」が、表現の節度とバランスを生み、結果として幅広な自由を保つ要因になってきたことを忘れてはなるまい。

言論の自由への影響

●知る権利の軽視

実は、同じことがすでに民主党政権時代に研究会報告書が示され、二〇一三年に強行採決のうえ成立した秘密保護法制にもいえる（第二章で詳述）。〇一年の自衛隊法改正によって格段に増えた国家秘密は、対象を外交情報や公安情報に拡大し、さらに厚く巨大なベールに包まれることになる。とりわけ重大なのは、政府が指定した秘密を探知・公表する行為を直接禁止する規定を設けることで、取材行為自体が厳しく制約されることである。「正当な取材行為」は従来どおり罪とはならない、と説明されているが、正当かどうかを判断するのはもっぱら公権力であるし、そもそも情報アクセス行為自体が形式的ではあっても犯罪とされることの意味は大きい。

従来、日本における秘密の守り方は、「下り方向」すなわち漏らす側に守秘義務を課すことで、秘密情報が外部に流れることがないよう制御してきた。一方で「上り方向」すなわち秘密にアクセスする行為は、直接罰することをしなかった。例外的に、日米安保条約に基づき、米軍の秘密は特別扱いされ、漏らすことも、接近することも禁止されていた。また、国家公務員法等で公務員をそそのかして情報を漏らさせることも罪として罰する仕組みを有してきた。しかしこれらは例外的であって、これまた戦争中の苦い経験をもとに、秘密への接近を直接的に罰する制度は、公権力に「悪用」された場合、多くの悲劇を生むことを知っているからこその制度設計であるといえる。だからこそ、旧憲法下の軍機保護法には規定されていた探知収集罪を、現行法制の中では採用していないのである。それを突然に復活させるには、それなりの立法事実（現行法制では困ること）が最低限必要であるが、その説明を政府は十分に果たすことはなかった。むしろ、説得できるような秘密漏洩事件がない、ということであろう。

しかも、その後制定された安全保障関連法制は、いわずもがな有事法制の中核を占める法であって、緊急事態（存立危機事態）への対処法としての性格を有する。そこでは、すでに一連の有事法制で整備された市民社会の権利制限をいっそう幅広くかつ徹底することになろう。この緊急事態体制の法整備には、言論報道機関として直接かかわる事項がもう一つある。それは「指定公共機関」としての義務である。現在すでに、放送局（おもにはテレビ）は事実上、政府・自治体の指示に従って放送することや、収集した情報の提供、あるいは社員の政府・自治体への派遣が求められている。現行制度では、それらはいずれも要請にすぎないが、これらが政府の権限強化に伴い、義務として強制される可能性がある。あるいは現在の政府と放送局の力関係からすると、現行法のままでも十分に強制力をもって機能すると考えられよう。

この指定公共機関の制度は、当初の災害対策基本法から、人災といえるであろう原発事故（原子力災害対策特別措置法）や戦争（国民保護法）に至るまで、次々と拡大している（最近では、新型インフルエンザ等対策特別措置法）。自然災害に関しては、放送法でも災害放送としての義務付けもあり、公共メディアとしての社会的役割として迅速・適切な放送が求められるのは当然ともいえよう。しかし、それとまったく同じように、新規の法律によって新聞社や放送局が一方的に義務が課される状況は、どこかで歯止めを掛けておく必要がある。

一方で政府の不作為としては、情報公開法の改正がある。民主党政権時代に、知る権利の明文化や適用除外条件の厳格化などが盛り込まれた改正案が上程されていたが、実質審議に入れずそのまま廃案となった。その後、自民党政権下で改正案が再上程される動きはまったく見られない。またもう一方、様々な政党で「新しい権利」の代表格として知る権利が挙げられている。しかしその本心は、恩恵的な国家による権利付与であって、人が人である限り当然に有する権利としての位置付けではない点で似て非なるものである。

●憲法の行方

その国の憲法たるもの、直前の歴史を背負っている。日本でいえば、とりわけ十五年戦争の期間、多くの住民の自由や権利が厳しく制約され、尊い命が奪われたことを忘れてはならない。自由に話し書くことはおろか、戦争に批判的であることすら許されていなかったのである。それゆえに何より他国と違うのは、一切の例外を設けることなく、すべての表現行為を保障の対象としているのである。さらには念には念を入れ、検閲を一切禁止するほか、通信の秘密を守ることで盗聴を絶対禁止した。外国では、戦争などを想定して、お国のためなら盗聴や検閲は致し方ない、としていることと決定的に違うのである。この特段に厚い自由ですら、壊れやすく回復は困難であることは、歴史が教えるところである。だからこそ、ことさらに注意深く自由のありようを監視し、公権力が微塵も手も出せないような制度を作り上げる必要があるのである。それからすると昨今の状況は、これまでの当たり前が通用しない状況が生まれ、しかも残念なことに自由の抑制を容認する空気が確実に拡大している。

すでに述べたとおり、社会の安心のためなら自由の制限は当然という声も強まっている。自由の保障のためには「内在的な制約」に期待することが望ましいのであって、公権力の行使はやむなく行う場合であっても「ほどほど」が好ましいとされてきた。しかし現状は、公権力の遠慮がなくなっており、一律・包括・直接規制の傾向が見て取れる。市民社会の発展のためにも、自由な議論と民意の尊重が守られる社会が必要だ。そのために、憲法は「恣意的な権力行使」を戒めているのである。にもかかわらず、二〇一二年に発表された自民党憲法改正草案では、これまでの自由と権利を守ることを求める条文は、「国民の責務」というタイトルの下、「自由及び権利には責任及び義務が伴うことを自覚し、常に公益及び公の秩序に反してはならない」との義務規定に性格を変えた。幸福追求権も「公益及び公の秩序に反しない限り」の条件つきの権利となった。

これはまさに、原則と例外の逆転そのものであって、旧憲法下において「法律ノ範囲」という五文字によって権利保障が空洞化した歴史を思うと、まさにその時代の国家権力を絶対視し、「国益」のために個人の権利や自由を奪うことを当然視する法体系を是とするものにほかならない。この規定の仕方は表現の自由保障にも及び、「公益及び公の秩序を害することを目的とした活動を行い、並びにそれを目的として結社すること」は、憲法で保障する自由の枠外であることを明示する。一見この例外規定は、ＥＵ諸国に一般的な、ナチズムのような反民主主義的な思想・表現を自由の枠外において社会から排除する方法に似ている。しかし、戦争の経験から、思想・表現の自由に一切の例外を認めず、絶対保障を是としてきた日本のモデルを根底から変えるものにほかならない。

大陸ヨーロッパと表現の自由の守り方が異なることに頰かむりして、都合のよい「つまみ食い」をすることは表現の自由の全体バランスを崩すことになる。その結果として、最大目的である豊かな言論公共空間、それらを含む市民的自由を失うことにつながりかねないのだ。そして、国への批判を公益に反するとして取り締まることを可能とする国に変えることを、「普通の国」化であるといっているように見える。この普通の国思想は、真っ当な独立国として軍隊を有し、集団的自衛権を行使して世界の安全保障に貢献するという、憲法九条改正に代表される今日の憲法改正の潮流を形作るものだ。そしてまた、報道機関が行う世論調査によって多数の回答者が、憲法を「古臭いもの」で「現実にあっていない」から「改正すべき」だと考える現状と、まさに重なりあうものでもある。しかしこの「普通の国」のありよう自体が、すでに「時代遅れ」のものであることに私たち自身が早く気がつかなければならない。

にもかかわらず、いつの時代も世間受けするのは強い国家であり、政府として採用しやすい政策は即効薬として強権による危険の排除である。それは、リベラルと目された米国のオバマ政権ですら、プリズムによる個人情報の監視による国家の安全保障を謳い、個人の権利や自由が国益の前に制約されることを正当化したことに現れる。あるいはその典型が、仮想敵国を作りハードパワーで平和を維持する方法であるといえるだろう。このように、国家はえてして人権制約的になるからこそ、「憲法」による歯止めが必要なのである。その憲法を政策遂行に支障があるからとして、現実に迎合させることは憲法の存在価値を失わせることにほかならない。まさにいま、日本で進んでいる憲法論議で危惧されるのは、「国の都合」を優先させて個人の自由や権利を我慢してもらうことを、国の基本的なルールに定めようとしているように思えるからだ。

憲法で保障されるべき権利や自由の拡充こそが議論されるべきであって、そのために現行憲法の理念や果たしてきた役割をめぐる議論が深まるなら、おおいに国会で時間を費やしてほしい。しかし国会での議論をみる限り、そうした期待は残念ながら持てないし、各党の憲法改正案に市民的自由や権利の拡張といった理念は見当たらない。むしろ彼らが目指す「強い国家」の誕生が、市民生活とりわけ表現の自由に与える影響を強く危惧するのである。

＊

本節は、オリンピックとメディアの関係性について、ジャーナリズムの観点から考察を試みるものである。その一つのキーワードは「国益」あるいは「ナショナリズム」であり、メディアとりわけ新聞が国家的イベントであるオリンピックを扱うにあたって、どのような観点で紙面作りをするかをみていくこととする。そのために、過去のオリンピックではなく、「いま」起きている事象を検証することによって、「これから」迎える二〇二〇年の東京オリンピック報道を考えていきたい。

考察の対象とする事象としては、東日本大震災を挙げることとした。それは、今回の東京オリンピックが「復興五輪」をキャッチフレーズに挙げるように、この両者が密接な関係性を持つことに由来する。そしてまたこの両者が、一方は一一年からの時間的距離が遠のくのに相反して、もう一方は二〇年がその分近づくという表裏の関係性を持つことにも着目した。後に詳述するが、この時間的異同は、報道において大きなファクターを持ちうるからである。

東日本大震災と東京オリンピック

●国家政策としてのオリンピック招致

はじめに、時間を二〇二〇年東京オリンピック（以下、東京五輪）招致決定の段階にまで引き戻して考えてみることとする。最終決定の場であった一三年九月のＩＯＣ（国際オリンピック委員会）総会における首相演説を、新聞各紙はどう報じていただろうか。当時一般には、五輪誘致の条件として二つのことが強調されていた。一つはアピール力で、前回の招致失敗の原因は「なぜ（ＷＨＹ）」に欠けたことや日本国内（とりわけ東京都）の盛り上がりに欠けたことが敗因とされ、今回の招致活動においても弱点とされていた経緯がある。そしてもう一つが、一一年三月一一日の東日本大震災（３・11）に伴う原発不安をいかに払拭するかであり、それは日本のストロングポイントである「安全性」を謳うためにも必須とされていた。

そうしたなか、アピール力としての「震災からの復興」と、安全性の証明である「原発事故の収束」はいわば招致の絶対条件と考えられていたわけである。こうしたなか演台に立った安倍首相は、最初の総会演説（プレゼンテーション）において「状況は完全にコントロールされている」と発言、続く質疑応答においても、「汚染水の影響は完全にブロックされている」「健康問題は今までも、現在も、将来もまったく問題ない」「被曝量は国内どの地域でも基準の百分の一」といった説明を行った（実際の首相プレゼンテーションは英語。各紙の報道を参照）。
ここでは、汚染水問題をどう報じたかという視点から、主として日本政府の説明と新聞報道の日付（日本時間）の相関を確認したうえで、代表的な紙面として在京紙から朝日新聞（朝日）、読売新聞（読売）と東京五輪の地元地方紙として東京新聞（東京）、原発事故の当地である福島県紙から福島民報（民報）、被災地あるいは東京から最も離れた地域の新聞を代表して琉球新報（琉球）の五紙を比較検討する（琉球新報を選択したもう一つの意味合いは、記事の多くを通信社＝共同通信からの配信に拠っている紙面と考えられるため。なお、いずれの新聞も特に断りのない限り最終版［朝日、読売は東京版］）。

事実経緯（現地時間）
9／07　韓国・水産物全面禁輸　招致委員「福島とは離れている」
9／08　首相ＩＯＣ演説（プレゼンテーション）
9／09　東京五輪決定（在京紙は朝刊休刊）首相ＩＯＣ質疑応答で汚染水説明
9／11　震災から二年六カ月　汚染水対策チーム設置（閣僚会議開催）

【朝日新聞】
9／07　汚染水　風評の波紋
9／08　首相　安全性を強調「汚染水、コントロールされている」

9／10　汚染水不安　振り切る
9／11　汚染水対策、二か月後めど
9／14　汚染水「制御」迷走　コントロールほど遠く
9／20　首相　再び「汚染水ブロック」

【読売新聞】
9／07　「東京は安全だ」
9／08　「汚染水、ダメージ与えぬ」　安倍首相「未来と安全に責任」
9／09　首相発言　地元は「歓迎」
9／10　汚染水「確実に解決」
9／11　「汚染水　続く負の連鎖」
9／14　民主「汚染水」で攻勢
9／19　「汚染水」民主に飛び火

【東京新聞】
9／09　説明批判（「あきれた」「違和感」）首相汚染水発言　福島漁業者ら
9／10　「原発収束　待ったなし」（一面大型連載）

【福島民報】
9／07　県民　招致委発言に反発
9／08　首相　汚染水対策を強調

9／10　政府が汚染水対策／二〇二〇年東京五輪　首相、震災復興を強調
「3・11」から二年六カ月　汚染水事故収束阻む
9／11　汚染水対策は国際公約（社説）
9／14　「制御できていない」

【琉球新報】

9／09　汚染水解決を国際公約　首相、実現に重責
「あきれた」「違和感」首相発言に原発作業員ら
「置いてきぼり」寂しい　福島の被災者
9／10　空手形の乱発は無責任だ（社説）
ＩＡＥＡ　汚染水漏れ調査へ
9／13　除染後の水　外洋に
ずさん管理また　首相発言と食い違い

●原発事故隠しとメディア

ここでは三つのポイントから報道を確認しておきたい。①首相の汚染水発言の認識差、同じく②首相説明の矮小化、そして③想定読者（地域性）への配慮、である。

第一の点に関し対照的なのは、読売と民報である。読売が安全性を強調し問題を政局化させているのに対し、民報は汚染水対策の必要性を繰り返し説く。ちなみに同時期の他紙を見ると、反

原発（脱原発）志向を紙面上で鮮明に打ち出している東京は、政府（首相）の説明に批判的であり問題視をしている。また朝日は、関連する言葉を拾ってみると「波紋↓安全↓ほど遠く↓ブロック」と紙面に揺れがみられる。

【読売新聞】
9／08　「汚染水、ダメージ与えぬ」
9／10　汚染水「確実に解決」
9／11　「汚染水　続く負の連鎖」
9／14　民主「汚染水」で攻勢
【福島民報】
9／08　首相　汚染水対策を強調
9／10　政府が汚染水対策
9／11　汚染水対策は国際公約（社説）

第二の矮小化に関しては、朝日と東京を比べてみる。在京紙は招致決定を報じるのに、九日朝刊が休刊であったため同日夕刊を待つ必要があった。その分、紙面作りには余裕があったわけであるが、それだけに各社の「意思」が表れた紙面ということもできるだろう。その結果、朝日は首相の汚染水発言に関し、「言及をしない」という選択をし、肯定も否定もするのを控えた。これは、第一の視点で政府対応に評価が定まっていない状況を示したが、その別のかたちでの現れといえるのではないか。そして翌日朝刊（十日付）では、「『第4の矢』踊る期待」を見出しに取り、首相演説にプラス評価をしている。

一方で、最もはっきりマイナス評価を示したのは東京で、「あきれた」「違和感」といった地元の声を紹介した。さらに翌十日紙面からは、原発事故が収束していないことを追及する大型連載を開始させている。

【朝日新聞】
9／09　説明言及なし（「原子力比率引き下げる」）
9／10　演説評価（「第4の矢」踊る期待）
【東京新聞】
9／09　説明批判（「あきれた」「違和感」）首相汚染水発言　福島漁業者ら批判
9／10　一面大型連載「原発収束　待ったなし」

上記でプラス評価をしたと紹介した朝日の翌日紙面であるが、実は配布地域によって異なった紙面作りをしている。被災地域を配布エリアとする早版では、福島に寄り添う見出しを立て、主として東京を配布エリアとする遅版では安全を強調する紙面作りになっているからである。両方とも本文は同じであるが、見出しによって大きくイメージが異なっている。同様の例は、同紙の被災四十二市町村長調査（三月三日付朝刊）や福島県民世論調査（三月四日付朝刊）の紙面作りでも現れる。前者は早版では一面で紹介したものの、遅版では社会面での紹介にとどまっている。

早版「汚染水制御　本当か」／「憤る福島の漁師『こんなに苦しんでいる』」
遅版「汚染水不安　振り切る」／「憤る福島の漁師『言葉通りやってくれ』」

●何を伝えるべきか

ＩＯＣ総会における首相の汚染水発言をどう伝えるかは、確かに「正解がない」事例といえるかもしれない。そもそも、発言を伝えることに報道価値があるかも評価が分かれる可能性がある。あえて、お祝いムードに水を差すことが必要かという議論もあるだろう。しかも、発言が誤りという確証はありそうでないともいえる。しかし一方で、復興五輪がキャッチフレーズだったはずの五輪において、原発事故処理と放射能汚染問題は、招致の成否を握る最重要課題ともいえた。しかも、総会での発言はいわば国際公約としての意味も生じてくる。その意味ではやはり、政府の認識を示す格好の材料として報道価値はあり、と考えるのが妥当であろう。

その場合、招致を「国益」と考え、それへのマイナス要因の報道を控えるのか、少なくとも決定後において、その首相発言の評価を冷静に行うことは、報道としての姿勢を示すものに違いあるまい。開催決定こそが当日の最大のニュースであって、汚染水はメインテーマではないにしろ、その意味では即刻どうしても伝える必要があるものではなかったとしても、どこかで「伝えるべき」内容ではなかっただろうか。

五輪招致をめぐる汚染水問題に限らず、一般に福島第一原子力発電所事故をめぐる放射能汚染（被曝）を扱う際には、同様の問題が報道における課題として存在している。それはたとえば、被曝被害を伝えるメディアに対する徹底した批判ぶりに現れることになる。もちろん、復興への途上にある福島にとって、マイナス情報がいわゆる風評被害を生むという重大な側面があり、それを防止することは自治体・国にとっての大きな責務であることは言うまでもない。

しかし一方で、公的機関や電力会社が否定するような危険性、あるいは少数意見であっても、その見解や問題提起を拾い上げていくことが大切なこともまた、「原子力安全神話」作りに大きな役割を果たしてきた各種メディアにとって、福島原発事故を境に学習したことでもあったはずだ。そうした観点からみた場合、五輪招致と時期を重ねるように、福島の残留放射能または被曝実態についてのメディアの扱いに対し、政府は強い姿勢で抗議・否定をするということが続いているが、こうした局面における政府とメディアの関係性は注目に値する。

ここでは違った媒体として、テレビ、雑誌を考えてみよう。事案としては、テレビ朝日系列の「報道ステーション」の福島県下における低線量被曝の人体への影響に関する報道（二〇一四年三月十一日放送分。子どもの甲状腺がんの可能性について報じた部分に対し、関係医療機関・自治体・省庁から抗議がなされた）、小学館発行の『週刊ビッグコミックスピリッツ』（スピリッツ）掲載の連載漫画「美味しんぼ」における放射能被曝の実態描写（「美味しんぼ」第六〇四話・福島の真実㉒［一四年四月二十八日発売号＝第35巻第22／23合併号］、同㉓［五月十二日発売号＝24号］、同㉔［五月十九日発売号＝25号」）がある。ここでは、その科学的正否や描写内容の詳細については触れないが、政府（閣僚）もしくは関係省庁は事実誤認としての指摘や抗議にとどまらず、政府と異なる見解を一切認めないかのような強い姿勢を見せたことに着目した。

とりわけ厳しい批判が寄せられたのは、「美味しんぼ」の中で主人公が福島に行った後に鼻血を出したシーンと、前双葉町長や福島大学教員が実名で登場し、残留放射能が高く地元住民の帰還が困難であることを語るシーンだった。

25号で第六〇四話は完結し、それに合わせて連載の後に、編集部名の「特集記事」がつけられた。十ページにわたって十六人・機関からの意見を紹介したうえで、同特集の最後には、編集長名の「編集部の見解」が掲載された。文中、「多くの方々が不快な思いをされたことについて、編集長としての責任を痛感しています」「識者の方々、自治体の皆様、読者の皆様から頂いたご批判、お叱りは真摯に受け止め、表現のあり方について今一度見直して参ります」と記した。なお、二〇一四年十二月十日に発売された単行本一一一巻「福島の真実編②（下巻）」では、鼻血シーンは残ったものの、表現の一部は修正された。

この漫画表現に関し、多くの新聞の扱いは批判的で、「これは『表現の自由』の問題ではない」（産経新聞二〇一四年五月十三日付朝刊）を代表として、「一方的な見解を拡散させることで、福島県民の不安を増幅させていいのだろうか」（読売新聞二〇一四年五月一日付朝刊）など厳しい論調が続いた。そして、「疑問や批判、主張まで『通説と異なるから』と否定して、封じてしまっていいのだろうか」（東京新聞二〇一四年五月十四日付朝刊）との主張はごく少数にとどまった。こうした状況は結果として、政府の主張を正当化し、「異論」を認めない社会風潮を醸成していることにつながりかねない危険性を有するといえるだろう。

オリンピックとジャーナリズム

●オリンピックとメディアの相互依存

四年に一度のオリンピック（五輪）は、その年の重大ニュースに必ずピックアップされる事項であるとともに、日本国内においても大きな経済効果をもたらす意味で経済活動との密接な関係がある。それはそのままメディアとの関係にも当てはまり、トップレベルの取材・報道対象であるとともに、報道機関の収入のうえでも恩恵をもたらすものであった。まさに両者は、強い相互依存関係にあるといってよかろう。

具体的に、〈メディアにとってのオリンピック〉としては、内容面でのキラーコンテンツであるとともに、事業面ではカネのなる木であり、さらに技術面ではさまざまな取材・報道上の機材等の開発インセンティブになるものでもあったわけである。まさに、五輪を利用して発展するメディアという関係にあるといってよいわけだ。

この点、新聞や放送は、五輪に際しては必ず特別報道態勢を敷き、通常の紙面や番組を犠牲にして、五輪報道を優先させることを常としてきた。また新聞では、日本人の活躍を中心に号外を発行するなどの特別サービスを実施する。放送では、キラーコンテンツであるゆえに放映権料が高騰しがちとなり、日本ではジャパンプールと呼ばれる国内放送局が共同して組織委員会との放映権料の料金交渉を行うスタイルが定着している。民放においては日本民間放送連盟がそのとりまとめ役であり、ワールドカップなどと合わせそのための専門部署を有するほどである。また、厚い取材態勢をとる関係上、たとえば一九六四年の東京五輪に際して新聞各社は、大量の取材記者・写真記者（カメラマン）を採用した経緯がある。

また、五輪は広告集稿の絶好のチャンスともいえるが、近年では経済状況の悪化に伴い、予定していた広告枠が埋まらず、必ずしも営業上の大きな恩恵を与える存在ではないとの見方も示されている。それでもなお、五輪をめぐる広告収入が各社の大きな収入源であることに間違いはない。技術面ではたとえば、写真や映像の送稿手段は五輪ごとに進化してきたとも言われている（その発展段階は、『デジタル・フォト・ジャーナリズム――デジフォジャＢＯＸ』日本新聞博物館、二〇〇二　に詳しい）。

そしてまた、その逆も真であって、〈オリンピックにとってのメディア〉という側面でも、メディアを利用して拡大する五輪という構図が見て取れる。すなわち、五輪開催における最大の収入源は、いまやテレビを中心とする各国の放映権料であり、その収入なしに五輪はあり得ない状況となっている。しかもその額はうなぎのぼりに増大しており、まさに打ち出の小槌状態であるとも揶揄《やゆ》される状況だ。それと表裏の関係として、五輪の実施競技やその競技ルールは、「テレビ映え」が優先されるし、競技開始時間は放映権料を多く支払った国の事情が優先される事態も常態化してきた（たとえばリオ五輪においても、米国時間に合わせて競技時間が深夜に設定された）。それは、放映権料を多く得るために商品としての競技を売る者と、多少高くても視聴率が確実に取れる状況を確保したい者との間で生まれる必然の関係であり、まさに運営上の運命共同体といえることになる。

もちろん、各競技を世界中により広く浸透させることは、単に放映権料の高騰をもくろむこと以外にも、純粋にスポーツの普及の側面からも好ましいことであるし、そのためにテレビをはじめとするメディアの役割は絶大である。そしてまた、近年においてＩＯＣが強調する理念としての「レガシー」（継承、遺産）を、各国に浸透させる最大かつ最善の啓蒙手段として、各国のメディアを無視するわけにはいかないのである。

しかしこうした相互関係は、あくまでも緊張関係があることが前提であるし、しかもその国のメディアが経営面を優先させて、本来必要な批判性を失ってしまったのであれば意味を持たないことになるのは言うまでもない。そうした関係性は、開催国あるいはＩＯＣとの関係においてより、当然ではあるが自国の国内オリンピック委員会とメディアとの関係、あるいは五輪一般とジャーナリズムの関係において、より重要な課題を提供している。

ここでもう一度、五輪報道自体が持つ特質を確認しておきたい。これには、スポーツ・ジャーナリズム一般に該当するものと、五輪報道特有のものとがあるといえよう。

前者は従来、①スポーツ利権に代表される政治利用の側面からの影響、②スポーツイベントのほとんどが冠イベント化する中で、とりわけテレビの場合にはスポンサーの広告収入と深くつながっており、スポンサー意向に左右される状況が生じていること、③五輪に限らず多くの国際イベントでは国別のメダル競争が注目されることが多く、そこにナショナリズム的色彩がみられる傾向があること、そして、④国家的行事として日本人選手の勝敗に一喜一憂しがちであること、などが指摘されてきた（たとえば、阿部潔『スポーツの魅惑とメディアの誘惑』世界思想社［二〇〇八］、小川勝『オリンピックと商業主義』集英社新書［二〇一二］、橋本純一編『現代メディアスポーツ論』世界思想社［二〇〇二］、森田浩之『メディアスポーツ解体〈見えない権力〉をあぶり出す』日本放送出版協会［二〇〇九］、小川宏「『復興五輪』はスローガンなのか――東日本大震災と福島原発」『現代スポーツ評論』30号、「特集　返上有理！　2020東京オリンピック徹底批判」『インパクション』194号、参照）。

これらの多くはそのまま五輪報道にも該当するものであり、その規模の大きさと国別対抗の色彩を色濃く持つことから、より強く現れやすいともいえるだろう（ＩＯＣ自身が、表彰式の国旗の掲揚と国歌の演奏をやめるよう検討したこともあったが実現はしていない）。そしてこれらはまた、五輪「祝祭」報道というかたちで番組や誌紙面を飾ることにつながっている。さらに五輪を国作りの柱にするのも特徴だ。強いニッポンをめざすことから、「スポーツ立国」戦略が語られ、六四年東京五輪を意識して策定されたかつてのスポーツ振興法から、二〇一一年六月には今回の東京五輪を念頭においたスポーツ基本法制定へと進んだ。スポーツ基本法の目的は前文にある通り、「スポーツ立国」と「スポーツを通じて幸福で豊かな生活を営む権利」の実現である、とする。前身のスポーツ振興法は一九六一年に制定されたものであり、その立法目的として「スポーツの普及が日本再建の気力と体力の高揚に役立ってきた」としていた。

国体が各地方の体育施設をはじめ社会インフラ等のハード面での環境整備に役立ったり、ソフト面でも当該自治体の体育施策の強化に役立っているように、五輪時ゆえに社会（国家）資本を集中的に投下しステップアップさせるという面は、評価できる向きもあるだろう。あるいは縦割り行政の解消としてのスポーツ庁の二〇一五年創設が意味あるとの主張もうなずける側面があることは否定しない。その延長線上として、臨時に五輪担当相を置くこともあるのだろう。

しかしこれらは、えてしてスポーツ利権とりわけ公共事業との関係で、大きな闇を作りかねない歴史もすでに学んできている。しかも国家財政の観点から、旧来型公共事業の呼び水としての五輪利用や、新たな公共事業領域の創出としての省庁や権益の拡大は、中長期的観点から問題があることもすでに多くの指摘があるところである。かつてのスポーツ振興法同様に、今回のスポーツ基本法でも基本計画の策定が定められているが、振興法に基づき策定されたスポーツ振興基本計画は、その後、全く検証がされないまま、国がしたいことを推進するために利用された歴史を有する。

今回も、「スポーツ立国」戦略（スポーツ基本計画）が新たな予算のばら撒きの隠れ蓑にならないような監視体制を、どう作るかが問われているわけである。その意味では、これらのチェックの方法について日本でも、一九八〇年代以降、情報公開制度という社会制度として実現してきた歴史があり、これが公開性（透明性）を確保し、市民社会としての監視力を実行することにつながってきた。そして、この大きな原動力であり推進役がジャーナリズムであることは言うまでもない。

そうした社会的役割を担っている報道が、メダル獲得競争の後押しに傾注することは、確かに法目的に沿った「国益」に資することかもしれない。しかし一方で、祝祭報道や国威発揚報道を行う自身の立ち位置について、十分な自覚を待つことが求められることになる。それなしに強いニッポンを求めることは、戦争の時代において国家を支えるための二十世紀型のジャーナリズムとしては優秀であっても、市民が情報主権者として存在する二十一世紀型のジャーナリズムの役割としては不足しているといえるだろう。

●閉じた政府を象徴するオリンピック

自民党は二〇一三年選挙に際し、「日本を、取り戻す」を謳った。五輪招致運動のキャッチコピーは、「今、ニッポンにはこの夢の力が必要だ」であった（この延長線上で考えられることとして、一四年の東京都知事選では、「世界一」が強調された）。ここでいう「日本」に直結するのは、教育基本法の改正によって明確になってきた「国を愛する心（愛国）」であって、日の丸・君が代と関連して問題になってきた内心の強制につながりやすい性格を有する。それに比して「ニッポン」はどうだろうか。顔への日の丸のペインティングや君が代斉唱による選手の鼓舞、そして国民的熱狂は「健全」なナショナリズムとして肯定的にとらえられてきた。ジャーナリズムはその相似性を意識する必要があるだろう。ナショナリズムの代償としてのオリンピックという側面を意識することが「国家の国家による国家のためのオリンピック」にならないためには必要であるといえる。こうした点に無自覚であることは、愛国心そして日の丸・君が代の強制を政府と一丸となって国全体に浸透させることを目的化したメディアに変質させるきっかけとなりかねない。

いまや文科省の指導により、学校の公式行事においては国歌の起立斉唱や国旗の掲揚が、学校もしくは教員に義務付けされ、生徒はこれに従わざるを得ない状況にある。同様に、アスリートが試合前や五輪等の世界大会のメダル授与式に君が代を歌うことも当然視されているし、元首相が公式な場でこれを強制する発言をし、受け入れられている現実がある。しかしあくまでも、歌わない自由や立たない自由が個々人にはあるという、当たり前のことを社会が忘れないようにする、その一つの防波堤は、紛れもなくジャーナリズムの日常的な振る舞いに拠っている。ましてや、憲法で保障された良心の自由の問題そのものであるという意識が、国旗国歌に対する態度をめぐる主義主張とは別に理解されていることは重要である。そうした思想の自由・内心の自由は、言論活動の存在基盤であるからだ。

したがって、たとえば歌わないのをよくないことだと報じるよりむしろ、非礼だとして糾弾する行為をストレートニュースとして無批判に報じることによって、社会の寛容度は低下し、結果的に社会に過度の同質性を求めることにつながっている。それは米国で二〇一六年夏に起きた事例と比較するとよりはっきりする。米国ＮＦＬ（アメリカンフットボール）のコリン・キャパニック選手が米国内の人種差別に抗議するため国歌演奏時の起立を拒否して大きな社会的な問題となった（人種差別が起きている国の象徴としての国旗に敬意を払えない旨の発言をしていると伝えられている）。これに対しオバマ大統領は、「憲法で保障されている意見表明の自由を行使しているだけ」と擁護したと報じられている。

同じことは、メダル獲得のための傾斜資金配分や大学・企業から政府による選手育成への変更といった、国家スポーツ政策への向き合い方にも当てはまるだろう。もちろん、政府方針と編集方針が一致することもあるだろうし、時には政府を後押しして、政策の実現をよりスピードアップさせることが必要な場合も少なくない。しかしそうした場合ですら、批判性・正当性は十分かについて、ジャーナリズムは常に確認しつつ進むことが求められている。

ここでもう一度思い出しておくことが必要なのは、今回の東京五輪招致のキャッチフレーズが「復興五輪」であることだ。そしてこの復興の前提にある東日本大震災の教訓は、日本の社会全体に厳しく社会制度の変革を迫ったことにあるともいえる。その変革の対象はいろいろあったが、たとえばそれはハコもの「公共」事業であり、中央集権・地方分権のありかたであり、経済効率性であったはずである。もちろん、メディアの在り方も厳しく問われた。しかしいま、復興五輪の名のもとに進められているのは、これまでの日本のありようの「継続」であって、「変革」ではないことが明らかになりつつあるといえる。

その結果、震災報道には強い無力感が広がり、それと相反するように東京五輪報道には高揚感が感じられる状況にある。招致が決まった一四年は震災四年目であり五輪の六年前であった。翌十五年はちょうど五年目・五年前となり、そして次の年に逆転した。だからこそ、お題目として政治利用されるキーワードとしての「復興」ではなく、五輪の政治利用に取り込まれるメディアという批判にどう抗していくかが、まさにいま問われることになる。これはあえていえば、先に述べた二十世紀型と二十一世紀型ジャーナリズムの転換と同様、災前と災後によって、ジャーナリズムの拠って立つものが大きく変わったことをどこまで意識し続けられるかということでもあるだろう。たとえば、国策であった原子力行政に関し「原子力安全神話」を積極的に進めたことをどう反省し、それをどう生かしていくかが問われている。政府の唱える「国益」の実現と一線を画することが、原発事故に対し同調・現実否認・忘却という道をたどらないために必要ではなかろうか。

もう一つ、五輪とメディアの関係を表すものとして、国家による情報コントロールがある。これを計る指標にはいろいろあるが、その代表は政府の透明度であろう。国家的事業である五輪を進めるうえではその透明性が大きなカギとなるが、一般の社会常識を超えて「不透明」さが際立つのがスポーツ界であり、五輪招致関連事項であるともいえるだろう。その顕著な情報閉鎖性として挙げられるのが、会議の非公開、人選の不透明性、意思決定過程情報の不開示である。

具体的には、東京五輪を進める会議体である東京オリンピック・パラリンピック競技大会組織委員会の人選は密室で行われ、しかも事後的にもその選考の過程や理由は秘密のままである。そしてその後の会議も非公開が貫かれ、議事録の公表がないばかりか、記録がとられているかどうかも確認できない状況にあるとされる。メインスタンドに予定されている国立霞ケ丘陸上競技場（国立競技場）の建て替え問題についても、その不透明性が再三取り上げられているが、隠蔽体質はなかなか改まらない状況にある。それでも、日本スポーツ振興センター（JAPAN SPORT COUNCIL）ウェブサイト上で、「新国立競技場」のページを設置し、国立競技場将来構想有識者会議の議事概要や、国際デザイン・コンクールの関係資料を公表しているだけ、組織委員会の密室性に比較するとましともいえる。

こうした情報隠蔽による正当性の欠如は、民主主義の否定につながるわけであるが、そうした批判は報道においてほとんど出てこない。そこでは、必要な公益の合意がみられることはなく、国益と国民益は同じであるという前提の中、目前の国益の実現のためには市民の日々の生活や市民的自由は犠牲になることはやむを得ないとする風潮が醸成される傾向にあるといえよう。

国益とジャーナリズム

●三つの朝日問題

そうした中、国益と報道の関係を正面から問う事態が二〇一四年に起きた。直接の発端は、朝日新聞が掲載した（従軍）慰安婦報道検証記事と、その後の連載不掲載問題や、福島原発事故報道である（あわせて「朝日報道」と呼ぶ）。しかしそれ以前から、国境問題をはじめ、慰安婦や南京虐殺などの歴史的事実をめぐって、中国や韓国との対立を煽るかのようなメディア報道が相次いでいたし、インターネット上では両国を罵倒する言論で溢れる状況が現出していた。実際、週刊誌や月刊誌は毎号、嫌韓憎中を掲げる特集で部数を増やし、それに類する刊行物も売り上げを伸ばしていた。

具体的には、慰安婦報道に関し朝日新聞は、一四年八月五、六日付朝刊において、両日で合計四ページを割いて、過去の慰安婦報道の検証を実施、韓国・済州島において住民を慰安婦として日本軍が強制連行したなどとする吉田清治（故人）による証言（いわゆる「吉田証言」）など一部報道の誤りを認め、該当記事の取り消しを宣言した。同時に、強制性も含め慰安婦報道全体には誤りがないことと、他紙の報道にも同様の証言の掲載等の誤りがあったことを指摘するなどした。その後も断続的に、検証の結果を伝えている。

また、連載不掲載問題に関しては、池上彰執筆による連載「新聞ななめ読み」の一四年八月二十九日掲載予定分につき、朝日新聞が掲載を拒否したことが発覚、朝日新聞所属の現役記者をはじめ多くの人々から批判を浴び、一四年九月四日付朝刊でお詫びとともに掲載、六日付朝刊で経緯を説明した。

そして福島原発事故報道に関しては、朝日新聞は五月二十日付朝刊一面で、東京電力福島第一原発事故の政府事故調査・検証委員会が作成した、原発事故当時の現場責任者である吉田昌郎所長（故人）の聴取結果書（いわゆる「吉田調書」）を独自に入手し、「東日本大震災四日後の二〇一一年三月十五日朝、福島第一原発にいた東電社員らの九割にあたる、およそ六百五十人が吉田所長の待機命令に違反し、十キロ南の福島第二原発に撤退した」ということを主旨としたスクープ記事を掲載した。これに対し、「命令違反で撤退」というのは事実と違うのではないかとの、門田隆将をはじめとする批判を呼び、その後、産経新聞、読売新聞が相次いで調書を入手、その結果、吉田所長ほか当時の民主党政権中枢者の聴取結果書に関し、一一年九月十一日に政府が公開することになった。

これらを受け朝日新聞社は、社長以下役員が出席して、謝罪会見を実施し、進退についても言及した。そこではまず福島原発事故をめぐる一連の記事を取り消し、謝罪をしたうえで、続けて記者からの質問に答える形で、慰安婦報道についても初めて謝罪を行った。また、池上連載の不掲載問題についても改めて謝罪し、これらの一連の問題について外部委員を交えた検証を実施することを発表した。その後に発表したものも含め、都合、四つの組織で当該問題を検討、報告書等を発表した（慰安婦報道検証第三者委員会＝吉田証言、報道と人権委員会［ＰＲＣ］＝吉田調書、紙面審議会＝紙面全般、信頼回復と再生のための委員会＝経営を含め全般）。

とりわけ一九八二年以降の慰安婦報道の一部を取り消したことに関し、慰安婦に関し強制性があったとの誤った印象・事実を海外に広めたとして、国益を損ねたとの激しい「朝日新聞バッシング」（朝日叩き）が巻き起こった。大きな報道の節目としては、最初に検証記事を掲載した二〇一四年八月五、六日と、原発事故報道についての謝罪会見を行った同年九月十一日を受けての各紙報道がある。

そしてここで取り上げるのは、政府（とりわけ官邸）が「朝日新聞の誤報によっていわれなき中傷が世界で行われている」「国際社会で日本の名誉が傷つけられた」などと記者会見や国会審議の場等で繰り返すのと呼応するように、一部メディアが同様に「国益を損ねた」として朝日新聞に廃刊を迫る事態を生んだことである。たとえば読売新聞九月十二日付朝刊では社説の小見出しを「国益害した慰安婦報道」とした。同日の産経新聞でも社説にあたる主張で「朝日新聞の慰安婦報道は、日本と日本人の尊厳や国益を大きく損ね」たとし、一面の署名記事では「国益を損ねた朝日」を見出しとした。さらに雑誌においては、週刊誌や月刊誌もその過半が朝日新聞を「売国奴」「国賊」などとし、掲載記事の中で朝日新聞は責任をとって廃刊すべきと訴えた。

こうした状況はその後も続き、各紙が一四年十月三十日付朝刊で、前日の食事会で首相が「(政治資金問題に関し与野党ともに)『撃ち方やめ』になればいい」と語ったと報じたが、これを受け首相は十月三十日及び三十一日の国会答弁で朝日新聞の記事だけを指して「私は言っていない。火がないところに火をおこすのは捏造だ」「安倍政権を倒すことを社是としていると、かつて朝日の主筆がしゃべったということだ」と批判を続けた(なお、記者団に当該発言を伝えた側近は後日、自分が首相に「これで撃ち方やめですね」と発言し、それに対し首相も「そうだね」と応じただけと発言を修正した)。

読売新聞は八月二十八日付朝刊から「検証 朝日『慰安婦』報道」と題した連載を掲載、また八月二十日付朝刊で、「朝日新聞の慰安婦報道、損なわれた国益とは?」と題するグループ放送局による識者対談内容を紹介。系列の中央公論新社刊行の『中央公論』十一月号で「国益とメディア」を特集する。関連して『フライデー』一四年十月三十一日号によると、読売新聞は販売店に対し販売拡張の号令をかけ、拡販用のカラーパンフレットを作成するほか、系列の中央公論新社から読売新聞編集局名で『徹底検証 朝日「慰安婦」報道』(中公新書ラクレ)を緊急出版し、大量に買い上げたうえ無料配布したという。新聞協会会長の白石興二郎・読売新聞グループ本社社長は、十月十五日に開催された新聞大会の座談会席上、読売の販売現場の一部で朝日の慰安婦報道の特集直後、「千載一遇の好機」と檄《げき》を飛ばしていたが、「報告を受け、即刻とりやめさせた」と報告した。また産経新聞は、一四年四月から連載中の「歴史戦」を単行本化した『歴史戦 朝日新聞が世界にまいた「慰安婦」の嘘を討つ』（産経新聞出版）でも、朝日報道を批判する。

雑誌ではたとえば、月刊誌の一四年十月および十一月号の背表紙を見ると、『ＷｉＬＬ』「朝日『従軍慰安婦』大誤報」（十月号）、「歴史の偽像！　朝日新聞と『従軍慰安婦』」（十一月増刊）、『Ｖｏｉｃｅ』「朝日の慰安婦報道を叱る」（十月号）、「さよなら朝日」（十一月号）、『正論』（産経新聞社）「朝日新聞炎上」（十月号）、「堕してなお反日、朝日新聞」（十一月号）、『新潮45』「朝日新聞の落日」（十月号）、『文藝春秋』「朝日新聞の〝告白〟を越えて」（十月号）、『中央公論』（読売新聞社）「メディアと国益」（十一月号）、と六誌が厳しく批判する立場だ（『文藝春秋』は十一月号でも大特集「朝日新聞の『罪と罰』」を組むほか、週刊文春臨時増刊として文藝春秋の過去記事等を再録した「『朝日新聞』は日本に必要か」を刊行している）。国内の大手総合月刊誌はこのほか『世界』（岩波書店）があるが、七誌中六誌が〈保守〉路線で、唯一の〈革新リベラル〉系である『世界』の発行部数は相対的に多いとはいえない状況にある（ちなみに同誌十一月号も背表紙タイトルからは外したものの一番ページを割いた特集は「メディア・バッシングの陥穽」で朝日問題だった）。

●誤報理由としての国益毀損

政府が国益を語ることは当然だし、誤報をした媒体をメディア相互で厳しく批判をすることは必要だ。むしろ、さらに朝日報道そのものとともに検証の仕方もあわせ、その構造的な問題も含め徹底的な批判をすべきともいえる。その延長線上で廃刊を求めることも選択肢としてはありえるかもしれない。あるいはまた、記事が国益を損ねたと、政府が判断することもあるだろう。しかし、メディアがメディアに対し、「国益」を求めることについては今一度考える価値がある。

報道の善し悪しを〈国益を損ねたか否か〉で判断をすること、あるいは誤報の理由として報道倫理違反や人権侵害とともに国益毀損を入れることについてである。なぜなら、日本の憲法は表現の自由の保障規定に、わざわざ検閲と盗聴の禁止を明文化している。これはまさに、国家による言論の強制を明確に否定するものであり、それは国益の押しつけの拒否でもある。これをメディア側から見るならば、メディアは国益と一線を画すことをルール化したものに他ならないだろう。

あるいは仮に国益報道を肯定する立場であるとしても、政府の主張する国益が誤っていることを主張することが、国益に反するとして許されないとすれば、それはジャーナリズムの本旨である権力監視機能と相容れないものになってしまう。しかし事態はより深刻化しているともいえ、特定秘密保護法制定時に政府関係者は「国家安全保障は常に知る権利に優越する」と述べたものの、それが大きな問題にはならなかった経緯がある。それはまさに、「お国のためのジャーナリズム」を奨励するものに他ならないにもかかわらずである。

東日本大震災において、政府の発する「安心・安全情報」を「そのまま」伝えた報道機関が厳しく批判され、新聞やテレビはもはや不要であるとか、ジャーナリズムは死んだとまで言われた。それはまさに「権威ジャーナリズム」や「お国のためのジャーナリズム」を見直す契機を、メディアに与えたはずであった。しかし対象を変え、時間の経過のなかで、慰安婦報道ではその反省は生かされていないと言わざるをえない。そして同じことは、五輪報道でも起こる可能性があるということである。

特に東日本大震災以降、原発再稼働や特定秘密保護法、あるいは集団的自衛権の解釈変更に関し、新聞界とりわけ全国紙においては見解・主張が大きく割れ、結果として稀にみる言論の多様性が生まれている。これは自由で多様な言論が流通することが求められる言論公共空間のありようとしては好ましいことであると考えられる。しかし一方で、すでに表現の自由の場で多様性を狭める動きが進行しつつあることにも注意が求められる状況にある。それはたとえば、教科書の検定あるいは採択の場での自由の幅の縮減や、地域の公民館等の公共施設における貸出基準の厳格適用による集会制限である。さらには、売り上げ重視によるナショナリズムを煽る雑誌作りによって、週刊誌や月刊誌において多様性が失われつつある現状も生まれている。当初は文藝春秋社や新潮社の刊行物が中心だった韓国・中国叩きと、それに続く朝日叩きは、その後、小学館も「参戦」する形で広がりを見せている。同時に後発隊は、『フラッシュ』に特徴的なようにより過激な表現を使用する傾向がある。

こうしたかたちで言論・表現の「統一」がなされることは、ますます「異論」を唱えることを困難にし、さらに少数者に対する攻撃を過激化する可能性を高めることになるだろう。在日コリアンに対する一部団体によるヘイトスピーチはその典型ともいえる。さらにこうした暴力表現が多発すれば、それらは表現行為ではなく暴力行為として取り締まる必要性も高まることになり、公権力の出動を求めざるを得なくなる。それは紛れもなく、表現規制という立法措置につながるであろう。

実際、朝日報道に関しては、報道に携わった元記者二人の勤務先である（あるいは予定されていた）大学に脅迫状が届けられ、その結果、一人の元記者は職場を失うという事態に発展した。とりわけ植村隆元記者に対しては、本人のみならず、勤務先のしかも学生を脅すという状況も続き、卑劣であった。また、家族の実名顔写真をネットに流布する行為も続いた。発言内容によって、その発言機会を根こそぎ奪う（さらには生活そのものを脅かす）という卑劣極まりない行動は、部分的に「成功」を収めたことになるが、そうした「空気」を作り出していることに、政府とそれを肯定するメディアに責任の一端はないだろうか（文藝春秋社及び主たる発言者に対しては訴訟が提起されている）。

政府の政策とメディアの主張の符丁が合うことは当然にありうる。しかし、報道に国益を求めることは、時に政府の指示に従って報道することを意味する。それは仮定の話ではなく、現実に法制度としても整備されつつある。〇三年に制定された有事法制の一つである武力攻撃事態対処法と国民保護法で規定された指定公共機関制度においては、報道機関は取材・報道活動において、政府・自治体との一体運用が期待されている。あるいはほぼ同時にできあがった自衛隊取材のルールでも、自衛隊員の安全に反する取材・報道は禁止されている。これらの意味するものは、「有事」においては政府の意図する報道を強く要請されるということである。

これを是としないからこそ、沖縄の放送機関は指定公共機関になることを一時的ではあるが拒否してきた歴史があるし、自衛隊取材のルールを一般化することに報道界は強い拒否反応を示しているのではないのか。あるいはまた、東日本大震災におけるメディアの教訓は、政府の発表を鵜呑みにしないことではなかったのか。そうであるならば、とりわけ政府が強面に「異論」を認めない姿勢を明らかにしているときに、同じように政府と同じ主張をさらに声高に行うことの危険性は言うまでもなかろう。

本節の主要テーマである五輪報道において、有事同様にナショナリズムが鼓舞される状況が生まれやすい、あるいは、五輪の成功という「国益」のために多くの犠牲が払われる可能性もあるだろう。そうした折に、いかにこうした公権力や社会的雰囲気に飲み込まれることなく、冷静な報道をなしうるかがジャーナリズムの価値として重要になると思われる。にもかかわらず、多くのメディアは政府との「距離の近さ」を競っているようにも見える。その一つの事例が、先に示した首相とメディア経営者との接触である。

こうした事態は、両者の間の緊張感を失わせ、監視機能を弱めることにつながる可能性を必然的に包含することになりうる。それは、ジャーナリズムが公権力に対し謙抑性を求め、表現の幅を拡張することを求める力を弱めかねない。さらには、仮にも市民からメディアが政府と一体化しているとみられれば、市民からの信頼性は一気に崩れ去り、社会に対し寛容を求めることはできなくなるだろう。それは、間違いなく言論の自由の危機である。国益と言論の根本がいま問われている。

第二章　言論の不自由

秘密保護法にあらわれる政府の情報隠蔽構造

秘密保護法なるものの本質

●秘密保護と表現の自由

時の政府は、自らの政権安定のために二種類の法律を制定してきた歴史がある。一つは政権批判を取り締まること、もう一つは政府の秘密を守ることだ。前者はかつて名誉毀損法として存在し、日本の場合、明治政府は樹立とともに政府批判を封じる讒謗律《ざんぼうりつ》を制定、これはのちの新聞紙条例や出版条例、さらには治安維持法へと拡大した。そして後者の代表は軍機保護法で、軍事に限らず政府が保有する情報を国民から隠すための法制度を整備し、その後の改定で強化されていった。

しかし今日、これらはその意味合いを大きく変えてきている。それは、政府に対する批判は可能な限り自由にし、政府が有する公的情報は国民のものであるという考え方への転換である。敗戦とともに新しい憲法の下では、戦前からの刑法上の名誉毀損は存続したものの、公人への批判を大幅に認める特別規定を追加し（刑法二三〇条の二）、さらに判例でもその枠を拡大してきている（真実相当性の理論の導入）。また、情報公開法を制定し、市民の知る権利を実質上認め、政府に説明責任を負わせるようになった。この意味するところは、十九・二十世紀的な国家の安定は為政者に委ねるという「古い」考え方から、市民が自らの手で国家の将来を選択するという二十一世紀型の「新しい」考え方への転換であり、原則と例外の逆転の思考である。

この基本的な思想の転換を理解したうえで、国家としての秘密の守り方を考える必要がある。その国の憲法は直前の社会状況を受け、その時代の国民が受けた辛苦を二度と繰り返すことがないよう定められている。だからこそ日本では平和憲法が誕生し、ドイツやイタリアとともに戦争の放棄を謳っている。それは単純に敗戦国として連合国から「押し付けられた」ものではなく、多くの国民の率直な思いを憲法の精神に反映させたものにほかならないといえるだろう。それとともに、思想・信条、信教、学問、そして言論・表現の自由は、まさに戦前・戦中の弾圧の歴史を経験しての反省から生まれたものであることを、繰り返し確認しておきたい。日本の憲法で保障されている「表現の自由」の特徴を、ここではあえて二つだけ挙げる。

一つは、「例外なき絶対保障」であることだ。世界中の憲法において、表現の自由を保障していない国はなかろう。しかし、自由の保障のあとに一切の条件を設けていない国は極めて珍しい。普通は、「公共の利害に反しない限り」といった例外を設けているのであって、大日本帝国憲法でも「法律の留保」という言い方で、場合によっては法によって権利を制限しうることが定められていた。その結果、治安維持法等によって、表現の自由が完全に骨抜きになってしまったのだ。

だからこそ現憲法は、一切の例外を認めていない。

もう一つは、本則に続けて、検閲の禁止と通信の秘密を別途、定めていることだ。検閲の禁止は現代社会においては当たり前のことのように思えるが、ほとんどの国は当然のこととして、戦争になれば検閲を実施するのであって、それは憲法上是認されている。それは、今日の米国も英国も同じだ。しかし日本では、「いかなる場合」も政府による事前検閲は禁止であって、それがわざわざ憲法に明記されている意味である。通信の秘密とは、言い換えると盗聴の禁止ということだ。これまた、多くの国では国益のための盗聴が当然のように行われており、昨今の米国政府による他国の政治家トップに対する電話盗聴や一般市民に対する幅広な電子メールの収集を見ても明らかだ。これまた日本ではこれまで、通信傍受法によって極めて限定的明示的に民間人立会いのもとでの「情報収集」が認められていることを除き、厳密に行政判断による盗聴禁止を守っている国だ（ただし、二〇一六年改正によって制限が緩和され、行政盗聴が事実上解禁される危険性が指摘されている）。

こうした原則のうえに成り立つ現在の日本の秘密保護法制はこれまで、他国とは異なる日本独特の方法をとってきた。一般に、国家の秘密を守るためには、前章でも触れたように、その秘密を漏らすこと（漏洩罪）と、秘密を嗅ぎまわること（取得罪）の両方、いわば情報の〈下り〉と〈上り〉の両方向の情報の流れをストップさせることになる。したがって、秘密法をもつ国は、その両方を罰するわけで、かつての軍機保護法もまさにこの法構成になっていた。しかし戦後の日本は、上り方向の取得罪をなくし、公務員が情報を漏らした場合といった下り方向だけを公務員法で罰する仕組みを採用してきた。これはまさに、辛い戦争の犠牲の上に手に入れた、日本モデルの表現の自由のあり方であり、それは同時に秘密の守り方そのものでもある。

　しかしいま、政府はこの大きな表現の自由の原則を根本から変えてしまった。しかもそれは、政府の五十年越しの「普通の国」になるための悲願でもあったといえる。なぜなら一九六〇年代以降、政府は一貫して、戦前の軍機保護法並みの総合的な秘密保護法制の実現を図ってきたからである。

●秘密保護法制に向けたこれまでの経緯

　戦後、日本の政府がはじめて、総合的な秘密保護法制の制定を具体的な形に示したのは、六〇～七〇年代の刑法改正論議のなかであった。六一年の改正刑法準備草案確定稿のなかで「機密探知罪」（一三六条）を新設、まさに上り方向のアクセス禁止の復活を目論んだ。七四年に発表された草案では「公務員機密漏示罪」となったものの、現行の公務員法に基づく守秘義務ではなく、秘密漏洩の刑罰化への取り組みが見てとれる。続く八〇年代は、国家秘密法（スパイ防止法）の時代である。宗教団体の後押しもあり強力に進められた総合的な秘密保護法案は、漏洩と取得の両方を罰するもので、しかも対象も、防衛・外交・公安の三分野をカバーするものであった。度重なる法案提出の動きののち、国会上程そして廃案といった経緯を辿ることになる。

　ここまでみてわかるとおり、政府はおよそ十年おきに繰り返し保護法制を求めているわけであるが、九〇～二〇〇〇年代はむしろ、有事法制整備の中で秘密保護が整備された時期であるといえるだろう。一九九〇年代末の日米新ガイドラインに基づき、日本は各種有事法制の立法化を進めることになる。二〇〇〇年代に入ってからの武力攻撃事態対処法と国民保護法、さらには自衛隊法改正などの十前後の関連法によって、一気に秘密の範囲が拡大していった。同時に、アメリカからの要請に従い、従前から存在していた日米安全保障条約に基づく秘密保護法制（MSA秘密保護法、刑事特別法など）の強化が図られた（日米軍事情報包括保護協定の締結）。そして今日の一〇年代である。

ただし、今回はこれまでと状況が異なる点がいくつかある。一つは、ここ十年ほど表現規制立法が相次いでいるということである。先に挙げた現政権下での一連の立法のほかにも、裁判員法、放送法改正、憲法改正手続法（国民投票法）など、それぞれの法自身の問題性は棚上げするとしても、表現行為に対しことごとく新たな規制を定めるものばかりである。そうしたなかで、〇一年施行の情報公開法についてすら、十分な活用を法構造や運用が妨げている実態が明らかになりつつある（山田健太『言論の自由』ミネルヴァ書房、二〇一二 参照）。世間の空気も、こうした表現規制をむしろ望んでいる状況がある。個々人の人権が多少制約されても、むしろ社会の安寧や生活の平穏が守られるなら、あるいは国益のためなら、国の規制に従おうではないかとの空気である。そしてこうした風は、隣国が攻めてくるかもしれない、日本固有の領土を奪われるかもしれないとのある種のプロパガンダによって、より一方向にそして強くなっている。

さらにいえば、そのきわめつけは前章でも触れた安倍首相のキャラクターとの関係である。第一次安倍政権の特徴の一つは、表現行為への圧力や規制に無頓着・無理解であったことだ。その結果は、放送局が史上最多の行政指導という名の番組干渉を受けたほか、就任前にはＮＨＫ番組に対する改変圧力をかけたか否かが大きな社会問題にもなり、判決でもその影響を認めるに至っている（ＮＨＫ・ＥＴＶ番組改変事件）。一〇年オリンピック招致活動の最終プレゼンテーションにおける記者会見でも、汚染水漏れに関連して記者会見で「ヘッドライン（メディアのいうこと）を信じないように」と言い切るなど、メディアに対する否定的態度はある意味一貫している。

こうした状況のなかで秘密保護法制定の動きは、満を持して出されたものともいえる。しかもそれは、二〇〇〇年代の自民党政権下での議論に始まり、民主党政権下においても同じ下書きに基づく議論が継続され、さらに政権が自公に戻った後、間髪を容れず法制化が政治日程にあがった。政権交代後、最初の国政選挙である一三年夏の参議院選挙が終わるや否や、自民党内議論を立ち上げ、さらにはその議論が始まると同時に、政府からのパブリックコメント（パブコメ＝意見公募）という形で国民の前に法案の概要が提示されるに至った。政権与党の公明党にさえ事前の連絡もなかったという、急ぎようである。ただし、これまでの五十年間と若干異なる特徴は、国家安全保障会議（日本版ＮＳＣ）とセットになっている点である。もっというならば、国内における立法事実（法整備の必要性）ではなく、より米国の都合にあわせた外圧の結果ともいえる。

その始まりは、まさに第一次安倍政権にさかのぼることができる。〇六年には「国家安全保障に関する官邸機能強化会議」を内閣に設置、外交・安全保障戦略を政治の強いリーダーシップに委ね、官邸が迅速適確な判断を行う仕組みを作ることとなった。カウンターインテリジェンス推進会議（〇六年十二月）が、「カウンターインテリジェンス機能の強化に関する基本方針」（〇七年八月）を示し、それがその後の「官邸における情報機能の強化の方針」（〇八年二月）、内閣情報分析官、カウンターインテリジェンス・センターの設置（〇八年四月）、「特別管理秘密に係る基準」施行（〇九年四月）へとつながっている。

●パブコメのもとになるもの

自民党政務調査会の「国家の情報機能強化に関する検討チーム」は〇六年、内閣の情報集約や分析力強化、対外情報業務に特化したいわばスパイ諜報機関の設置が必要であって、そのためには秘密保持を義務付ける法整備が求められている、などを骨子とする提言をまとめた。これを受け政府は同年末、情報機能強化検討会議（議長＝内閣官房長官、〇六年十二月）を設置、翌〇七年には「官邸における情報機能の強化の基本的な考え方」を提出し、そのなかで「秘密保全に関する法制の在り方」の検討が必要とした。この間、行政内部の組織として、内閣官房、警察庁、公安調査庁、外務省、防衛省の職員だけで構成された「秘密保全法制の在り方に関する検討チーム作業グループ」で議論がなされ、その延長線上で〇八年には「秘密保全法制の在り方に関する検討チーム」（議長＝内閣官房副長官、〇八年四月）が作られ、さらに学者で構成される「情報保全の在り方に関する有識者会議」（〇九年七月）で議論がなされていた途中で、政権交代が起こった。

ちなみに上記の検討チームは、議事内容どころか結論までもほぼすべて非公開だ。「関係者限り」と刻印された「秘密保全法制の在り方に関する基本的な考え方について（案）」（〇九年四月二十一日、秘密保全法制の在り方に関する検討チーム作業グループ）は、「はじめに」「最後に」以外のすべては黒塗りだった。なお、これらの議論のもとにあったのは、〇一年自衛隊法改正につながる「防衛庁・秘密保全等対策委員会」（秘密保全体制検討委員会・警務隊の在り方に関する検討委員会の統合）での検討の結果である報告書「秘密保全体制の見直し・強化について」（二〇〇〇年十月）と想定される。

こうした自民党政権下での検討はそのまま民主党にも引き継がれ、尖閣列島沖の中国漁船衝突事件などを契機にして、一気に情報管理の強化に舵が切られることになる。政権交代後の、「政府における情報保全に関する検討委員会」（委員長＝内閣官房長官、一〇年十二月）がまさにその検討母体である。同委は、内閣危機管理監や内閣情報官のほか、外務省、防衛省、警察庁、公安調査庁、海上保安庁の局長級をメンバーとして、「政府における情報保全に関し、秘密保全に関する法制の在り方及び特に機密性の高い情報を取り扱う政府機関の情報保全システムにおいて必要と考えられる措置について検討する」としている。

そして一一年に、学者で構成する「秘密保全のための法制の在り方に関する有識者会議」（一一年一月）が報告書「秘密保全のための法制の在り方について」（一一年八月）を発表し、秘密保全法制の制定を求めることになった。同時に、「情報保全システムに関する有識者会議」（一〇年十二月）も発足し、報告書「特に機密性の高い情報を取り扱う政府機関の情報保全システムに関し必要と考えられる措置について」（一一年七月）も発表された。これを受け「政府における情報保全に関する検討委員会」は一一年十月、パブコメ「秘密保全に関する法制の整備に係る意見募集」（内閣情報調査室）を実施、法案提出の構えを見せた。当時、民主党政権は情報公開法の改正作業も進めており、政府方針としては秘密保護法制の整備は情報公開制度の充実とセットで考えていたとされる。しかし、情報公開法改正案は国会上程されたものの、一度も委員会審議さえされることなく廃案となった。

一二年の総選挙で政権復帰した自公政権は、直ちに秘密保護法制の必要性を謳い、国の機密情報を漏らした公務員らへの罰則強化を盛り込む「特定秘密保護法案」の概要に対するパブコメを実施した（一三年九月）。寄せられた意見を参考に法案を策定し、十月の臨時国会での成立へと歩を進めたのであった。なお、自民党はこうした政府の動きに先立ち、八月二十七日に「インテリジェンス・秘密保全等検討プロジェクトチーム（ＰＴ）」（座長＝町村信孝）の会合を開催、第二回の九月三日には早くも、政府が法案概要を発表しパブコメを開始することを了承した。

政府は一三年九月二十六日、「特定秘密保護法（特定秘密の保護に関する法律）」案を明らかにした。そして同月三日から実施されたパブコメには、わずか二週間という短期間にもかかわらず約九万四百件の意見が寄せられ、その七七％は反対の趣旨であった。これに対し、報告を受けた自民党の同法ＰＴの座長は、特定の組織的なものとの受け止め方を表明、既定のスケジュールどおりに物事は進められていった。そして同年十月二十五日、法案を閣議決定し第一八五回国会に提出、強い反対意見が国会内外で出されるなか、わずか一カ月の審議を経て十二月六日に成立させた。その後、十二月十三日に公布、一四年十二月十日に施行された（一部は一五年十二月一日に施行）。

特定秘密保護法の問題点

●秘密保護法制の概要と基本的問題

法に示された対象となりうる情報は、①防衛、②外交、③外国の利益を図る目的の安全脅威活動（いわゆるスパイ活動）の防止、④テロ活動の防止、の四分野だ。そして「公になっていない情報のうち、漏らすことで国家の安全保障に著しく支障を与えるおそれがある情報」を「特定秘密」に指定することになった。この指定は、「特に秘匿することが必要であるもの」とされているが、「行政機関の長」が秘密指定できることになっている。この仕組みはなかなかクセもので、情報公開法に基づき開示請求をした場合、その是非を判断する者と同一だ。その意味するところは、日常的に秘密を扱う現場の長であって、その情報を隠そうとする本人が、開示をするか否かを決めることができ、それを誰も監視していないという構造上の矛盾を抱えている。

また、二〇〇一年の自衛隊法改正によって防衛秘密制度が創設され、秘密文書の指定権者が首相から長官に変更された（同年改正では、情報保全隊も創設されている）。その後、二〇〇六年には庁から省に昇格することで格段と秘密の件数が増えていったとされる（〇六年＝九千七百七十二件、一一年＝三万七百五十二件）。これからすると今後も、事あるごとに特定秘密が野放図に拡張されていく可能性を否定できない。しかも、これまでの防衛秘密の実態からすると、特定秘密指定をいったん受けた文書は、公文書管理法のもとで保存・管理される対象の行政文書からも除外されることになる。ここからわかることは、政府が秘密にしようと思えば勝手に秘密指定でき、さらに勝手に指定解除したうえ廃棄することすらできる仕組みが、すでに動いているということだ。実際、防衛省は「緊急廃棄」という特別ルールを独自にもっていて、公文書管理法に基づく廃棄の例外とされている。これは、法制定から十年余を経て、せっかく少しずつ市民社会に根付いてきた情報公開法を骨抜きにし、私たちの知る権利を形ばかりのものとするだろう。

どの国でも秘密保護法がある、とよく言われる。しかしその前提は、きちんとした情報公開の仕組みがあることだ。日本は、この情報公開制度が他国より遅れており、法の施行も二十一世紀に入ってからだ。二百五十年前の一七六六年に国の基本法として公文書公開制度を導入したスウェーデンは別格としても、一九六六年に米国で情報自由法が制定されたのを皮切りに多くの国が情報公開制度を整備していくなか、隣国・韓国にも先を越され九九年に日本においてもようやく行政文書に関する情報公開法が成立した。そもそも、政府がこっそり文書を秘密指定し、それをこっそり廃棄できる国は民主主義国家ではない。しかしこのあまりにも「当たり前」の大原則が、いまだに常識になっておらず、しかもようやくその抜け道を防ぐための公文書管理法を一一年に施行したばかりなのに、さっそく秘密保護法を作って、法律上、さらにその抜け道を作ろうとしている。

「普通の国」では、政府機関の秘密指定はそれが適切かどうかを監督する独立した行政機関が存在し、歴史的に重要な文書は長期的に保存することを求め、しかも指定とともに解除についても必要の有無を審査する仕組みが整備されている。今回の法制度でも形ばかりの監視制度を作ったものの、その人選の正当性も権能も、「監視」にはほど遠い実態だ。すなわち、真っ当なチェックシステムを持たないまま、秘密保護法を先行させたということであって、これは民主主義国家として許されないものだ。その危険性は単なる抽象的なものではなく、直近五年の個別具体的な事例をみても、政府は図らずも示し続けている現実がある。

　たとえば沖縄密約文書情報公開訴訟において、政府・外務省は、米国政府の情報公開によって示された文書を「存在しない」と言い続け、裁判所に「破棄した」と認定されざるをえない状況になっている。原発事故処理にかかわる会議体の記録もまた、存在しないとして都合の悪い情報は徹底して隠すこと、しかも「不存在」という最大の切り札を駆使し続けてきている。そうした不透明で腹黒い体質を一向に変えようとしない官僚組織と、それに手を貸す政治家からなる政府に、さらに新しい情報隠しのための道具を与えることはあまりにも危険である。

　国家として存在する以上、防衛もしくは外交上で「秘密」として保護する情報があることは認めよう。しかし、それは政府の恣意性によって勝手にしかも無制約に指定できるものであってはならない。あくまでも、制度としてコントロールされたものであって、しかも秘密とする分野についての政府としての説明責任《アカウンタビリティ》がきちんと果たされる必要がある。そうでなくては、憲法で保障されている、市民の知る権利は実質、意味ないものになるし、それは民主制における主権者と国家との関係が逆転することを意味する。こうした国家のありようについて、今回の秘密法は制度の中で考慮していないし、政府は考慮する気配がない。こうした政府に秘密「保護」法を作り運用する資格はない。

同法の最大の問題は、すでに述べてきたように、その個別の条文が有する個別の問題というよりまず、政府の情報隠蔽の体制が固定化もしくはより強固になることである。それは、国益を守るためという美辞のもと、実際にはようやく〇一年に施行された情報公開法を骨抜きにし、公的情報は国民のものであるという原則を無視するものと言わざるをえない。すでにここ十五年、密かに防衛秘密の分野で先行して運用実績を積んできている、政府が隠したいと思った情報を恣意的に秘密指定し、その文書は未来永劫、国民の目には触れさせないという時代錯誤の制度を、今回の法制度は正式に追認し、しかもその範囲を軍事関係にとどまらず、外交、社会、経済分野を含む国政一般に広げることとなった。

政府の恣意的な文書の取り扱いは、これまたようやく制定され、東日本大震災の直後から施行された公文書管理法で厳しく取り締まられるはずであったが、現実には政府は、最終意思決定会議体ではないとか、内部の非公式な打ち合わせであるなど、記録を残さない言い訳を重ねてきている。そればかりか、そもそもより重要な「秘密」はこの管理法の枠外に置き、秘密指定をした者の意思で勝手に廃棄まで可能にするという荒業まで可能な仕組みを構築していることが明らかになっている。

そしてもう一つの根本的な問題は、戦後の憲法体系の理念に反することだ。かつては日本も、軍機保護法に代表される政府がいうところの「一般的な」保護法制を敷いていた国だ。すなわち、秘密を漏らす者とともに、秘密を嗅ぎまわる者を罰するという法体系である。しかし日本は、政府情報の探知を理由として表現行為を厳しく取り締まり、多くの人権を蹂躙《じゅうりん》してきた歴史から、敗戦を機にこうした報道機関の取材に代表される政府を監視するための行為を表現の自由の枠で手厚く保護してきた。とりわけ、情報公開を有しないなかで、かつてと同様の政府情報の秘匿の体系は、国民主権を形ばかりのものにし、国政は官僚と政治家の手に全面的に委ねるという、古い国家運営そのものと言わざるをえない。国家と国民の「正しい関係」を維持するための日本なりの工夫が、公務員法等によって政府情報の不必要な漏洩を取り締まるとともに、日米安保に伴う米軍情報だけは特別に厳しい法の保護のもとにおくという形である。そして実際、この七十年間、おおよそ齟齬《そご》なく秘密の保持は実現してきたわけである。

こうしたなかで企図された今回の法制度は、取得罪を新設するなど、まさに真っ向から従来の考え方を変更している。この意味合いは、政府の情報は国民のものであって、特別な場合において例外的・一時的に、政府による情報の秘匿が司法の最終判断のもとで許される、という大原則を転換させるものとなっている。それは、政府の恣意的な情報秘匿、すなわち隠蔽を無制約に許容し、行政サービスとして政府のお目こぼしのもとで例外的に市民が情報を知ることができる国にするものだ。

●秘密保護法の中身

法は、全部で二十七条と別表及び附則からなり、その提案理由として「国際情勢の複雑化に伴い我が国及び国民の安全の確保に係る情報の重要性が増大するとともに、高度情報通信ネットワーク社会の発展に伴いその漏洩の危険性が懸念される中で、我が国の安全保障に関する情報のうち特に秘匿することが必要なものについて、これを適確に保護する体制を確立した上で収集し、整理し、及び活用することが重要であることに鑑み、当該情報の保護に関し、特定秘密の指定及び取扱者の制限その他の必要な事項を定める必要がある」という。これはほぼそのまま、法目的として「第一章　総則」の一条「目的」に示されている。

そして二条（定義）ののち、「第二章　特定秘密の指定等」（三～五条）を定める。ここでは「指定」に関し条文を割く一方、「解除」についてはわずかに、四条七項において、「行政機関の長は、指定をした情報が前条第一項に規定する要件を欠くに至ったときは、有効期間内であっても、政令で定めるところにより、速やかにその指定を解除するものとする」と定めるのみである。ここにも、同法の体質がみてとれるといえるであろう。続いて「第三章　特定秘密の提供」（六～十条）で、たとえば米軍との軍事協力に応じて情報の共有などがされることを前提とする、いわゆる「例外」を定める。また、「第四章　特定秘密の取扱者の制限」（十一条）と「第五章　適性評価」（十二～十七条）で、いわゆる適性評価制度の導入をうたう。その後、「第六章　雑則」（十八～二十二条）では、今般の法令では一般的な包括的な政令委任を定めるとともに、「この法律の解釈適用」として報道の自由への配慮条項（二十二条）が入る。そして最後の「第七章　罰則」（二十三～二十七条）で、探知収集罪を含めどのような行為が取り締まり対象になるかを定める構成をとる。

政府は、国会での追及を受け渋々ながら監視機関の設置を約束することとなる。それが附則（一～十条）のなかの九条（指定及び解除の適正の確保）で定められた、「政府は、行政機関の長による特定秘密の指定及びその解除に関する基準等が真に安全保障に資するものであるかどうかを独立した公正な立場において検証し、及び監察することのできる新たな機関の設置その他の特定秘密の指定及びその解除の適正を確保するために必要な方策について検討し、その結果に基づいて所要の措置を講ずるものとする」との規定である。これに基づき内閣府に、独立公文書管理監及び情報保全監察室が設置された（情報保全監察室の設置に関する訓令一四年十二月九日）。また、「特定秘密の指定及びその解除並びに適性評価の実施に関し統一的な運用を図るための基準」を設置根拠として、内閣に内閣保全監視委員会が設置されている。

さらに十条（国会に対する特定秘密の提供及び国会におけるその保護措置の在り方）では、「国会に対する特定秘密の提供については、政府は、国会が国権の最高機関であり各議院がその会議その他の手続及び内部の規律に関する規則を定める権能を有することを定める日本国憲法及びこれに基づく国会法等の精神にのっとり、この法律を運用するものとし、特定秘密の提供を受ける国会におけるその保護に関する方策については、国会において、検討を加え、その結果に基づいて必要な措置を講ずるものとする」として、立法権による監視に言及した。これに基づき国会法を改正し、衆参両院それぞれに議員八人からなる情報監視審査会が設置されている。

●監視の仕組み――米国事例

検証・観察のために設けられた四つの組織が、監視制度とは似て非なるものであることは、施行後一年間の運用実態からも明らかになりつつある。それは海外の違法・不当な行政秘密の増大を防ぐための「監視」制度、たとえば日本の政府がよくモデルとする米国の例からみてもはっきりしている。
監視のための社会の仕組みとして第一の違いは、行政機関内部での努力である。政府自身が、秘密は増え続けるものであるという認識を持ち、それをいかに抑制するか、不断の努力を続けることが求められてきた。各官庁が作成した行政文書の秘密指定や解除の実態については、国立公文書館のなかに情報保全監察局をおき、専門家である第三者の目でのチェックを実施している。同時に継続的な法制度の見直しも実行されており、秘密保護制度の根拠法である大統領令の見直しとともに、たとえば上記監察局の人事も、元の行政機関への出戻りを認めないなどの工夫を続けている。

第二には、膨張し続ける秘密への悩みと政府の透明化向上への強い意思が、裁判所、議会、NGO（市民団体）、報道機関など社会全体で共有されていることが挙げられる。とりわけ同時多発テロ以降、安全保障を中核とする国家秘密件数が増えていることを認識し、国民の知る権利と安全保障のバランスに腐心し、かついかにコストパフォーマンスよく課題を解決するかとの意識が存在する。それは、公的情報は国民のものであることから、政府の「見える化」を実現しなくてはいけないとの強い信念が、政府関係者を含め社会全体で共有されていることから生まれるものだ。

政府から見れば説明責任を果たし透明性を高める義務であり、秘密の中身以外の、秘密指定の仕組みはすべて公開されることで、秘密にすることの是非についての国民的議論が生まれ、健全な民主主義が育まれることになる。秘密を増やしたい官僚・政府に対抗するためには、歯止めとなる制度が必要で、その一つは、秘密の判断が正しいかどうかをチェックする機関を、複層的（あるいは重層的）に設けることだ。同時に、その判断過程をオープンにする必要があり、こうした制度によって、「行き過ぎた秘密指定」は抑制されることになる。

第三は、外部プレッシャーの大切さだ。政府はえてして秘密を作りたがるからこそ、社会全体で安全保障を中核とする国家秘密を継続的に監視する仕組みが必要であるとの考え方が徹底され、共有されている。政府の秘匿体質が変わらないなら歯止めをかけるために、様々な形で圧力をかけ続ける必要がある。国家秘密のありようをウォッチし続ける民間団体が、米国では百にも上るといわれる。さらに議会は、調査権と公開・非公開の公聴会を通じた追及によって、専門的見地から政府を監視し続けている。たとえば、諜報（インテリジェンス）活動を対象とするのは情報委員会で、約四十人の専門スタッフに支えられている。所属議員は「票ではなく使命感」で職務に当たっているとされる。

第四は、文書管理の専門家であるアーキビストを尊重し、組織の腐敗を防ぐために安心して内部告発ができる環境を整備するなどの、いわば「カルチャー」（組織文化）を育むことの重要性である。あるいは、政府機関自らが指定・保護・解除といった秘密指定のライフサイクルの適正性を監視し、情報の秘匿と公開のバランスを取るための客観的組織を、どう効果的に運営するかに心を砕いている。重要なのは、こうした文化を形成するのは内部努力だけではなく、議会や司法さらには民間組織からの監視の目もある、という緊張感があることだ。

もちろん、秘密の指定・解除の仕組みの徹底したルール化は不可欠であるし、健全なジャーナリズム活動が公務員のリークを生んだり、悪いことはできないという緊張感を政府に与えている面を忘れてはならない。同時に、秘密指定制度が直接的にメディアを縛ることはないにしても、将来的な萎縮効果を生む可能性を常に包含することを、政府自身がきちんと認識していることは大切だろう。

より具体的に述べるならば、日本の特定秘密保護法は政府が秘密を秘匿するための制度であるのに対し、米国では社会が政府の秘密を監視する制度を構築している。そしてその監視のために①文書保管の専門職「アーキビスト」、②裁判官、③議員、④内部告発者、⑤市民、⑥ジャーナリスト――の六つの「目」が機能していることである。

このうち最初の四つは国の制度として整備されてきた。①は独立性を担保された監視機関が機密指定や解除の是非を判断する。②は訴訟の中で裁判官が機密文書を実際に見て、秘匿の是非を判断する「インカメラ審理」が代表的だ。③は政府の外交・国防・諜報活動に対し、議会が公聴会や調査権を通じて正当性を判断する。さらに④は、行政組織に所属する者が内部から不正を告発する。これらの内部的な監視活動に加え、政府に大きなプレッシャーを与え続けているのが、外部の市民団体や報道機関である。それぞれ得意技があり、長期にわたる情報公開請求訴訟などを通じた秘匿情報の開示は⑤の専門的な市民団体の力に負うところが大きく、⑥の新聞などの調査報道は短期集中型といえる。

代表的な市民団体の一つ「国家安全保障アーカイブ」のトム・ブラントン代表は、百前後の専門家集団がそれぞれの分野で政府の秘密をあぶりだす活動を続けている現実と、それらをもとに始まる議論の重要性を指摘している。ちなみに、同団体はジョージ・ワシントン大学の図書館の中に本部を置き、機密指定制度の問題点を追及し続けている。一方、米国では、健全なジャーナリズム活動が公務員の内部告発を生み、政府に「悪いことはできない」という緊張感を与えている。機密指定制度は報道に萎縮効果をもたらす可能性を常にはらんでおり、だからこそ、安保などの分野でも報道活動が十全に行われることによって、国民の利益が保障されると、政府関係者も含め認識している。知る権利を敵視し、取材報道活動に足かせをつくった日本の秘密保護制度との違いがここにある。また、市民社会がジャーナリズムの有用性を認識しているかどうかも、こうした外部チェックシステムが有効に作用するかどうかの重要な要素である。

こうしたチェック機能の大前提として、公的情報は国民のものであって、政府を「見える化」していかなければならないという強い意思が、米国社会全体で共有されている。政府は得てして秘密を作りたがる存在であるからこそ、社会全体で継続的に監視する仕組みを持ち、さまざまな形で圧力を掛け続ける必要があるという考え方が徹底しているのだ。

●チェックシステムの課題

日本でも市民オンブズマンや環境グループによる情報公開制度の活用が図られているが、政府へのプレッシャーを強めるためには、防衛・外交・諜報活動の分野においても、専門的な知識に裏打ちされた継続的なチェックを実行できる力を有する非政府組織（ＮＧＯ）を、社会として育てていくことが必要だ。同時に、誰でも情報発信者になりえる情報過多のネット時代に、泥臭いジャーナリズム活動によって「ウォッチドッグ」の社会的役割を果たさねばならない時代が、皮肉にも訪れている。

なおこれらに対し主要な憲法学者の中でも、安保法制や集団的自衛権については否定的でも、秘密保護法については肯定的な考え方が少なくない。それは、①以前より秘密保護法制は存在しており、むしろ「秘密」の定義ができた分だけマシになった、②重罰化といっても懲役十年はそれほど重いものとはいえない、③情報の取りづらさは報道機関の努力不足が責められるべきであって、法制度の問題ではない――などが挙げられることが多い。

しかしここまで述べてきたように、同法によって情報公開法の開示対象から事実上無条件で除外されるうえ、初めから特定秘密の指定が想定されるような会議記録などは、公文書管理法の規定に則ることなく、文書が作成されない可能性や隠蔽される可能性が拭えない。しかもそれらに対する実効的なチェックシステムがないので、当事者の内部告発でもない限り、重要な公文書が残されることなく、事実が永久に闇の中に消えてしまう可能性がある。取材の自由に対する脅威は、法文上の「倫理の法制化」に原因があり、それが取材報道現場に与える萎縮効果は立法としても見過ごせないものである。その曖昧な違法基準の判断権者が、秘密を守ろうとする政府そのものであることの問題性も大きい。そもそも、さしたる立法事実もないまま、運用上のデメリットが明白な立法を「あってもよい法」と判断するのは誤りであろう。

米国の制度を日本にそのまま持ってくることはできないし、必ずしも米国をモデルにすることが正しいとは思わない。しかし、これらのポイントは日本において新たに秘密の管理制度を構築するに当たり、はずせない条件になるのではないか。少なくとも政府の説明責任を明確化し、開かれた政府を作ることとは、秘密の保護を含めた国家情報のコントロールを実行するうえで、必要不可欠である。そのためにはまず、秘密法が秘密指定解除の仕組みを十分に具備していない点を、いかに解決するかが必要最低限求められている。同時にもう一つ大切なのは、こうした監視の役割の一端は、現行の情報公開法や公文書管理法が担いうるという点だ。たとえば、裁判所によるインカメラ方式の導入や、秘密指定された分を含めすべての行政文書を公文書管理ルールの下に入れることなど、その機能充実のための方策は数限りなくある。

あるいはまた、公益通報者保護法にしても、現在は対象も極めて限定されているし、内部告発者に対する報復行為が歴然と、しかも日常的に行われているとの現実がある。保護の範囲を拡大し告発者を真に守り、政府の本来開示すべき情報が白日の元に明らかになるよう、効果を上げる制度に抜本的に変える必要がある。むしろ、こうした一見周縁の法制度こそ、国家秘密の管理を真っ当な民主主義国家として実施し、「開かれた政府」を実現するための要件であるといえる。

もちろん、こうした日本の制度の弱点に、政府がまったく気付いていないとは思えない。たとえば菅義偉官房長官は一四年に入ってから、特定秘密保護法の対象にならない各省庁の秘密情報の管理について、統一ルールを作成した。すでに触れたとおり、秘密法の管理下に入る国家秘密は全体のうちわずかであって、それ以外をルール化することは大切である。しかしその前にまず、一部の指定秘密文書のみを「特別扱い」して、すでに存在する公文書管理法の管轄外に放置することこそ根深い問題である。こうした特別扱いが、公的情報は国民のものであるという原則をなし崩しにし、例外を原則にするマジックワードそのものであるからだ。

そのためには政府はまず、公的情報が国民のものであるという原理原則を再確認し、それを明文化するとともに、具体的な政策に反映する必要がある。本来であれば、秘密法の目的条項に、その点が明記されるべきなのである。たとえば米国の秘密保護法制度の根拠法は大統領令であるが、その行政命令の冒頭には、国民の知る権利とのバランスの中で秘密の指定がなされるべきであることが明記されている。

秘密をマネジメント（管理）することこそが最大のポイントであって、情報アクセスの制度上の担保と適正な運用がなされているかどうかのチェックシステムを、早期に構築することが重要である。日本の場合、そもそも防衛秘密自体が、防衛秘密記録簿、防衛秘密管理簿、防衛秘密登録簿など、さまざまな管理用の帳簿があることで、記録管理がどのように行われているのかさえ判然としない状況にあった。こうしたマル秘の巣窟《そうくつ》のような防衛秘密を、そのまま秘密法に横滑りさせ、これらには文書の作成義務や管理ルールといった公文書管理の基本事項を適用しないと言い切ること自体が、秘密を扱う資格のなさを現しているのである。

政府が行ってきた秘密管理のもっと初歩的な杜撰《ずさん》さをあげるならば、廃棄の段階でそのファイル簿に「秘密」指定の文書があるかどうかわからずに捨て続けているのである。その意味するところは、もし廃棄文書の中に秘密文書があっても一度も国民の目に触れることがなく、それは政府の行為が検証される可能性が永久に失われるという事実である。したがって、開かれた政府をつくるためには、情報公開法、公文書管理法、公益通報者保護法をより強化し、国家が隠したいと思う秘密を、国民の側から監視する仕組みを充実させる必要がある。政府にアカウンタビリティを徹底させ、同時に私たちが有する知る権利を強化していくことによって、政府をより民主的にコントロールできるはずだからだ。

取材の自由と特定秘密保護法

＊

本節では、同法が抱える課題のなかで取材・報道の自由に絞り、その解釈の支えとなっている過去の判例を振り返りつつ、問題点を整理したい。

今回の立法化のきっかけになったとされるのが、二〇一〇年に明らかになった、警視庁からの「テロ情報」の漏洩だ。その中身はイスラム教徒に対する過剰な監視活動の記録であり、まさに人権侵害そのものであることが、裁判を通じて明らかになった。法の施行によって、こうした不当、そして限りなく違法な公安捜査がまさに秘密裡《り》に実行され、収集情報は秘密法によって手厚く守られ、おそらく公開される機会は将来にわたってほぼ完全に失われることになると想定される。しかも今回、図らずも明らかになったことからいえば、誤った収集情報に基づき、より深刻な人権侵害が継続拡大する可能性があるということだ。このほかにも、二〇〇〇年代に入って創設された自衛隊情報保全隊による個人情報の収集による国民監視なども、すでに問題性が指摘されているとおりである。こうした問題の指摘のための事実の摘示、それはまぎれもなく新聞等の報道によるものであるわけだが、これら秘密とされてきた政府保有情報の暴露が、今後は刑事罰を課される可能性がある。

なぜなら、これまでは国家情報の「取得」はそれ自体罪ではなかったものの、今後は、漏らした行為だけではなく、取得する行為が罪とされるからである。これは、従来の秘密の守り方のルールを一八〇度変えるものであり、憲法が保障する表現の自由規定に抵触する可能性もある。日本は、表現行為の例外なき絶対保障を定めている世界でも稀有《けう》な国である。その意味するところは、他国のように「公共の利害に反する」といった理由で、特定の表現行為を排除しないということである。

かつて新聞記者が沖縄密約を入手した行為を、秘密法の適用の基準にすると繰り返す政府の態度から推し量るならば、違法ではない取材手法を、社会常識に反するとして恣意的に罰することになるだろう。こうした態度は、政府の言論弾圧につながり、それがひいては民主的な社会を崩壊させていった過去の歴史的教訓を、無にするものであることは言を俟《ま》たない。

有事法制としての立法

ようやく定着してきた情報公開制度に基づいて、非公開理由の線引きが積み上げられてきたものを一気に崩し、政府の定めをすべてに優先させ、将来的な検証の機会を失わせる可能性も包含している。なぜなら、特定秘密の指定は、「対象となる秘密そのものの存在が秘密」のため、非公開判断基準である「公開することによる支障の『おそれ』」を、裁判所が判断する術を失うと想定されるからである。これはまさに、主権者である私たちがようやく勝ち取ってきた知る権利を、根こそぎ奪うものである。実質的な担保がないリップサービスにすぎない、知る権利や報道の自由への配慮条項などでは、この法の性格はまったく変わるものではない。

実際、立法過程の国会審議中にブログで、「絶叫デモはテロ行為と変わらない」と書いた石破茂自民党幹事長が、法成立後には「開示する行為は抑制が効いてしかるべき」と、情報を入手はしても報道すべきではないとの発言をし、その日のうちに撤回した。しかし翌日には、「国の安全に大きな影響があると分かっているが報道する。それはどうだろう」と語ったと伝えられる。あるいは幹事長就任前ではあるが、雑誌寄稿のなかで「『知らせない義務』は『知る権利』に優先する」と言う（『中央公論』二〇一二年八月号）。

同幹事長は、小泉純一郎内閣の防衛庁長官時代に、有事法制を成立させ、自衛隊のイラク派遣を実現させた立役者だ。その有事法制の代表格である国民保護法では、有事になれば報道機関は政府に事前に報道予定を報告したり、政府の発表通りに報道することを求めている。あるいは、取材で得た情報を政府に提供することや、広報のために記者などを政府・自治体に派遣することも求められる。さらに自衛隊派遣の際には、報道機関との間で報道協定を結ぶことを求め、「派遣部隊及び隊員の安全にかかわる情報を入手した場合にも、報道を差し控える」ことを条件に、同行取材を認めた。

こうしてみると、今回の一連の発言は「うっかり」ではなく、運用における「当然」のことを言ったにすぎないことがわかる。本人にしてみれば、正直に言っただけで、なぜ問題になるのか分からないといったところかもしれない。しかし大きな問題となるのは、これまでは努力義務であったり紳士協定であったりしたものが、秘密法の禁止規定として定められたことで、記者が懲役刑を含む重罰に処せられるということだ。こうしてみると、同法が有事法制の一つであることがよくわかるが、提出段階で急遽《きゅうきょ》盛り込まれた報道の自由に対する「配慮条項」も、まさにそうした性格を裏付ける証拠である。なぜなら、同様な規定を持つ法律は、後述する通り治安維持法など典型的な治安立法に特徴的な特別規定だからだ。まさに、「危ない法律」であることを、自ら名乗り出ているようなものといえる。

報道の自由は、政府に配慮されることによって恩恵的に与えられるものではなく、権利として当然に有するものであるはずだ。しかしそうした認識はなく、与野党を通じて「国の安全に優先する知る権利はない」との認識を示すに至っている（たとえば、「〈知る権利が〉国家や国民の安全に優先するという考え方は基本的間違いがある」との町村信孝元外相の二〇一三年十一月八日・衆議院国家安全保障特別委員会での発言）。まさに今回の法案審議を通してわかったのが、表現の自由の軽さなのである。

法は、秘密指定期間の上限は五年だが延長可能とし、情報漏洩の最長懲役は十年、秘密取得も同様に十年、共謀や教唆・煽動も処罰するとしている。そしてこれの漏洩や取得は、①故意・過失による漏洩、②人を騙したり、暴行を加えたり、脅迫したり、窃盗、施設への侵入、不正アクセス行為などにより特定秘密を取得する行為、③故意の漏洩、上記②の行為の未遂、共謀、教唆、煽動、と定められた。そのうえで、「拡張解釈の禁止に関する規定」として「適用に当たっては、これを拡張して解釈して、国民の基本的人権を不当に侵害することがあってはならない」と続け、「知る権利の保障に資する報道または取材に十分配慮しなければならない」と定めた。これによって、報道の自由を含む表現の自由への配慮を図っているとする。しかし、取材者が②や③に該当する可能性があることは除外されていないどころか、むしろこれまでの検討会議体の議論からすると確実に該当するといったほうが正しい。

記者が公務員に接触し、公務員が職務上知りえた秘密を聞きだす行為は、まさに通常の「取材」そのものである。警察や検察取材しかり、政治家に対する取材も同じである。そして取材を受けた公務員（議員を含む）は、取材者との信頼関係の下で、秘密をこっそり教えるのである。それは「故意の漏洩」そのものである。いままでも、それが「正当な業務」としてなされていた場合、それは「違法性が阻却される」として、形式的には犯罪行為だが、法律違反は問わない、ということが裁判上で認められ、これがまさに知る権利に基づく取材・報道の自由の具現化であるとされてきた。ならば、秘密保護法ができようと同じであって、新たな問題は起きないというのが政府の考え方である。実際に法では、公益目的で違法不当でなければ「正当な業務」行為とみなすとした。

しかしここに落とし穴がある。まず、「正当な業務」を決めるのは裁判所であって、しかもその判断基準は専ら検察（政府）に委ねられているという現実だ。日本の場合、起訴された場合の有罪率が百パーセントに限りなく近いことは、さらにこの「行政機関の思い次第」の現実を追認している。記者や公務員の側には、なんら明確な判断基準は存在せず、政府に対する淡い期待感だけで、かろうじて成立している抽象的な自由にすぎないのである。そして、いったん示された政府＝裁判所の判断は、「危うきに近寄らず」ということで、より幅広い解釈がなされ、報道機関は政府情報の暴露という「冒険」を手控えざるをえないようになるのである。

たとえば、政府が国会審議等のなかで、報道の自由が守られた実例として示す、沖縄密約漏洩事件における毎日新聞記者の場合を考えてみよう。最高裁は報道の自由を謳い、「正当な業務行為」である限り取材の自由が守られるとした事件であるが、実際、記者は倫理違反を理由として有罪判決を受けている。そこでは、「情を通じて」女性事務官をたぶらかし情報を掠《かす》め取ったのであって、真っ当な取材行為とは認められないとしたのである。すなわち、正当かどうかは検察あるいは裁判官が考える倫理観に該当するかどうかに委ねられており、公権力によって許されるかどうかの線引きをすることが認められている。したがってこのことは、紛れもなく公権力判断で、政府にとって重要な秘密が漏れた場合は、その情報を漏らした公務員等を「そそのかした」取材者を罰することを示している。しかも罰則をいままでの倍以上に厳しいものにすることによって、心理的なプレッシャーを与え、記者に「伝えること」を妨げようとしているのであって、これは、取材の自由に対する脅威にほかならない。

さらにこれまでは教唆を罪としていたのが、「騙して取得」すること自体を罪としたことから、漏らした側が「騙されました」と証言することで、その取材方法が正当か否かによることなく自動的に罪となることになる可能性が生じる。これは、格段に取材者に対して大きな障害となるだろう。しかも従来の漏洩罪では、その漏らした情報の中身が本当に守るべき実質を伴っていたか（実質秘）の判断が必要とされていたが、今回の法では「外形的」に秘密指定の手続きが適正に行われていれば秘密とみなす（形式秘）という考え方が採用された。この点も、これまでの政府が保有する情報の公開の在り方の議論を、水泡に帰すものであって許されない。

もちろん最大のポイントは、これまでは漏らす側が主体で、そのそそのかしの範囲で罰せられたものが、秘密に近づく行為そのものが罰せられるようになることだ。こうした情報へのアクセスを直接罰する条項を入れること自体が、これまでの戦後の法体系では戦前・戦中の苦い経験から「あえて」避けてきたことであって、それほどの大転換をどうしてもしなければならない切迫した事例もないまま実行することは、大きな問題であるといわねばならない。

取材・報道の自由に対する制約が、ここ十年余大きくなっているなかで、今回の秘密法制はさらなる締め付けによって、公権力に対する監視があえてしづらい環境整備を進めることになる。これは、国の秘密の守り方として、従来の体系を根本から変えるもので、その必要性や妥当性が大きく問われるほか、取材・報道の自由を制約する可能性が高く、憲法の保障する表現の自由を事実上奪うものになるおそれが拭えない。

政府の配慮が歯止めになるか

同法の特徴の一つは、戦後、廃止された秘密情報に対するアクセス行為を禁止する「探知・取得罪」の新設にあることはすでに述べた。戦前の軍機保護法にはあったものだが、新憲法下においては公務員法による守秘義務によって情報を漏洩する行為のみを罰する制度に変更してきた経緯がある。それを改め「特定秘密を取得した者」を罰する規定（法二十四条）を設けるとともに、秘密を漏らすよう「共謀し、教唆し、または煽動した者」（法二十五条）を、それ自体、独立した犯罪行為（独立教唆）として罰することとした。その意味は、教唆の結果として公務員が漏洩行為を実行することを要さないのみならず、実行する決意を抱くに至ることも要さないとされる。

そこで、こうした情報取得や情報漏洩のそそのかしを罰する仕組みが、時として取材・報道の自由を制約するのではないかとの懸念が生まれることになった。これに対し、審議によって修正されることとなり、二つの「改善」が行われた。一つは、表現の自由に対する配慮条項（法二十二条）の挿入である（公明党からの要望を受け政府法案提出段階で加えられた）。もう一つは、取得罪への目的規定（法二十四条）の追加である（みんなの党・日本維新の会との修正協議によって加えられた）。

第二十二条　この法律の適用に当たっては、これを拡張して解釈して、国民の基本的人権を不当に侵害するようなことがあってはならず、国民の知る権利の保障に資する報道又は取材の自由に十分に配慮しなければならない。

2　出版又は報道の業務に従事する者の取材行為については、専ら公益を図る目的を有し、かつ、法令違反又は著しく不当な方法によるものと認められない限りは、これを正当な業務による行為とするものとする。

第二十四条　外国の利益若しくは自己の不正の利益を図り、又は我が国の安全若しくは国民の生命若しくは身体を害すべき用途に供する目的で、人を欺き、人に暴行を加え、若しくは人を脅迫する行為により、又は財物の窃取若しくは損壊、施設への侵入、有線電気通信の傍受、不正アクセス行為その他の特定秘密を保有する者の管理を害する行為により、特定秘密を取得した者は、十年以下の懲役に処し、又は情状により十年以下の懲役及び千万円以下の罰金に処する。

基本的人権に関する解釈・運用への危惧に配慮したかたちで、一定の歯止めをかけるための条文が設けられることは以前にもあった。まさに同じ秘密法であるところの、日米相互防衛援助協定等に伴う秘密保護法でも、「この法律の適用にあたつては、これを拡張して解釈して、国民の基本的人権を不当に侵害するようなことがあつてはならない」（七条）との定めをおく。常に人権との衝突が懸念される法領域ということになるだろう。同様な規定は、破壊活動防止法や団体規制法（無差別大量殺人行為を行った団体に関する法律）にも見られ、犯罪捜査規範では「捜査を行うに当たつては、警察法、刑事訴訟法その他の法令及び規則を厳守し、個人の自由及び権利を不当に侵害することのないように注意しなければならない」（三条）としている。まさに、こうした規定が治安立法の特徴であることを示しているわけだ。

一方で「知る権利」の保障を定めるものとしては、原子力規制委員会設置法に「原子力規制委員会は、国民の知る権利の保障に資するため、その保有する情報の公開を徹底することにより、その運営の透明性を確保しなければならない」（二十五条）との定めがある。これもまた、秘密保持との関係で表現の自由の制限が懸念される領域のものである。あるいは、よく知られている報道に対する配慮条項として個人情報保護法がある。そこでは、「主務大臣は、前三条の規定により個人情報取扱事業者に対し報告の徴収、助言、勧告又は命令を行うに当たっては、表現の自由、学問の自由、信教の自由及び政治活動の自由を妨げてはならない」（三十五条）とするほか、適用除外条項（六十六条）を設けている。「放送機関、新聞社、通信社その他の報道機関（報道を業として行う個人を含む）報道の用に供する目的」を、同法の法的義務の対象外とするためのものだ。

そして、一番最近に制定された配慮条項は、第一次安倍政権時の二〇〇七年にできたものである「表現の自由、学問の自由及び政治活動の自由その他の日本国憲法の保障する国民の自由と権利を不当に侵害しないように留意しなければならない」（百条）と、日本国憲法の改正手続に関する法律にある。これらの配慮条項が、報道現場においてどのような歯止めになっているのか、報告事例は見当たらない。その一方で適用除外については、行政機関において法に対する「過剰反応」が起きることで、取材報道に制約が出ていることが、政府検討会においてすら指摘される状況になっている（詳しくは民放連「個人情報保護法について～報道機関としての観点から～」一一年六月十五日　参照）。

これらから、報道機関が政府から「配慮」されることで、表現の自由を確保するという従属の構図が見えてくる。ただし立場によっては、こうしたいわゆる配慮条項や取得罪への目的規定の追加・修正、あるいは監視機関の設置が、知る権利を守る上で「一定の決着」あるいは「一定の前進」（読売新聞一三年十二月五日付社説）との評価も生まれてくることになる。

社会観念が歯止めになるか

特定秘密保護法において、より取材・報道と直接関係があるのが、二十二条二項の「正当な業務」の定義規定である。そこでは記者の取材行為が、公益目的であることと違法または著しく不当な方法でない――の二条件を満たすと、違法性が阻却されるとしている。

この規定は、沖縄密約漏洩事件最高裁決定（七八年五月三十一日）の趣旨を法文に明記したものとされている。民主党政権下の「秘密保全のための法制の在り方に関する有識者会議」が二〇一一年八月に公表した報告書においても、「正当な取材活動は処罰対象にならないことが判例上確立している」と指摘されているところである。内閣官房作成の逐条解説（一二年十一月十九日付）では、「犯罪行為や犯罪に至らないまでも社会通念上是認できない行為を手段とするものに限って処罰の対象とするのであれば、正当な取材活動など本来許容されるべき行為との区別も明確であり、国民の基本的人権を侵害するようなおそれはない」と断言している。

そこで今回の国会審議においても専ら、同事件が正当な取材行為の判断基準であるとされた経緯がある。もちろんこうした明文化によって、たとえ確認規定といえども、国家公務員法の適用解釈にすぎなかった最高裁決定を、より重罰を科すことになる特定秘密保護法にも適用することに拡大したという、わずかな効用までを否定はしない。確かに同条文は、取材が情報漏洩の教唆もしくは情報取得に当たるとして、秘密法に違反していても、罰せられることはないということを示している。ただし、犯罪構成要件を満たすわけであるから、結果によって罪を負わずにすんだとしても、逮捕、訴追され、裁判において被告席に座らされることを免れるものではない。しかもその際には、どのような嫌疑がかけられているのかは、「秘密」の壁の向こうにあるという点で、十分な反論や弁護活動が受けられるかは不透明である。

多少異なる事象ではあるが、猥褻《わいせつ》図書の取り締まりの際に、結果として有罪になるかどうかは別として、警察による「商品」の差し押さえ・押収によって、その出版物の市場流通が止まり、出版社の倒産などが起きている。これらはまさに、事実上の表現規制の道具を公権力が有した場合の、運用による危険性の一例だ。同様のことが、秘密法違反による身柄の拘束という行為によって、当該記者の取材活動を妨害し、報道させず政府の隠したい秘密を守るという目的を達成させることになりかねない危険性は残るといえよう。

そしてもう一つのポイントがまさに、「著しく不当な方法」とは何かという点である。この点について法案審議においての政府答弁は、「取材の相手方の人格を著しく蹂躙するもの」と説明する。これもまた、前記最高裁の判示に沿うものである。そこでは、「取材の手段・方法が……一般の刑罰法令に触れないものであっても、取材対象者の個人としての人格の尊厳を著しく蹂躙する等法秩序全体の精神に照らし社会観念上是認することのできない態様のものである場合にも、正当な取材活動の範囲を逸脱し違法性を帯びるものといわなければならない」と述べる。

まさに、取材行為の限界を取材の手段・方法に対する「社会観念」上の是非に求めている。判決中に頻発するこの社会観念なるものが何を指すのかは明らかにされておらず、同じく裁判所がよく使う「社会通念」と同様、担当裁判官の主観的判断を正当化するためのいわば〝プラスチックワード〟といえるものであろう。あえていえば最高裁は猥褻裁判として名高いチャタレイ事件最高裁判決（五七年三月十三日）において、「一般社会において行われている良識」としたが、そこで明らかなのは法と倫理の混同だけと言っても過言ではない。しかもその良識は、時代によって大きく変遷するのであって、それはまた政府の隠したい真実を暴く取材行為が、時の為政者の方針やそれを受けての社会の空気によって大きく左右されることを意味している。にもかかわらず、今回の法案審議ではたびたび「良識で判断する」とのフレーズが繰り返された。

さらにいえば、沖縄密約漏洩事件において是非を問われたのは、まさにその「社会観念」上是認できないとされた倫理である。確かにその行為が倫理上問題であるという指摘を受ける可能性はありうるとしても、それが法律的に正当な取材活動の範囲を逸脱し、違法性の判断理由として成立しうるかは大きな疑問が残る。こうした指摘は判決当時から根強く示されていたもので、判例評釈として一般的な『憲法判例百選』や『メディア判例百選』のなかでも指摘されているものである。

したがって今回の判例の条文化は、むしろ水面下に押し込めていた疑問ある解釈を、無理やり世間に引っ張り出してきたものであるといえるだろう。本判決は知る権利に言及し、一般論として執拗な取材が正当な業務として違法性が阻却されるということを明らかにしたとして、評価されている側面がある。しかし、実際に記者は有罪となり報道機関全体に対する圧力がかかったという側面に着目するならば、表現の自由を保障したというより規制した先例として捉えるべきである。その制限事例を条文化したということ自体、法運用の方向性が自由の保障ではなく規制にあることを表しているといえるだろう。

そもそも、同事件は日本に情報公開制度がなかった時代の出来事である。日本で沖縄返還に伴う密約の存在が毎日新聞紙上および国会において問題となっていた一九七一年当時、かたや米国では「ニューヨーク・タイムズ」によるベトナム戦争に関する国防総省の秘密文書の掲載事件が起こっていた。ジャーナリズムの世界で金字塔といわれる、ペンタゴン・ペーパーズ事件である。いずれも秘密文書をめぐって、新聞と政府が正面からぶつかり合う闘いであった。結果は、米国では国家秘密より国民の知る権利を優先させた。日本の最高裁は、秘匿された場合の政府の利益と公開された場合の国民の利益を比較することを回避し、交渉過程における会談内容は非公開にするのが慣例であるとして、当該情報を一般的・包括的に実質秘として認めた。

すでにこのとき、米国には情報公開法が制定され、知る権利の概念がしっかりと認識されていた。それから三十年、日本においても二〇〇一年には情報公開法が施行され、国家情報と国民の関係は以前とは全く異なることになった。だからこそ、取材行為の憲法的保障は現在、当時より格段に厚いということを知らなくてはならないし、それは取材源秘匿を認めた最高裁判決（〇六年十月三日）においても知ることができる。より具体的にいえば、国家公務員法百十一条の「そそのかし（教唆犯）」に関する解釈として、取材活動を正当業務行為（刑法三十五条）として一定の範囲でのみ違法性阻却を認めるという、当時の考え方自体が絶対のものではないということである。

さらには、秘密法が報道現場に与える影響として考えられるのが、法廷における取材源開示の圧力である。あるいは証人尋問をにおわせつつ捜査段階で開示を迫るということも起きるかもしれない。その圧力は、通常の事件と国家秘密に関わる事案では比較できないくらい大きなものになるだろう。それはたとえば、昨今の英国「ガーディアン」紙によるスノーデン・ファイルに基づく米国政府盗聴実態の暴露記事に対する、英国政府の執拗な圧力を見てもわかる。少なくとも日本のメディアと同等あるいはそれ以上に政府に対して果敢に批判記事を掲載してきた同紙が、結果として圧力に屈するかたちで記事データの物理的破壊に応じたことが報じられている。

このように、秘密法がそもそも持つ危険性は、判断基準として重宝されている最高裁判断によってより増幅しているとすらいえる。だからこそ、あらためて報道現場に法が与える影響を整理・分析し、悪しき運用が始まる前にその危険性を除去することを、制度上で求めていくことが必要であろう。

秘密保護法時代に立ち向かう視点

＊

二〇一四年五月一五日、安倍晋三首相は私的懇談会である安保法制懇の報告書を受け、集団的自衛権の行使を憲法解釈を変更して、容認する基本方針を発表した。一五年の一連の安保関連法の最初の一歩である。そしてこの決定方法こそが、その後、与党間協議に付すものの、戦後の安全保障の大転換を国会での実質的議論なしに閣議決定するという、まさに、由らしむべし知らしむべからず、を地で行く政府姿勢そのものであるわけだ。さらには、その国会審議の中では「最高責任者は私だ」という発言もあった。これも裏を返せば、いやなら選挙で落とせばいいのであって、全権は私に委任されている、との強い思いの表れであり、いちいち国民に政策実行にあたって事前説明する必要はない、と言っているに等しい。

さらにこの間、安保法制懇や国家安全保障会議の議論の中身はほぼすべて非公開である。これはまさに、政府の説明責任を全面的に否定するものだ。日本でもようやく〇一年施行の情報公開法によって、アカウンタビリティ（説明責任）という言葉が市民権を得て、法律上でも明記された。喧々囂々《けんけんごうごう》の議論の末、法では「知る権利」は明文化されなかったものの、実質的に同等の意味を持つ言葉として「政府の説明責務」が謳われたわけだ。しかしその後の現実を見れば、この言葉を全く空洞化するような事態が続いている。

たとえば、福島第一原発の事故において、政府は国民の安全より自身の都合を優先させた。そこでは、公的情報は国民のものであるという発想は欠如し、政府の説明責任は完全に放棄され、その状況は今なお続いている。武器輸出三原則の緩和や、集団的自衛権の解釈変更における「内輪の議論」による実行も、こうした流れの中にある。戦後の日本の民主主義の象徴でもあった教育制度の抜本的改変すら、確かにパブリックコメントの実施はあったものの、その変更はあくまで官邸主導で一気呵成《かせい》に進んだ。そのスピード感は、通常なら十年かかるものを一年ですませている、とされる。

そして一三年秋以降急浮上し、一部の野党も含め何かにとり憑かれたかのように成立を急いだ特定秘密保護法も、その立法過程における政府の説明責任の放棄とともに、その内容においても情報公開あるいは知る権利に対する思想が決定的に欠如している。それは皮肉にも、情報公開法で見送られた「知る権利」という文言が入ったとしてもである。ちなみにこの一文は、報道機関からの批判をかわすために、報道の自由に配慮するという一文に組み込まれたものである。が、請求権的な意味での知る権利ではなく、裁判所がすでに判決文の中で繰り返し述べる報道の自由を説明するうえでの知る権利に過ぎないことは、知っておく必要がある。

秘密〈秘匿〉制度としての秘密法

●露呈する政府の本質

日本の秘密指定制度の特徴は、政府全体でどのような秘密指定制度があるかが不透明であるうえ、実際にどのようなルールでそれが指定・解除されるかのルールも、非公開だということである。ましてや、その指定・解除の定型的な基準や定義も、さらにはその判断基準も不明であるし、それらの件数も明らかになっていない。要するに、すべてが「闇の中」であることが最大の特徴なのである。

今回の秘密法制定によって、いままでまったくなかった秘密保護の制度が初めて法制化されたという意味で、ないよりましと評価する考え方がある。しかしこれは二つの点で正確ではない。一つは、すでにいままでも防衛秘密及び米軍秘密に関しては、保護の仕組みが法により定められていた。さらには、特別管理秘密なる行政秘密の制度もすでに動いていた。それらが新たにできた秘密法によって、すべて法の下のコントロールにおかれることはないのであって、従来どおり法の範囲外の秘密指定制度が残り運用され続けている。

そしてもう一つの誤りは、今回の秘密法は確かに秘密の保護を定めるが、それを強調するあまり、解除については付け足しで最後の段階で一言入ったにすぎず、それは制度化とはほど遠いものである。秘密指定にのみ熱心で、解除すること、すなわち「原則」に戻して公的情報を国民に示すことを念頭に置いていない秘密保護制度は、そもそも国家情報管理の体《てい》をなしていないのであって、「保護の仕組みができた」とは言いえない。あえていえば、それでもなお多少のプラスがあったとすれば、今回の立法過程において、防衛秘密の指定制度のずさんさが明らかになったことである。

さらにいえば、秘密法を作った政府の「文書管理」に関する認識の欠如がそれに加わる。民主党政権の置き土産ともいえる閣議・閣僚懇談会の議事録公開が二〇一四年四月から始まった。しかしそこで驚くべきことは、「閣議等の議事録には、公表時点で情報公開法第五条の定める不開示事由に該当する内容については記録しない取扱いであること」を決めたことだ。要するに、政府が国民に見せるつもりがない文書は、最初から記録を取らないし、当然、議事録には掲載しない、ということになる。不開示文書になる可能性があっても会議の内容はすべて記録を作成し、情報公開請求があれば裁判所が個別に開示するかどうかを判断する、というのが文書管理法と情報公開法で定めたルールだ。それをまったく無視し、自分の都合に合わせてルール化するというその態度にはあきれるほかない。そうした政府が秘密を管理するというところに、この秘密法がどのように今後運用されていくかを推し量るヒントがある、といえるだろう。

●秘密の中身

それではいったい、日本の秘密指定・解除の現状はどうなっているのか。それを知るためにはまず、日本において「ヒミツ」とは何かを知る必要があるが、秘密法「前」には以下のカテゴリー分けが可能であった。

第一は、従前から存在していた「防衛秘密」で、防衛秘密と特別防衛秘密からなる。前者は、自衛隊法によって規定されており、防衛大臣が指定する「我が国の防衛上特に秘匿することが必要であるもの」（九十六条の二）と定めていた（秘密保護法制定により移管、条文削除）。後者は、MSA秘密保護法と呼ばれる日米相互防衛援助協定（MDA）に伴って定められた秘密保護法制である。この法律には〇七年八月に新たに日米軍事情報包括保護協定（GSOMIA）がくっつくことになり、「秘密軍事情報」を保護することを謳う。このほか、日米地位協定に伴う刑事特別法が存在する。ここでは、「合衆国の機密を侵す罪」が定められており、「合衆国軍隊の機密を、合衆国軍隊の安全を害すべき用途に供する目的をもって、又は不当な方法で、探知し、又は収集した者は、十年以下の懲役に処する」（六条一項）とされている（二項では漏洩を罰する）。

実は、日本において法によって規定されている〈国家秘密〉は、今回の秘密法ができるまで、ここに定められた防衛・米軍情報のみであった。逆にいえば、国家秘密の中核である安全保障分野の秘密については、すでに法制度化され、守られてきたということになる。これはそのまま、今回の秘密法の立法事実、すなわちなぜ新たな法制化が必要だったのかとの疑問を生むことになったわけである。同時に、それでも新法を必要とするのは別の理由ではないかとの推察が生まれることになる。それはまた、今回の立法化作業の牽引役が内閣情報調査室であり、外交・安全保障分野というよりはいわば国内テロ・公安捜査活動との関係が深いからでもある。

第二のカテゴリーは、秘密法立法過程で大臣ほか議員が「トッカンヒ」と連呼していたもので、

○七年に省庁間の統一ルールとしてできた「特別管理秘密」である。当時、政府が「カウンターインテリジェンス機能の強化に関する基本方針」を決定し、「国の行政機関が保有する国の安全、外交上の秘密その他の国の重大な利益に関する事項であって、公になっていないもののうち、特に秘匿することが必要なものとして当該機関の長が指定したもの」を、特別管理秘密として特別な管理を行うことを決定したことによる。

最も多くの秘密文書ルールを持つとされていた内閣官房は、「内閣官房特別管理秘密管理規程」にはじまり、「内閣情報調査室における特別管理秘密の管理について」「秘密軍事情報の保護のための秘密保持の措置に関する日本国政府とアメリカ合衆国政府との間の協定の実施に伴う措置について」など、十以上の規定が確認されている。また公安調査庁では「公安調査庁特別管理秘密取扱規程」「公安調査庁秘密軍事情報取扱規程」「公安調査庁秘密文書等取扱細則」のほか「法務省秘密文書等取扱規程」が、警察庁では「特別管理秘密文書の管理に関する訓令」や「警察庁における秘密文書の取扱いに関する訓令」が存在していた。

一方、外務省においては、秘密保全に関する規則に基づき、「外交機密文書等」「他の行政機関等から受領した秘密文書等に相当する文書等であって、当該他の行政機関等において特管秘文書等に相当する文書として取り扱われているもの」「我が国が外国政府等との間で情報の保護に関する国際約束等を締結等している場合であって、当該国際約束等に基づく保護の対象となる秘密文書等のうち、特管秘文書等として取り扱うことが必要と認められるもの」を特別管理秘密文書等として取り扱うこととしていた。

防衛省においては、先に挙げたＭＳＡ秘密保護法の特別防衛秘密と、自衛隊法の防衛秘密を、特別管理秘密に相当するものとして取り扱うこととしており、特別管理秘密として個別具体的な事項を指定していないとされていた。秘密法制定前、防衛秘密については、防衛大臣が二百三十四事項を指定していたとされる。

このようにして定められた特別管理秘密文書等の件数は一二年段階で、内閣官房＝二十七万四千百九十一件、内閣法制局＝〇件、内閣府＝六十六件、宮内庁＝三件、公正取引委員会＝〇件、警察庁＝一万一千件、金融庁＝四十三件、消費者庁＝〇件、復興庁＝〇件、総務省＝三百四十八件、法務省＝〇件、公安調査庁＝九千六百三十五件、外務省＝一万六千六百五十件、財務省＝百三十四件、文部科学省＝八件、厚生労働省＝百三十三件、農林水産省＝〇件、経済産業省＝二百五十九件、国土交通省＝五百八十件、海上保安庁＝三千五十二件、環境省＝〇件、原子力規制委員会＝四百四十九件であった。当時、防衛省については「特別管理秘密文書等に相当するものとして取り扱っている文書等の件数を集計中であり、現時点でお答えすることは困難である」としていたが、その後、〇七年から一一年までの五年間に、防衛秘密指定文書は約五万五千件あり、この間の廃棄は約三万四千三百件であることが明らかになった。一方、防衛秘密の指定を解除されたのは一件のみであった。

統一ルールによると、指定権者は各省庁の大臣のみと定められている。しかし実態としては、省庁の自由裁量によって独自の運用がなされていることが明らかになっている。それはたとえば今回の立法過程における国会答弁でも、岸田文雄外務大臣は就任以降、一度も秘密指定の決裁をしていないと述べる一方、外務省としては年間千件単位の秘密指定を行っていると述べた。すなわち、外務大臣ではなく局長、場合によっては課長クラスの決裁で秘密文書が量産されているということである。

●不透明な全体像

これら防衛秘密のすべてと特別管理秘密の一部を、秘密法の対象となる「特定秘密」に指定したといわれている。そうなると、今後も「その他の特別管理秘密」は残るわけであるが（秘密法成立によって「特別管理秘密」という名称はなくなる）、その切り分けは不透明である。それはそもそも、ここにいう特別管理秘密なるものの実態自体が判然としないことと関係する。同時に、特定秘密の枠が定まらないのには、行政文書管理ルールの基本である公文書管理法との関係が途切れていることも関係する。あくまでも、公文書管理法の定める行政文書の管理ルールは適用せず、廃棄・移管ルールだけ適用させる、特定秘密の記録管理も含めた管理は個別ルールで行う、としているからだ。

さらに現行、その外側に「省秘」あるいは「庁秘」が存在する。これについてはたとえば、先に述べた外務省の場合も、外務省ルールに従って秘密指定がなされていることからすれば、この省秘であるともいえる。そのうえこれらに追い打ちをかけるがごとく、「機密性文書」が政府から数多く発信されている実態がある。場合によっては、ちょっとした会合の連絡文書まで、機密性のスタンプが押されることになる。これには、1・2・3といったカテゴリーが印字されているが、これもまた、いまだ実態は闇の中である。秘密法は、外部に漏れると安全保障に著しい影響を与える情報を、特定秘密に指定するとしているが、各省庁には特定秘密に該当しない秘密情報が相当数あり、現状では各省庁が個別に内部規則で定めている。

あえて政府保有の〈秘密〉文書をカテゴリーわけするならば、秘密法「後」において、特別管理秘密や防衛秘密が廃止され、「法に基づく秘密」（特定秘密保護法に基づく「特定秘密」、米軍の「特別防衛秘密」）と、各省庁の内部規定による「秘密」（機密・極秘・秘など）にわけられることになったのである。しかしこれによって、秘密文書の実態がより明確になったということにはならない。

しかもはっきりしているのは、微妙に重なりあいながら存在する、防衛秘密・特定管理秘密・省秘・機密性文書が、それぞれ公表されていない「秘密のルール」にしたがって作られ、そして勝手に破棄されていたということである。さらに、こうした秘密が年間どの程度新たに指定され、あるいは解除されているかも不明である。ここまでみてわかるとおり、日本の秘密「保護」制度は、もっぱら政府自ら秘密を「秘匿」するための制度であったということだ。これこそがまさに、一三年末に成立した秘密法に色濃く引き継がれた法の本質であり、最大の問題点である。

他国との軍事的な連携のためには、同程度の秘密保護制度が求められると言われる。いわば「普通の国」としての体裁をとるための法整備であるということだ。しかし、民主主義的な社会制度のもとでは、「国家情報をきちんと監理する法制度」が存在していて、政府による秘密の秘匿を監視しているのである。あくまでもそういった「監理・監視」する制度の上に、秘密を守る法が載っている。日本はその土台が「ない」ことが、まさに特徴である。

市民の立場から社会監視のシステムを位置づけるならば、本来まず必要なことは、国家情報をきちんと監理する「情報マネジメント権」の保障である。そしてきちんと保管・整理されている公的情報の開示を求める「情報アクセス権」が完備されていなければならない。それなしでは、すでにある漠然とした「国の秘密」が無尽蔵に拡大することになる。なぜなら、行政機関は放っておけばどんどん情報を囲い込み秘密を増やしていくことが、古今東西共通の自明のことだからである。にもかかわらずできあがった秘密法は、秘密を保護することには異常に熱心であるが、秘密を管理することについてはまったく無頓着で、その結果、政府は秘密情報に関する説明責任を放棄している。通常の法であれば制限的に運用することによって、デメリットを最小限に抑えることが可能であるが、秘密法の場合は、いったん法ができればその日から、政府内で秘密文書が確実に、しかも急速に増殖していくことになるだろう。

さらに、今回の法で新たに対象として追加された「外交・テロ行為・スパイ行為」に関する分野は、経済・社会・公安に関する情報がなんでも入る可能性がある。これらスパイやテロに関する情報は、言うまでもなく人を監視するものであって、人権との抵触がきわめて起こりやすい分野であることにも注意が必要だ。

国際ペンクラブのメッセージが持つ意味

「言論の危機」の内実としては、表現の自由を脅かす法制度上の問題、ジャーナリズムの変節による公権力監視の弱体化、言論報道機関の商業的衰退という、制度・ジャーナリズム・経営の三つの側面がある。そしていままさに、そのいずれもが、重大な岐路に直面していると言わざるをえまい。日本ペンクラブは二〇一三年九月と十月の二度にわたって法制度の問題点を指摘し、立法化に反対の意向を示してきた。さらに十一月二十日には国際ペンクラブのメッセージとともに改めて反対の意思表明をし、衆院強行採決を受けて二十六日には緊急会見を行うに至った。これほどの短期間において、同じ問題に対して四度にわたって見解等を示すことは初めてであって、この問題に対するペンの強い危機感の表れにほかならない。しかもそのメッセージは、国際ペンの会長、副会長、獄中作家委員会委員長のトップ3がそろって独自のメッセージを寄せるという異例なものであり、それとともに日本ペン会長が反対の見解を示すものだ。

まずはその内容を紹介しよう（原文は英語、日本ペンクラブ訳）。

日本政府の「特定秘密保護法案」に対するメッセージ

◆ジョン・ラルストン・サウル　国際ペンクラブ会長（作家・哲学者）

政府にとり必要な秘密は少なく、市民には多くの情報に接する権利がある。市民は自らの役割を果たすために情報に接する権利を持っている。ところが世界中で政府や官僚が自らの行動を隠し、曖昧にしたいと考え、「秘密」が膨れ上がっている。秘密を保全したいという強迫観念は日本でも、ヨーロッパでも、南北アメリカでも流行となっているようだ。それは正しいことではない。民主主義は三つのことで成り立っている。市民と、彼らの表現の自由と、政府の透明性である。どの国の民主主義にも、それぞれ特徴があるが、これらの三つのことは万国共通である。その弱体化をはかることは、民主主義を損なうことである。国家が過剰に情報を保全すれば、市民はその情報を他の手段で開示しなければならなくなる。その場合の責は、透明性を高めようとした人々ではなく、透明性を損なう者が負わねばならない。

日本政府の「特定秘密保護法案」は、国にとって差し迫った必要でも、実際の秘密でも、公益を守るためのものでもない。それは政治家と官僚が、過剰な秘密保全の考えと、秘密保全へのヒステリーに瀕した強迫観念の背後に隠れ、ただ市民の情報と言論の自由を弱体化させ、自らに権力を集中させようとしているものに思われる。

◆ユージン・ショルギン　国際ペンクラブ副会長（作家）

日本で言論の自由という民主主義の権利の制限が検討されているというニュースに接し、大いに憂慮しています。これは、世界の大多数の国が採択した国連人権宣言に対する、危険で非常に落胆すべき最近の傾向に陥るものです。この傾向は9・11後の米国に始まり、多くの国が続いたものですが、日本がその仲間に加わらないことを信じてやみません。近視眼的な政府が、国家に押しつけようとしているこの言論規制を止める日本ペンクラブの活動を、私は全面的に支持します。

◆マリアン・ボツフォード・フレイザー　国際ペンクラブ獄中作家委員会委員長

表現の自由は政府が弄ぶものではない。それは政府が憲法の下で守るべき、基本的人権のひとつである。全ての市民は、読み書きと知識と情報についての権利を保障されなければならない。日本で提案されている「特定秘密保護法案」は作家やジャーナリストが自らの仕事によって処罰されると脅かされるだけでなく、全ての日本の市民の権利を奪うものである。現状の法案では、自己検閲と曖昧な言論の風潮を作り出すものとなるだろう。

このように、国際ペンが日本政府に対してのメッセージを発すること自体、アジア・太平洋戦争への道を本格的に歩み始めた日本軍の南京侵攻に際して出された遺憾のメッセージ以来であることに心を寄せる必要がある。それほどまでに世界が日本の先行きを案じ、日本政府の対応に警告を発していたということだ。国際ペンは現在、世界百二カ国に百四十四のセンターを持ち、非政治的組織としてユネスコや国連において特別な助言を行う立場にある。そして一九二一年の設立以来、文学の振興、表現の自由の擁護、世界中の作家たちの共同体を発展させるという目的のもと、作家の国際的で唯一の協会として運営されてきているものである。文学の分野において表現の自由は絶対不可分なものであるからこそ、自分たちの意見や思想を表現したことによって脅迫され、時に投獄されてしまう作家を擁護し、政治的検閲に対し強く反対をしてきた。

そのペンクラブが、今回の法案を世界標準からみて「きわめて危険」と判断し、その撤回を申し入れたことを、もし日本が「一流の民主主義国」と自称するのであれば、恥ずべき事態として受け止め、賢明な対応をすべきであったことは言うまでもないであろう。

日本ペンクラブは、先に触れたとおり下記の抗議声明を発表したほか、その問題点については、詳細意見書を公表している。浅田次郎会長は衆議院の委員会強行採決を受けての緊急会見で、「言論の自由はいかなる場合においても絶対に守らねばならない。最も許しがたい、最も私たちの立場を危うくするのがこの法案だ。誰がどう考えても、情報公開、知る権利を進める時代の中で、明らかに時代に逆行しており、なぜかくも強行に採決するのか、全く理解できない。国会がいまのことしか考えていない表われで、六十年先の社会でこの法律がどのように悪用されるかわからない」と強い憤りを示した。

特定秘密保護法案の閣議決定に強く抗議する

浅田次郎　日本ペンクラブ会長

本日、政府は特定秘密保護法案を閣議決定した。日本ペンクラブはこの決定に対し、深い憤りを込めて抗議する。

私たちはこの法案について、

一　「特定秘密」に指定できる情報の範囲が過度に広範であること
二　市民の知る権利、取材・報道・調査・研究の自由が侵害されること
三　行政情報の情報公開の流れに逆行すること
四　「適性評価制度」がプライバシー侵害であること
五　このような法律を新たに作る理由（立法事実）がないこと

等を指摘し、繰り返し反対を表明してきたところである。

これらは、私たちにとどまらず、広く法曹、アカデミズム、マスメディア等の団体からも明確に指摘され、また過日募集されたパブリック・コメントの大多数においても、懸念されてきた点である。

政府が、こうした指摘に真摯に答えることなく、今回の決定に至ったことに対し、私たちは厳しく反省を迫りたい。

今後、国会がこの法案を審議することになるが、私たちは議員諸氏に対し、上に指摘したような法案の問題点を慎重に考慮し、「特定秘密保護法案」を廃案に追い込むよう強く期待する。


日本ペンクラブが秘密保護法案を廃案にすべきと考えたのは以下の理由からであった。同法の問題点をまとめたものとして、掲出しておく。
①秘密指定のルールがほとんど何も決まっておらず、政府は無制限に国家情報を秘密とし、永久に秘密のままとすることも、勝手に破棄することも可能となる。これは、公的情報は国民のものであるという民主主義国家の大原則に反するものである。
②日本にもすでに防衛秘密に関する秘密保護制度は存在するが、それを、テロ行為やスパイ行為などに拡大することを予定している。これは事実上、政府が有するすべての情報を対象にすることに繋がり、無制約な情報隠蔽が進むことになる。
③日本は過去の戦争下において戦争協力の名の下に、政府の方針に反する言論人を逮捕拘禁し、場合によっては命を奪ってきた歴史がある。そうした教訓から、表現の自由を最大限保障するこ

とを憲法の基本方針とし、政府が公開を望まない国家情報にジャーナリストや作家がアクセスする行為を取り締まる規定を廃止した経緯がある。この規定を復活させることは、明らかに取材の自由、情報アクセス権を制限し、表現の自由を制約するものである。

④政府は、正当な業務行為によってなされた取材行為は罪の対象ではないので、表現の自由を侵さないと繰り返し説明するが、その「正当性」を判断するのは政府そのものであって、何ら自由の担保にはならない。

⑤政府は、今法案の立法過程において、どのようなカテゴリーの情報が秘密であるか、秘密を指定・解除するルールは何であるか、一切秘密であるとの姿勢を貫いている。すなわち、仮に国家に守るべき秘密が存在するとしても、政府は最低限度どのような理由でどのような秘密をどのように守るのかについては説明責任があるが、日本政府はそうした国家情報に関する説明責任を一切放棄しており、これは情報公開の考え方に完全に逆行する。

⑥パブリック・コメントでは他に例がないほどの多くの反対意見が寄せられ、世論調査でも五割以上は反対し、かつ多くの表現者や専門家、さらには国内外の団体がこぞって反対するなかで、ほとんどこうした意見を聞くこともなく、極めて短期間の国会審議で強引に成立させようとする政府の態度は、真っ当な民主主義国家の政府の態度ではない。

⑦法案の提案理由は、周辺国への軍事的脅威に対抗するため、米国との同盟関係に基づき軍事協力を進める必要があり、そのための前提条件として情報共有のための秘密保護制度の制定が不可避だとする。しかしそもそも、こうした隣国をあえて敵対視し、その軍事的対立をエスカレー

トさせるための方策は、東アジアにおいて日本政府に向けられている不信の念をさらに拡大こそすれ、友好的な関係を築くためにプラスになることはない。

秘密法議論をめぐる危機感

先に「危機感の表れ」と記したが、それはすでに指摘されている法の中身に起因することはもちろんであるが、ここでは審議段階における法案を取り巻く状況について触れておきたい。

一つは、国会審議の緊張感のなさだ。確かに安倍首相および政権の一部は、法案の早期成立を心底願っていたのかもしれないが、国会議員の多くにはそうした思いは共有されていないように思われた。秘密法が審議されている衆議院特別委員会を傍聴したが、出席議員の質疑応答は予定調和の中の儀礼的なやり取りと言われても仕方がない状況だった。野党の追及も不十分だし、それに輪をかけて答える各大臣は形式的な回答でお茶を濁すばかりで、具体的なやり取りは実質的にゼロといってもよいありさまであった。

それはたとえば、第一次安倍政権時代、国民投票法案に関し特別委員会審議を傍聴した時のことを思い起こすと雲泥の差である。当時でも、政権に対しての「擦り寄り競争」はあったし、表現の自由に対する理解のなさは見られたが、それでも反対意見に対して真摯に向き合い、真剣に議論するという最低限のマナーは発揮されていた。今国会における日本維新の会とみんなの党の状況は、「『補完勢力』どころか『翼賛野党』」（朝日新聞二〇一四年十一月二十二日付朝刊・社説）

と揶揄されたところであるが、こうした状況を作り出した責任は国民自らにあるとはいえ、市民と政治との距離がますます拡大していく気がしてならない。

しかも、「現在、鋭意修正協議が続いており、答えは差し控えたい」との答弁で双方が納得している状況は、国会審議の体をなしておらず、空洞化そのものである。そもそも委員会の当該委員の出席自体もまばらで、審議を担当する熱意を感じようがない。また、法案成立後に所轄となる官房長官の出席もないばかりか、大臣もほぼ担当大臣だけで済ませる状況で、外務大臣や防衛大臣すら事前質問に合わせて答弁のため瞬時立ち寄るだけで、あとは答弁そのものも全面的に官僚任せである。その面からも、国民はおろか日本国あるいは政府のためというより、「官僚の官僚による官僚のための」法律たらんことがよくわかった（官僚にとって、戦後六十年以上待ち続けてきた悲願達成の千載一遇のチャンスであることは、前に触れたとおりである）。

付言するならば、緊張感のなさは審議中のヤジにも表れる。委員会における民主党の質問は、知る権利の保障をめぐっての「不当な方法」が何かを確認するものだったが、大臣答弁に「その答えではわからない」と対応すると、それに対して別の野党から「お前は馬鹿か」と小学生以下の声が飛ぶ状況は、情けないの一言に尽きる。同様に、あとでも触れるが、「どんな場合が不当にあたるのか」との質問には、繰り返し間髪を容れずに「西山だよ、西山」「はっきりしてるだろ」と、議論を深めることを妨げることに熱心な議員の姿があった（こうした品も知性もないヤジを飛ばした一人が、小池百合子・現東京都知事である）。

二つには、本来であれば議論の中心になるべき報道界の冷めた空気だ。確かに、閣議決定後、一部の在京紙（朝日新聞、毎日新聞、東京新聞の三紙）は積極的な紙面展開を行い、問題指摘を続けていた（ただし当初は両論併記扱いで、編集方針として「反対」を明らかにしたのは国会審議が進んでからであった）。あるいは、テレビにおいても一部の放送局（ＴＢＳやテレビ朝日）の報道系番組では繰り返し特集コーナーを設けているし、ＮＨＫの定時ニュースでも扱う回数は増加した。しかし一方で、終盤に至るまでの間、大多数の地方紙で目立った記事やキャンペーンはほとんどないのが実情だった（地方放送局の番組を網羅的にチェックする手段を持ち得ていないが、伝聞するところでは同じような状況であると聞く）。

要するに、秘密法は大きなニュースにはなり得ていないし、ましてやその危険性を繰り返し指摘するようなキャンペーン的な扱いは、ごく一部の新聞にとどまっていたということだ。発行部数がすべてではないが、前出の三紙の発行部数合計は、日本の新聞総発行部数の四分の一程度である。東京と地方のニュースの温度差は、たとえば沖縄や震災関連の報道で言われてきていると ころであるが、今回はその逆パターンの表れということができるだろう。

報道は客観的、中立的であらねばならないといわれる。ニュース対象の事象と距離を取ることが肝要ともいわれる。それからすると、秘密法で問われているのは国家安全保障にかかわる問題であり、反対を煽るような紙面は報道の立場をわきまえない邪道であって、賛否の意思表示は社説で行えば十分との声が聞かれるところである。しかし、果たしてそうか。自らの存在意義を脅かす法制度の変更に対し、世論形成を放棄することこそ、民主主義社会の維持・発展のための社会的役割を担う報道の責任放棄といえるのではなかろうか。紙面の主張とは裏腹に、一部の在京新聞社の労働組合では、反対すると左翼集団の一翼とみなされる、などの理由で反対しないことを組織決定したとも聞くありさまだ。

そしてまた、こうした状況は出版界にも広がっているように見える。誌面で法案に反対を宣言しているのは『週刊朝日』や『SAPIO』などごく一部で、反対の特集をした『週刊プレイボーイ』を除いても大多数の雑誌は音なしの構えだ。この状況は、たとえば個人情報保護法の立法時に、出版社系週刊誌が一斉に反対の誌面広告を掲載するなどしたうえ、キャンペーン記事を展開したのに比べると、大きな違いを見せている。

こうした状況を、ネットメディアやSNS等の口コミでカバーしているといえようが、市民間の問題認識の広がりが遅れた大きな要因といえるだろう。その点では、報道量の少なさの中でようやく広がってきた市民の中での疑問の声が、さらに大きな力を持つ前に成立を急ぐ政府の手法は、あまりにも正しかった、といわざるを得ない。

そして三つ目には、この間、報道の自由への懸念は「懸念に過ぎない」として、将来の萎縮の可能性を「可能性に過ぎない」と断定し、あるいは政府の表現の自由配慮規定をもって「問題は解消された」として、法の正当化をはかった研究者の存在である。もちろん、政府の意見に与《くみ》することも含め学問の自由は存在し、時に政府の審議会等で意見形成にその専門知識を活用することがあってもよかろう。しかし、まさに多くの専門家や市民が問題点を指摘する中で、公の場で「あえて」法の正当性を権威化し、成立への手助けをすることは別の意味を持つ。

とりわけ今回の問題を考える前提には、「現実」として官僚の秘密の私物化が横行し、政府による丸ごと情報秘匿が問題となっている多くの具体的事実がある。あるいは報道の「現場」の実態として、すでに現行法においてすら記者たちが公務員法の情報漏洩のそそのかしに該当するとして威迫を受けてきた具体的事例が報告されている。確かに、一般論として安全保障の必要性や秘密保全のための制度の有用性を語ることはできるだろう。しかし、現在の日本におけるこうした現実や現場を踏まえない、机上論は意味を持たない。とりわけこの種の治安立法においては、現行法制における運用実態をもとにして、最悪の運用を想定するのが立法の基本であらねばならない。その点で、運用実態を知っていて知らないふりをする官僚と、実務を切り離した法解釈に拠る研究者の組み合わせは危険極まりない。

原発事故の際、その筋の専門家の多くは当初、理論上安全である、放射能汚染の心配はないと繰り返したが、結果としてそれらは誤りであることを私たちは知った。専門家の知識が、必ずしも「想定外」の事態に対処できないことを学んだのである。同様に、今回の問題に関しても取材・報道の実態を踏まえることなく、「法解釈上、自由は侵害されない」との言葉を信じることはできないのである。ましてや、その運用は「良識で判断する」との前提がつく分、その危険性はより高まるといえるだろう。

知る権利の冒瀆

以下では、とりわけ国会審議を経て浮かび上がってきた争点を中心に、表現の自由の観点から問題を改めてまとめておきたい。

同法は秘密の対象範囲を軍事関係にとどまらず、外交、社会、経済分野を含む国政一般に広げようとしている。さらには与野党の修正協議によって、「政令で定める重要な情報」という曖昧な例外が付与されたり、当初の三十年から六十年に秘密指定の期間が延長される（八条四項）など、ますます秘密の範囲や期間延長が図られた。まさに同法が、隠したい情報を恣意的に囲い込み、秘密裏に捨ててしまうことを承認する「情報隠蔽法」であり、秘密を簡単かつ無制限に作り出すことを法的に認める「秘密増殖法」であると称されるゆえんである。

ここで重要なポイントは、「秘密は守るものでなく、管理するものだ」との視点だ。それからすると、「秘密保全」とか「秘密保護」との名称自体にそもそも誤りがあるといえるが、きちんと国民によって国家情報たる秘密がコントロールされていることが求められることになる。その具体的な形が、国家情報を保存・管理する仕組みである公文書管理法であり、行政の所業を国民の検証の対象とするための情報公開法である。

そしてこれらの基本的な枠組みのなかで、政府における秘密指定文書の扱いが決まるのであって、当然それは原則公開のなかでの「例外的」な扱いとして、個別具体的な文書に対し限定された期間に限り適用されることが求められている。時の為政者にとって重要な「秘密」ほど、国民の検証の対象にされるべきであるし、それは将来の社会選択の重要な判断材料になるに違いない。だからこそ、そのための指定や開示の手続きはより客観的に独立した形で制度上担保される必要があり、それは二十一世紀型の「開かれた政府」の必要十分条件である。

にもかかわらず今日の政府は、あくまでも国家情報を我が物ととらえ、一部の役人と政治家によって秘密を弄ぶことを「国家情報の管理」と明らかに思い違いしている。だからこそ、そうした根本的に誤った思想と目的に基づいて設計された、管理法とは似て非なる「保護法」は、いったん白紙にして基本設計をし直す必要がある。

自民党は審議に際してウェブサイト上でQ＆Aを公開し、秘密の具体的な事項として、「潜水艦のプロペラの材質」はじめ、法案別表の各号ごとの具体例を提示した。おそらくこれらは現行の「特定管理秘密」で指定されている事項を列挙したものと思われる。しかし現実には、それらから想像する数と範囲をはるかに凌《しの》ぐであろう、法の根拠を持たない「ヒミツ」が政府には存在していた。そうした秘密文書が、そのまま横滑りで新法の下での「特定秘密」文書になりかねないことを意味する。しかも、官僚の選別によって「信頼ができる」と判断された大臣にのみ、特別に秘密文書の存在（もしくはその内容）が明かされる仕組みであることが、国会審議でも改めて確認されている。同法はそうした内部ルールを法制化するものであって、これを機に官庁間の運用も統一化するとされているが、実態は「ノールール」が法定化されるということに過ぎないだろう。まさに、「何を秘密にするのかもヒミツ」と揶揄《やゆ》されている事態そのものである。

国会審議では、「不当な方法による取材」の境界事例として、読売新聞が報道した中国潜水艦情報についてはOKで、毎日新聞が報道した沖縄密約はNGとしている。前者については、自衛隊員は懲戒免職処分を受けたが記者は一切お咎めなしであって、報道の自由の制約の怖れは杞憂《きゆう》に過ぎないとする。一方で、後者は「情を通じて」情報を入手したことが「相手方の人格を著しく蹂躙」しており、現行法においても新法においても正当な業務にあたらないという。しかしここにはロジックのすり替えがある。もし取材方法を問題にするのであれば、読売事件においても入手方法の是非を論じなければならないが、そうした議論は一切ない。取材方法を問題にしているように見せかけてはいるが、実際は漏洩された情報内容の軽重によって取材方法を問うているにすぎないことが強く疑われる。しかも、その境界線は記者の側には全く分からない。

　そこから分かることは、条文上は報道する側に公益目的があれば罰せられないとあるが、それも「不当な方法」であれば目的は全く関係なくなるということだ。取り締まる側の都合によって、そうした目的はいっさい切り捨てられ、もっぱら記者の行状が問題視される。それでも、その行状が報道倫理に基づくものであればまだしも、記者個人の資質の問題にすり替えを図っている。そもそも、取材手法と報道の公益性とのバランス判断を欠いたとの批判が強い沖縄密約漏洩事件を、金科玉条のごとく判断基準にすること自体が誤りである。密約が報道されることで国民が得る利益と暴露によって外務省が蒙《こうむ》る不利益を衡量すべきなのであって、検察官から見た取材の仕方の善し悪しで報道の価値が決まるものであってはならないのである。

　さらには教唆犯以外にも、欺くことがいけないと規定することにより、情報漏洩を求めるまさに「通常」の取材行為は、常に違法行為として取り締まりの俎上《そじょう》に載ることになる。ジャーナリズムの本義が権力監視で、その中心的課題の一つが権力内部の不正を告発することにあることは疑いがない。そしてこれらの調査報道では一般に、潜在的な内部告発者の情報をいかに引き出すかが勝負だ。それらは、いわば「善意のそそのかし」とでもいうべきものであるが、これが法では「広義の教唆犯」として取り締まりの対象になる。すなわち、いかに公益目的であったとしても、漏洩した者は例外なく処罰され、正義の告発者を守るはずの公益通報者保護制度は完全に「絵に描いた餅」となると想定される。また、同時に報道した記者も、最終的に罪を負うかどうかは別にして、少なくとも訴追されることになる。この「最低でも訴追」こそが萎縮の元凶である。

国会では「良識で判断する」「処罰対象は『不当な方法』による取材であって、いわば通常の取材行為が対象になることはない」との答弁が続いた。しかし、これらが「秘密の暴露」を厳罰に処し、取材者を常に教唆犯や欺騙《きへん》犯の可能性にさらすことを減ずるものではない。むしろ、行政の恣意的判断の可能性を言い換えているにすぎないといえるだろう。実際、法案のもとになった政府報告書では、「飲酒をさせて酔いに乗じて秘密を聞き出す」「引き出しに保管された秘密の盗み見」などが具体的な処罰対象行為として例示されており、これらの線引きが曖昧でいかようにも適用可能であることは一目瞭然である。

最終盤において条文冒頭に、修正によって目的を挿入したことによって限定化されたとの説明があるが、この規定ぶりは強い批判の中で廃案となった一九八〇年代の国家秘密法案とそっくりであって、ようやく「そのレベル」になったということだ（他の修正も同様の傾向がみられる）。この点だけからしても、限定化になりえていないばかりか、同法の杜撰《ずさん》さがよくわかる。内部告発が公益目的であっても厳罰を科し、ジャーナリストの報道も公益目的であっても起訴されるような設計の法制度のもとでは、「報道の自由、知る権利に配慮する」という文言で、表現の自由が保障されたとは言えないことは明らかである。政府はすでに、「知る権利が国民の安全に優先するというのは誤り」とまで言明しているのである。政府が国家安全保障に関する情報を独占することによって誤った政策決定をしてきた歴史があるのであって、むしろ「問題あり」との指摘によって国民がその是非を判断することこそが重要である。

公的情報である政府文書を私物化し、しかも公開することなく、さらには恣意的に闇に葬ってきた政府の体質を改めさせるどころか、追認するような法制度は、将来に取り返しのつかない禍根を残すことになったとはいえまいか。

第三章　放送の自由

経済不況といわれながらも、放送局は多少の凹凸はあるものの、ほぼ堅調に広告収入を確保し、むしろ放送全体で見ればその市場は拡大しているともいえる。震災でテレビに厳しい批判が浴びせられたが、表面上はその前後で番組が変わることもなければ、多くの人がこれまでどおりテレビを見、ラジオを聴いている。そう、制作も報道も、技術も営業も、そして総務も、もしかすると放送人は、幸せな時代にいるのかもしれない。というよりも、口では危機を叫びながらも、実は「それなり」のポジションを保障された日々を送っているのではないか、と想像する。

＊

「自主規制」という名の言論統制

でも、そうした恵まれた環境が、知らずしらずに放送の現場を蝕んではいないだろうか。なぜなら、権利侵害や放送倫理を問う声が確実に厳しさを増している現実を直視することを、意識的あるいは無意識的に回避している可能性があるからだ。自由闊達《かったつ》で活気あふれる番組づくりのため、その屋台骨を支える継続的かつ安定的な経営基盤の確立のため、少しだけ知っておいてほしいことがある。

放送人の職責

●放送の義務は視聴者に対して

多くの国では、放送は国が「管理」している。少なくとも、勝手に放送局を開設したり電波を発信することは禁止されているのが一般的だ。日本でも、免許や認定といった形式で放送施設を持つこと（ハード）、放送番組を供給すること（ソフト）にそれぞれ国の了解が必要な仕組みを備えている。以前は、ハードとソフトは常に一体で電波法に基づき免許が出されていたが、二〇一〇年の放送法大改正で制度上、両者の分離が決まった（ただし既存の地上放送事業者は、一体免許とハード・ソフトの分離が選択できる）。すでに衛星放送では、番組供給会社（委託放送事業者）と衛星を運用する会社（受託放送事業者）、それに視聴契約業務などを担うプラットフォーム会社（たとえばスカパー！）はそれぞれ別であったから、それと同じ仕組みを当てはめることにしたといえる。

この点で、もう一つ日本的な特徴は、その放送許可を与える権限を総務省が持っていることだ。行政機関がこうした権限を持っていると、放送内容に圧力をかける可能性があることなどを懸念して、多くの国では独立機関にその権限が委譲されている。日本でも、戦後の一時期は同様の制度を導入していたが、占領が終わるとすぐに、直接支配の構図に逆戻りして現在に至っている。

その結果、総務省は行政指導という名の下で、とりわけ二〇〇〇年以降、番組内容への物言いを強める傾向にある。〇九年からの民主党政権時には、一時的に行政指導は影を潜めたものの、内容規制も視野に入れた独立行政機関構想や番組種別（報道・娯楽・教養・教育・その他＝テレビショッピング番組など）の公表義務制度の導入という形で、放送への監督強化を志向した。

従来は、法的には行政が直接、番組内容に介入することは認められないと考えられてきたが、一九八〇年代を境に、放送法の番組準則違反か否かの判断権は行政が有するとされ、免許権限を根拠に業務改善命令を出すなど、事実上、強い支配権がある。しかしここで注意が必要なのは、「準則」と呼ばれる放送局が守るべき基本ルールである、事実報道、公序良俗、政治的公平、多角的論点提示は、放送局の視聴者に対しての約束事と考えるべきであって、国が放送局に守らせる義務（放送局が国に対して免許と引き換えに約束していること）と考えるのは、放送の自由の観点から問題があるということだ。

実際、放送法のなかに罰則が定められていないのもそうした理由からであると考えられている（地上波放送以外については二〇一〇年改正により、法百七十四条に業務停止命令の条項がある）。放送は単に視聴率という数字の上からではなく、社会制度上、法ではなく視聴者によって厳しく監視される存在であることを忘れてはならない。

●法と倫理は裏腹の関係でもある

最近はどの放送局にも「コンプライアンス」担当がおかれるようになった。一昔前で言えば、考査とか法務といわれていた部署であることが多いだろう。しかし注意が必要なのは、一般企業と放送局では求められるコンプライアンスが異なるということだ。前者の場合は、法令遵守と内部統制が大きな課題となる。きちんと法律を守るような社内の仕組みを作り、実行することであって、これは会社法でも定められている。

一方で放送人の場合は、あえて言えば法を破るのが仕事の一環であるともいえることに難しさがある。たとえば記者が政治家や官僚あるいは警察を取材する際、何とか守秘義務を超えて話を聞きだそうとするだろう。これは紛れもなく形式的には国家公務員法などの法令違反をそのかす行為といえる。時には、特定秘密保護法の探知罪にあたるかもしれない。こうした「正当な取材行為」は罪に問わないことが判例上決まっているものの、その境目は大変グレーで、「人の道に反するか否か」という、まさに倫理の世界である。すなわち、記者活動は法令遵守ではなく倫理を守ることに尽きるのである。ただし最近は、雑誌が名誉毀損で訴えられた際に、会社として再発防止策をとっていなかったのは、内部統制の構築義務違反だとして経営者の責任が問われる時代になっていることも事実だ（山田健太『ジャーナリズムの行方』三省堂、二〇一一）。

さらによく知られているように、最高位の倫理である取材源の秘匿は、明文化されているものではなく、まさに法を超えたものであるし、少年事件の特定情報の不報（匿名報道）も少年法の規定に基づいてはいるものの、最終的には常に放送する側の自主的な判断に委ねられている。

その点でもう一つ大切なことは、こうした内部判断が機械的に決まったり、偉い人の鶴の一声で決まることは好ましくないということだ。倫理判断である限り、取材を実際にした記者やディレクターが迷わなくてはいけないし、彼／彼女の意思を尊重しつつ同僚との議論の結果、局内の合意が形成されていくことが大切であると考えるからだ。

それは別の言い方をするならば、法令や社内ルールによる内部統制ではなく、いかに局内で自由闊達な議論が保障されているかといった内部的自由の確保の問題である。法は他律の象徴であろう。それに比して倫理は自律そのものである。そして自律が成立するには、いかなる職場・階層においても、自由な発想・意見表明が環境として存在していなくてはいけないし、各自がそのことを意識し続けることが大切だ。これは、何も報道や制作だけではなく放送人すべてに当てはまることはいうまでもない。

●良心と覚悟を持って

報道分野に偏るものの、倫理上大切にしてほしいことを書き留めておきたい。まず一つは、真実追求が報道の大原則であると同時に、結果を考慮しないと大変な迷惑をかける可能性があると、常に肝に銘じる必要があるということだ。グッドニュースも含め、取材や報道は常に多くの人の名誉やプライバシーに大きな影響を与えるものだ。そしてネット時代、いったんオンエアされた番組は、放送局の法的責任とは別に、未来永劫、世間の目にさらされ続けることになる。したがって、これまで以上に、そして違法かどうかを超えて、我慢すること、報じない勇気を持つことを徹底しなくてはいけないだろう。

しかし一方で、視聴者の代わりにジャーナリストとしての特権を利用して得た情報は、きちんとすべて伝えることが放送人の倫理的義務でもある。国会や裁判所での特別な取材に限らず、ドラマやドキュメンタリーも含め、多くの場合は放送ゆえに特別な便宜を受けて入手したものであることに留意しなくてはいけない。昨今の原発報道にしても、「隠しているのではないか」との疑いをもたれること自体、この点から反省・改善をしてほしい。同じことは番組制作にも当てはまり、制作過程の可視化が進んでいるだけに、憶測ややらせは論外だが、演出にも視聴者の厳しい眼が光っていることを意識せざるを得まい。

ただし難しいのは、それで事足れりではないことである。「お茶の間メディア」として多種多様な人がリアルタイムで見聞きしている現実を踏まえ、何をどう報じるかを常に模索していかなければならない。そこにはルールもなければおそらく正解もない。取材や報道を最初から諦めたり萎縮してしまうことがあってはならない一方で、取材先や被報道者に迷惑をかける覚悟をきちんと持つ、ということが強く求められている。

そしてもう一つは、公正さを保つことの大切さである。これも放送人が常に念頭において行動すべき大原則である。しかしこの点においても、字句どおり守っていたのでは、放送は成立しないし、逆に視聴者の信頼を失いかねないところに難しさがある。次章で扱うように、「偏向」報道批判は様々な側面で放送メディアの活力を削いでいる。一方で、東日本大震災後、被災者に寄り添う姿勢が強調されることが多い。この姿勢を貫こうと思うと、通常の客観報道やニュース報道をしていては十分ではなかろう。いかに震災の風化を防ぎ継続的に報道するかという一点をとっても、「主観」報道が求められていると思うからである。

さらにいえば、とりわけテレビの場合は「わかりやすさ」を求めがちで、場合によっては物事を単純化し図式的な対立構造を作ることにつながるのだが、それが結果としてバッシングを煽《あお》ったり、性急な結論を求める空気を作り出しているのではないかと危惧する。そうした性格を持ちやすいだけに、思い込みを排し、丁寧に現場の声を拾う姿勢を大切にしてほしい。

最後は自分。決めるのは上司でもなければ、もちろん会社でもない。BPOでも、いわんや広告主であるはずもない。放送人としての良心と覚悟を持って、いま何を伝えるべきかを自らに問い職責を全うしてほしい。豊かな生活モデルも崩壊し、放射能汚染というリスクとの戦いを、少なくとも「定年」まで背負い続けなくてはいけない若い放送人諸君の健闘を心から期待したい。そのためにも、現場を大切にし、想像力と好奇心と行動力で、ぜひとも難局を切り抜けてほしいと思う。

言論の自由をだれが妨げているか

●選挙名目の「番組介入」

二〇一四年末の衆議院選挙に際し、一通の文書が話題となった。自民党がNHKおよび民放各社に出したとされる「選挙時期における報道の公平中立ならびに公正の確保についてのお願い」だ。しかしこれが、単なるお願いではないことは明らかである。もちろん、その直後の放送局の対応として、在京キー局の社長は定例会見で「いつものことで現場に影響はない」とコメントしている。では本当に現場に影響は出ていないのか。そして、そもそも〈いつものこと〉として黙認してよいことなのか。

日本の言論状況を覆う厚い雲については、すでに指摘した。そしてこの状況はますます悪化し、息苦しさが増している。しかもそうした重い空気は自然に発生しているのではなく、公権力の所作が要因となっていることが少なくないし、むしろこうした効果が生まれることを想定しているのではないかと思えることすらある。その意味するところは、状況をかんがみて起こる「萎縮」に限らず、一見、表現者の自主的な制限にみえる「自主規制」の実態が、実は自主的なものではなく意図されたものであるということになる。

自民党は一三年夏の参議院選挙においても、放送局に圧力をかけた過去を持つ。少し古い話ではあるが、その事実経緯を振り返ってみる。その時、自民党は、ＴＢＳの番組内容が公正さに欠けているとして、党幹部に対する取材や番組出演を拒否したのである。公党が、しかも選挙公示の直前というタイミングで、大手マスメディアに対し取材拒否するという事態は極めて異例のことであった。その後、ＴＢＳの文書提出によって、曖昧なまま幕引きになったが、少なくとも拒否の事実は残るわけで、取材・報道の自由と公的存在である政党の説明責任を考えるうえで、大きな課題を残した。

自民党が問題視したのは、ＴＢＳ「ＮＥＷＳ23」六月二十六日放映分である。国会会期末の与野党攻防の末に、電力システム改革を盛り込んだ電気事業法改正案などが廃案になったことを、ねじれ国会の象徴事例として報じた。約七分の企画特集の中で一分ほど、改正案の成立を望んでいた関係者のコメントがＶＴＲで紹介され、「もしかしたらシステム改革の法案を通す気がなかったのかも。非常に残念ですね」と話す箇所がある。この発言の前後を含め、廃案の責任が与党自民党にあると視聴者が受け取りかねない報道をしたのは、番組構成が著しく公正を欠くものであるとして、二十七日にＴＢＳに対し文書で抗議した。

これに対しＴＢＳは同月二十八日に、「発言に関して指摘を受けたことはまことに遺憾」と回答、これを受けて自民党はすぐさま、当該番組内での謝罪と訂正を重ねて求めている。しかしＴＢＳは七月三日、番組キャスターが国会空転の責任は野党を含めたすべての党にある等と発言をしていることなどから、「番組全体はバランスが取れている。謝罪、訂正はしない」と再回答したため、自民党は四日、取材拒否を発表した。

翌五日、ＴＢＳは報道局長名で「『説明が足りず、民間の方のコメントが野党の立場の代弁と受け止められかねないものであった』等と指摘を受けたことについて重く受け止める」「今後一層、事実に即して、公平公正に報道していく」との文書を提出、これを自民党は同日夜、謝罪であると解釈し、取材拒否を解除するに至った。発表文書によると要旨、「報道現場関係者の来訪と説明を誠意と認め、これを謝罪と受け止める」とあり、首相は他局のテレビ番組のなかで、「今後はしっかりと公正な報道をするという事実上の謝罪をしてもらったので問題は決着した」と述べたとされる。なお、一方でＴＢＳは政治部長名で「放送内容について、訂正・謝罪はしていない」とのコメントを発表している。

これらが、自分たちの気に食わない情報流通を認めない、という強い意思に基づくものであることは疑いようがない。すなわち報道機関に対する取材拒否は、少なくとも当該放送局に対する事実上の番組介入であるわけだ。そうした介入が、単に政治家としての道義的問題にとどまらず、公権力としての公党の説明義務を放棄するものであり、将来の番組内容に影響を与えることを意図するのは明らかであって、いわば擬似的な検閲行為に該当するものでもある。

そして次ページの文書〈図4〉も、きっかけはＴＢＳではないかと推測されている向きがある。解散を宣言した一四年十一月十八日の当日晩、首相は在京放送局を掛け持ちし、夜の報道系番組に生出演した。その一つ、ＴＢＳ「ＮＥＷＳ23」のなかで街頭インタビューが流れ、その多くがアベノミクスに否定的（五グループのうち四グループが景気回復の実感がないと発言）であったことに、出演中の首相が気色ばんで「これはみなさんが選んでいらっしゃるんだと思いますよ」「中小企業の人は、テレビの前で儲かっているなんて言えるわけないでしょう」などと発言した。

これまでの選挙でも似たような要請文は存在したといわれているものの、いくつかの点ではっきりしていることはある。まず、公示前に文書で注意喚起することが異例なことだ。選挙期間中は公職選挙法によって公正放送が法的に義務付けされることを踏まえ、あえて「選挙期間前」も同様の措置をとるように求めたものだ。これは明らかに、法の拡張を求めるもので、法の定め以上の報道に対する制約を明確に求めるものにほかならない。

そして二つ目は、過去の事例を想起させる内容で、放送局に強い恐怖心を与えたことだ。文書では「過去においては、具体名は差し控えますが、あるテレビ局が政権交代実現を画策して偏向報道を行い、それを事実として認めて誇り、大きな社会問題となった事例も現実にあったところです」と、持って回った言い方をしているが、関係者であればだれでも瞬時にわかる書き方である。事例とは、第一章でも触れた一九九三年夏の総選挙に関する報道に関し、テレビ朝日の取締役報道局長が同年秋に日本民間放送連盟で行われた内部研究会での発言が表沙汰になり、国会で証人喚問されるなど政治問題化した「椿事件」だ。

同局は翌年、郵政省（当時）に、特定の政党を支援する報道を行うための具体的な指示は出ていない旨の報告書を提出した。これを受けて郵政省は、「政治的公平」に反する事実は認められないが、「経営管理面で問題があった」と厳重注意の行政指導を行うことで事態は収束した。しかしこれをきっかけに、郵政省は放送法に違反する事実があれば電波法に基づく無線局の運用停止（免許取消し）があることを明らかにし、しかも「政治的公正は最終的に郵政省が判断する」と明言、行政による直接的な番組内容規制の先鞭をつけたのである。

テレビ朝日と自民党の確執はその後も続き、二〇〇三年十一月には「ニュースステーション」において、総選挙を控えて民主党の政権構想を過度に好意的に報道した、として抗議、自民党所属議員のテレビ朝日への出演を一斉拒否することを決めた。ちなみに当時の党幹事長は安倍晋三である。その後も、翌〇四年七月の参議院選挙の選挙報道に対しても文書で抗議している（この時の安倍は、党幹事長代理、党改革推進本部長）。

そのほかにも、官房副長官時代の〇一年には、慰安婦問題を取り上げたＮＨＫ特集番組に関し、報道幹部に対し放送前に「公平公正にするよう」伝えてもいる。そして第一次政権時代の〇六年には菅大臣名で、北朝鮮拉致問題を積極的に取り上げるようＮＨＫに命令を発した。さらにいう

〈図４〉

平成 26 年 11 月 20 日

在京テレビキー局各位
　編成局長　殿
　報道局長　殿

自由民主党
　筆頭副幹事長　萩生田光一
　報道局長　　　福井　　照

選挙時期における報道の公平中立ならびに公正の確保についてのお願い

日頃より大変お世話になっております。

さて、ご承知の通り、衆議院は明 21 日に解散され、総選挙が 12 月 2 日公示、14 日投開票の予定で挙行される見通しとなっております。

つきましては、公平中立、公正を旨とする報道各社の皆様にこちらからあらためてお願い申し上げるのも不遜とは存じますが、これから選挙が行われるまでの期間におきましては、さらに一層の公平中立、公正な報道姿勢にご留意いただきたくお願い申し上げます。

特に、衆議院選挙は短期間であり、報道の内容が選挙の帰趨に大きく影響しかねないことは皆様もご理解いただけるところと存じます。また、過去においては、具体名は差し控えますが、あるテレビ局が政権交代実現を画策して偏向報道を行い、それを事実として認めて誇り、大きな社会問題となった事例も現実にあったところです。

したがいまして、私どもとしては、

・出演者の発言回数及び時間等については公平を期していただきたいこと
・ゲスト出演者等の選定についても公平中立、公正を期していただきたいこと
・テーマについて特定の立場から特定政党出演者への意見の集中などがないよう、公平中立、公正を期していただきたいこと
・街角インタビュー、資料映像等で一方的な意見に偏る、あるいは特定の政治的立場が強調されることのないよう、公平中立、公正を期していただきたいこと――等について特段のご配慮をいただきたく、お願い申し上げる次第です。

以上、ご無礼の段、ご容赦賜り、何とぞよろしくお願い申し上げます。

ならば、総務省が放送局の所轄官庁として、放送法を事実上の根拠として行う「行政指導」は、第一次安倍内閣と、安倍が内閣官房長官だった第三次小泉純一郎内閣時代にもっとも頻繁に行われたという歴史的事実もある。

残念なことに、これまでもたびたび同じような事態が起きているのであって、とりわけ安倍首相には番組内容介入の「前歴」があるということがわかる。しかし今回は、そのなかでも、本来は自由であるとされてきた将来の報道内容について、放送法を根拠として締め付けを行うことを宣言したものであり、時代を経てより強力にそして直截かつ広範に行ってきたという点を見過ごすわけにはいかない。

それは、具体的な例を挙げて自民党が考える「公正中立基準」を示し、その遵守を求めている点だ。何が公正中立かを決めるのは、あくまで放送局であり政府でないことは明らかだ。文書では、先に挙げたTBS街頭インタビューを意識してか、賛否の数合わせをすることを求めている。しかしこれを徹底すると、たとえばある政策を「おかしい」と批判する場合にも、「おかしいという意見とおかしくないという意見があります」と形式的な平等を保つ必要が生じてしまう。これは実質的な「公正さ」とは異なるものであり、こうした平等性を求められると放送の自由は成立しなくなる。

しかも首相はこうした批判に対し、一四年十二月一日の日本記者クラブにおける党首討論会の中で、「公平公正は当然で、何か思い込みがあって事実ではないことをしようと思っている人は、公平公正が心に刺さるのだろう。米国にはフェアネスドクトリンがテレビにはない。日本には放送法があり、フェアネスドクトリンがあるのだから、アメリカのように自由にやっていいんだというのとは違う。公平公正にやっていればなんの痛痒《つうよう》も感じないはずだ。かつて椿事件があって自民党は（敗れ）細川政権ができた。ああいうことがあってはまずいじゃないですか」との発言をした。

これもまた二重三重の誤りがある。すなわち、放送法は放送番組を規制するのが目的ではなく、放送の自由を守るための法規であり、その法目的を取り違えている。さらには、公正原則を定める法四条の解釈を政府は意図的に変更しつつある。本来は、放送局が自主的に守る「自律的ルール（精神的規定）」であり、いわば視聴者に対する放送局の「約束事」がルール化されたものであって、法的拘束力はないと理解されていた。政府も含めて「倫理規範」だとしてきたものを、一九八〇年代後半ごろから、社会に広がるマスメディア批判に乗じて、政府が放送局を縛る根拠（法規範）として利用しようとしている。これらは、まさに自由を守るための「自主的」な社会的ルールを、政府が意のままに解釈し、制約をするために「誤用」しているということだ。

そしてもう一つの誤りは、公権力といえる政権党が、法を後ろ盾に表現行為に影響を与えることを目的に、明示的なプレッシャーを与えることを、首相自らが肯定している点だ。同会見で、自分は関与していないと言いつつも、一方では前述したテレビ朝日の事件を具体的に挙げ、「同じことはさせない」という決意をはからずも明らかにした。これは、強権を使ってでも放送局に対して介入することを自ら認めたに等しい発言である。

●介入が招く「萎縮」

もう一つの大きな問題は、こうした自主規制を迫る公権力の動きに対し、当事者であるメディアが静かなことだ。あるいは、歓迎する向きすらある。すでに触れた「椿事件」では、テレビ朝日の責任を厳しく追及したのは産経新聞であった（産経新聞は、発言をスクープしたとして当該年の日本新聞協会賞を受賞した）。しかし結果として招いたのは、公権力の番組内容への介入であり、そうした枠組みが既成事実化した。仮に最初の段階では健全なメディア批判であったとしても、いざ公権力が顔を出した瞬間からは、その危険性を批判する立場を示すべきであったと思われるが、現実は全く逆で、むしろ権力の介入を後押ししたといえる。

　そして近時の具体的な事件においても、前回選挙時の取材拒否については、ＴＢＳが事実上の謝罪と受け取られるような対応をせざるを得なかった環境を、他のメディアが作ったことだ。報道内容について、さらに工夫や配慮をすべき余地があったかどうかはまったく別の問題であって、いわば「批判報道をしただけ」で取材拒否される事態を、他のメディアは重大視せず、少なくとも自分の問題として受け止めようとはしなかった。ＴＢＳ政治部長がかつて他派閥の担当であったことによる意地悪であるとか、安倍官房副長官時代の報道に対する意趣返しであるなどと、問題を矮小化した節が見られた。本来であれば報道界が揃って、自民党を取材拒否すべきであったともいえ、そうしていれば、問題は簡単に解決していたはずである。

　もし記者クラブなる報道機関の取材拠点が、本当の意味で権力に対峙《たいじ》して情報を開示させるための機能を持つものであり、だからこそ市民の知る権利の代行者として特別な優遇措置が認められているとするならば、当然に、そして即座に、取材相手である自民党に抗議をすべき事案であることは疑いようがない。にもかかわらず、他のメディアがＴＢＳを見捨て、自分たちの保身を図ったとみられるような態度を示したことは、記者クラブの存在価値を無にするものといってよかろう。公権力による取材拒否事例として最も深刻な事件は、八四〜八五年に起きた日刊新愛媛に対する愛媛県の取材拒否であるとされるが、この時も他のメディアはその事態を事実上、黙認した経緯がある。

話は戻り二〇一三年事案では、取材拒否解除の四日後にあたる七月九日に、ＴＢＳ同番組の党首討論に出演した安倍首相は、この問題には一切触れず、結果として視聴者には「何ごともなかった」こととして決着したかに見えた。もちろんこの程度のことで、放送局が報道姿勢を変えるとは思えないし、むしろ反骨精神を発揮してより充実した番組を作ってくれることだろう。しかし、放送免許の更新を目前とした時期に、政権与党の機嫌を損なうことがどのような結果をもたらすかは過去の事例から明らかだ。実際、テレビ朝日は免許期間の短縮を余儀なくされた。公権力は、なりふり構わずやってくるのである。そして「椿事件」のときも、他のメディアはテレビ朝日をかばうどころか見捨て、公権力の介入を後押ししたのである。

そして一四年の自民党文書要請事案においても、放送界から抗議の声は全くあがらない。現実に、番組作りに大きな影響が出ることが予想されているのにもかかわらずである。たとえば、テレビ朝日は文書要請後直後の「朝まで生テレビ！」で、出演者の変更を余儀なくされたと報じられている。そして当番組の司会者である田原総一朗は、コラムの中でこう言う。「これほど具体的な内容は『お願い』ではなく、報道に対する不当な介入ではないか。実際に番組を製作する場合、スケジュールの都合で一部の政党が抜けることもあるだろう。出演時間も発言回数も公平にしようとすればテレビ番組を成立させるのは難しくなる。……在京各局からの抗議が出てこないのは、テレビ各局がすでに萎縮しているせいではないかと懸念せざるを得ない」。

●禁じ手を行った政権党

ここで表現の自由のあり方について考えておきたい。今の世の中、おかしな発言、行き過ぎた表現は、法で規制するのが当たり前で、場合によっては積極的に公権力が「介入」することが望ましい、という空気が強まっているからだ。しかし表現の自由を保障する憲法も、その自由の行き過ぎを戒める法律でさえも、自由な表現行為を守るための工夫に満ちていることを、改めて確認することが大切だと思われる。そのイメージを示したのが、〈図5〉だ。

上下に伸びる太線が「表現の自由の限界」であり、その左側が自由な表現行為が保障されている範囲と思ってほしい。その線を越えて右に行けば、一般には「違法」とされ、行き過ぎた表現行為として刑事罰や民事的な制裁（損害賠償や謝罪など）を受けることになる。逆に線から離れて左に寄るほど、それは抑えられた表現行為ということを意味する。

①から⑥が示されているが、もちろん法の精神を最も正確に反映しているのが①であることは間違いない。そして②のように線（壁）を突き抜けてしまえば、それは行き過ぎた表現とみなされ、

違法行為として処罰される。しかし、表現の自由というのは、そううまくはいかないのである。なぜなら、限界一杯まで表現をするということは、普通しないしありえない。なぜなら、相手を怒らせない方がいいかなとか、できる限り傷つけないようにしようといった「配慮」によって、少し抑え目に表現行為を行うことが一般的だからだ。一般に「内在的制約」といわれている、表現者としての心得でもある。

その結果、③のような状況が一般的といえるだろう。これは場合によっては「自主規制」というし、社会的な空気を読んで「自粛」とすることもある。前者は、言いたいことを我慢して、ちょっと逆戻りする感覚が強いのに対し、後者は最初から自分で手前に壁を設定して、控えめな表現を行うという感覚ととらえることができるだろう（③の上と下）。しかしこうした状況が続くと、だんだんこの壁が左にずれていくことが一般には懸念される。限界がわからないために、だんだん表現の可動域が狭まっていくという現象だ。

そこで表現の自由の世界では、特別な工夫をすることになる。そのもっともわかりやすい形が名誉毀損をめぐる特別規定だ。名誉毀損はいうまでもなく

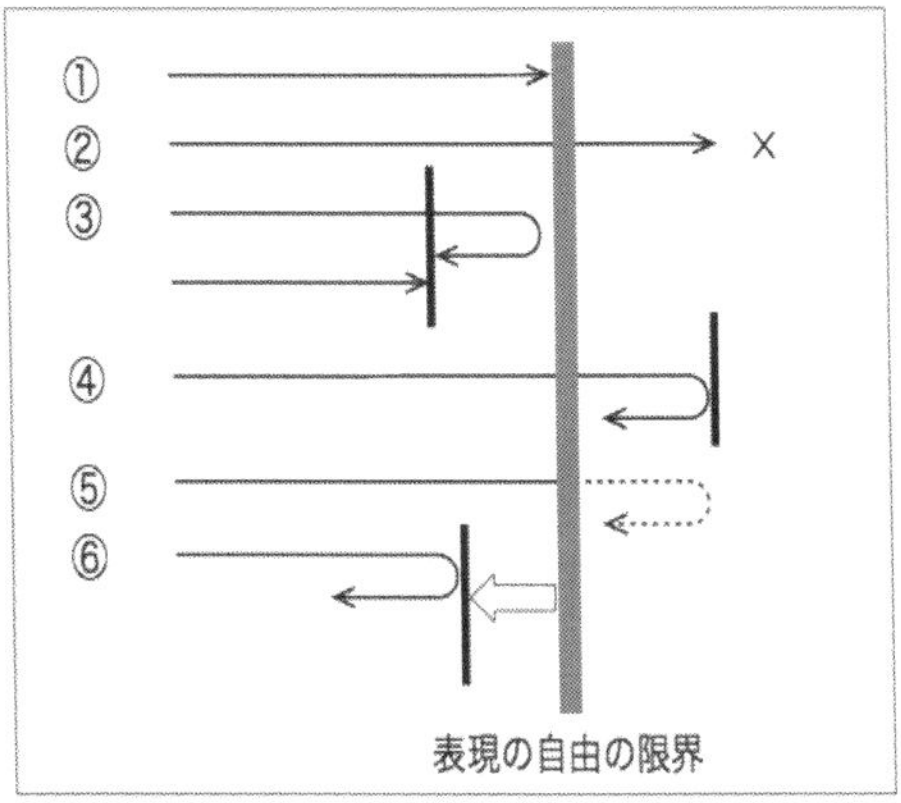

〈図５〉

個人の社会的評価を守るためのルールだが、一方で、とりわけ権力者に対する批判の自由をいかに担保するかというバランスが迫られる。政治家等の為政者に対し、十二分な言論の自由が確保されないと、人は権力を怖れ必要以上に自主規制をすることになり、どんどん③の状況が進み、壁が左に寄っていくことになる危険性を孕《はら》んでいるからだ。

そこで④のように、結果的に「ありうべき（好ましい）表現の自由領域」が確保されることを想定して、あえて壁を右にずらすことによって、自主規制が起きても社会全体としてちょうど良い結果を生むようにしているのだ。具体的には、形式的には犯罪（この場合は名誉毀損罪）の要件を満たしていても、実質的には罪としては問わないという特別規定を日本国憲法制定とともに、戦後、刑法に追加した（公共性・公益性・真実性があれば、その名誉毀損表現は罪に問わないといった、免責要件と呼ばれる規定）。これによって、為政者に対する批判の自由を確保しようとしたわけである。

もちろん、こうした工夫は一つだけではなく、たとえば加害少年について特定報道（実名・顔写真報道）を禁止するという少年法の規定は、罰則をつけないことによって、⑤のように壁を突き抜けやすくしているということもある。そもそも、猥褻表現も含めいわば社会的利益を守るために表現行為を制約する場合は、一般に表現の限界線（壁）があやふやで、一方では自粛を生みやすいというマイナス面があり、もう一方の見方としては、社会的な力で壁を右に押していくことで表現領域を広げやすいという面もあるといえるだろう。

ちなみに、差別的表現の境界線もこうした曖昧な壁の代表例で、それを悪用しているのが昨今のヘイトスピーチである。従来は、社会全体で③のような自主規制を実行し、行き過ぎた表現行為に対しては社会的な制裁（当事者団体による糾弾行為など）が行われることで、社会としてのありうべき落としどころを見出してきたわけだ。そこからわかることは、主として公人に対しては④のパターンが、私人に対しては③のパターンが想定されていることだ。そして今日の問題はむしろその想定パターンが逆転し、公権力に対しては③の「忖度」が横行する一方で、社会的弱者・マイノリティーに対して④（集団的差別表現に関する刑事罰規定がないという意味で）の意図的な「行き過ぎ」が実行されていることにある。

それからすると、いわゆる国家的利益と表現の自由の関係では、この壁はより明確であることが求められているし、先の個人的利益や社会的利益のように、意図的にあるいは社会的な力で、右にずれることもずらすことも、原則としてはないのが一般的だ。むしろ罰則を重くすることで、壁の厚さを誇示したり、近づきづらい心理的プレッシャーを与えたりして、より自粛をさせるよう仕向けているといってもよかろう。

そうした目で今回の自民党文書事例を見るとどうだろうか。守ろうとしているのは自民党の利益という点では、そもそもこうした表現の自由のありようを語る素材として扱うことすらはばかられるが、あえていえば国家的利益としての「公正な選挙の実現」と表現の自由の関係といえる。したがって、ただでさえ壁が厚く、自主規制が起きがちな領域の表現行為であるといえる。

そうしたなかで、いったい自民党は何をしたのかを図で表すならば、⑥のように力ずくで壁を左にずらしたのである。しかもこうして壁を一方的にずらすことができるのは、公権力であって、だからこそ立法権以外はそうした行為は絶対にしてはいけないとされているのである。その禁じ手をあえて犯し、しかもそれを正々堂々と当然の行為としてきたことに、より大きな問題性と危険性があるといえるだろう。

そしてこうして壁を一方的に力ずくで左にずらす行為こそが「介入」であって、そうした介入によってより表現行為の自由の領域が狭まっていくさまは、自主規制でも自粛でもなく、「萎縮」である。まさにこうした表現者の萎縮を引き起こすことによって、自らへの批判的言論を弱めようとすることは、表現の自由のルールからあってはならないことである。

こうした官製自主規制とでもいうべき「萎縮」に対抗すべきは、一義的には言論報道機関の役割である。かつて戦争中、情報統制法令で雁字搦《がんじがら》めの記者・作家は自由な言論を奪われ、その意味では間違いなく戦争の被害者であった。しかし一方で、軍部礼賛の記事を出し続け国民を欺き、そして結果として多くの読者を死に追いやったという意味では重大な加害者でもあろう。その反省から戦後のジャーナリズムはスタートしたはずであった。そうであるならば、いかなる場合であっても公権力に寄り添って言論の自由を狭めるような作用を及ぼすことがあってはならないはずだ。それは、言論の自由を擁護するという最高度の報道倫理に反することになり、自らの存在意義を否定することになるからである。

戦後の放送ジャーナリズムをとらえ直す

＊

一九四五年の敗戦以降、今日までの戦後七十年にわたる日本の放送の歴史を時代区分する場合、テレビ誕生をはさんで放送制度が固まり、現在のＮＨＫ・民放の二元体制が確立した最初の二十五年間を「黎明期《れいめいき》」（民間開放・テレビ創業時代）、その後の日本の高度経済成長とともに右肩上がりにテレビ産業が発展、全国に民放局が次々に開局していった二十年間を「成長期」（多局化・ニューメディア時代）、そしてバブル崩壊以降の二十五年間を「成熟期」（デジタル時代）と呼ぶことができるだろう（参考として、『民間放送50年史』日本民間放送連盟、二〇〇一、『「放送判例研究」報告書　概観と判例一覧』日本民間放送連盟研究所、一九九九、『取材の自由と公的規制を考える』日本民間放送連盟研究所、一九九六、『放送と有事法制　関連資料集1・2・3』日本民間放送連盟・報道委員会、二〇〇四、『テレビ報道における問題点・事例年表』日本民間放送連盟研究所、一九九七、鈴木秀美「放送判例の50年」『月刊民放』二〇〇〇年六月号ほか）。

しかしそれは、主として〈メディア〉としての放送あるいはビジネスとしての放送業という側面であって、〈ジャーナリズム〉としての放送あるいは放送の自由という側面からは、少し違った顔を見ることができるのではないか。その手掛かりとして、放送法をはじめとする放送制度、放送をめぐるさまざまな裁判事例、そして放送と権力の関係をとりあげる。

これらを通して「構築」「躍動」「挟撃」「忖度」をキーワードに四つの時代に区分し、放送ジャーナリズムが戦後日本社会に果たしてきた役割を提示することとしたい。政府・政治家からも市民の側からも厳しいテレビ批判が語られる今だからこそ、将来の放送を考えるうえで歴史を少し振り返ることに意味があろう。

構築の時代――一九六五年まで

戦後放送の歴史は事実上、五〇年の電波三法（電波法、放送法、電波監理委員会設置法）の施行に始まるといってよかろう。そして翌五一年には日本初の民放免許が与えられたものの、五二年に日本国の主権の回復とともに電波監理委員会は廃止され、その後、免許権限と事後的な規制は、担当官庁（郵政省、のちの総務省）が行うというユニークな放送監督制度が確立されることになる。同時に、法によるＮＨＫの「全国あまねく」放送に対抗する民放界の経営努力と、六六年の放送法改正にあたり、民放の複数番組視聴が確認されたことで、全国どこでも無料で地上波チャンネルを複数見ることができるといった、世界でもまれな放送マスメディア環境が整備されることにつながった。

当時の記録を読むと、最大の関心事はレッドパージと免許交付であったとみてとれるが、同時に今に続く重要な取材・報道ルールが形成された時期でもあった（放送局免許の先例としては、六八年のＦＭ東海事件と東京12チャンネル事件がある。なお、行政による一本化調整については、九八年の東京Ｕ局免許拒否事件で合法との判断が示されているが、その後は競願の場合は比較審査が実施されるようになっている）。

たとえば法廷内取材については、戦後すぐは録音や撮影も許されていたものの、五七年の菅生《すごう》事件の公判撮影等が引き金になって、最高裁は全面禁止に舵を切ることになる。ただしその後も個別事件ごとに取り扱いは異なり、開廷後の法廷内撮影が部分的に認められることもあった（六〇年には最高裁が開廷中の撮影を許可）。また、六〇年安保に際しては警察による取材妨害や暴行が頻発、「暴力による言論の自由の圧迫である」との抗議が出される状況にもなった。

そのほか選挙報道に政府は神経を使い、六〇年の総選挙では早くも、中立公正論議が国会でも始まるとともに、放送が選挙干渉にあたるとして選挙無効が争われた（浅沼夫人選挙報道事件）。関連では、党首討論番組から共産党が除外されていたことから、同党が裁判に訴えることも起こった（六〇年十一月、放送法・公選法違反としてＮＨＫ・民放を東京地検に告訴したものの、六二年に不起訴処分）。一方、野党の反対を押し切って政府スポンサーの番組が始まり、定額の広報予算が組まれるようになっていった（六一年からＮＨＫが「総理と語る」を放送。翌六二年からは民放と隔月放送、民放間は持ち回り）。

六一年には〝一億総白痴化〟批判への対応として設けられた「放送事項の時間的・量的比率」の免許条件が撤廃されることになった一方で、六二年には、教育一〇％・教養二〇％ルールが発表された。こうした青少年を念頭に置いた「低俗」番組批判とそれへの対応は、世情の「不良マスコミ監視追放運動」と重なり合って、根強く続くことになる。そのほか、皇室取材・報道については、宮内庁の希望に従い、報道を差し控える協定締結の慣例が形成されていったのも、この時期であった。

しかし重要なのは、放送法の目的は「民主主義の発達」にあり、そのために番組準則と呼ばれる番組の基軸となるルールを定めたことにある。ただしこれらは、各放送局が詳細な放送準則を定め、それにしたがって放送番組を編集するための「大綱」にすぎないことが法制定時に確認されていることが肝要である（「郵政大臣は個々の放送番組の内容について報告を求めることはしない」などの歯止めが再三確認された。当時の岸信介首相も六〇年に東京でＩＰＩ世界大会が開かれた際、「政府批判の自由が言論の自由を図る尺度」との挨拶をした）。なによりも、放送法は放送局に「放送の自由」を保障し、独立性・多様性・地域性を担保した制度であることを忘れてはならない。

躍動の時代――一九六五年以降

各放送局は六四年東京夏季五輪にはじまり、札幌冬季五輪や大阪万博、安保・連合赤軍そしてベトナム戦争に沖縄返還と、さまざまな事象を通じてテレビ放送の存在感を増していった。全国ネットワークも完成し、送信技術の発達と相俟《ま》って取材・報道態勢も充実していった。それは、視聴者に対する政治的影響力の増大であり、事件・事故の現場を映し出すテレビの臨場感を高めた。それに応じて政府からの批判も強まり、テレビフィルムの裁判利用という新しい局面を迎えることにもなった。

●フィルム証拠採用をめぐって

これらに対し放送界は、首相への抗議、フィルム提出拒否と、一致して公権力に対して「取材・報道の自由」を主張、多少ひいき目に見るならば「放送人としての気構え」を見せた時代であるといえるのではないか。一方でこの時期は、七〇年安保の取材・報道を通じて、あるいはいくつかの選挙報道を契機に、重要な「前例」が出来上がった時期でもある。

前者の代表例として、六八年の博多駅テレビフィルム提出命令事件に際し福岡地裁は、福岡のテレビ四局にニュースフィルムの提出を求めたものの、NHKを含む放送局はいずれも提出を拒否、民放連も提出しないことを申し合わせた。六九年十一月、最高裁は特別抗告を棄却、年明けに再度、福岡地裁がフィルム提出を求めたものの放送局側が拒否したため、三月に地裁は立入捜査し、テレビフィルムを押収した（その後、地裁は返却、複写フィルムは焼却処分）。

先の抗告棄却に際し最高裁は、報道機関の報道は国民の「知る権利」に奉仕するものであり、報道のための取材の自由も憲法二十一条の精神に照らし十分尊重に値する、と表現の自由関連で最も有名なものの一つである決定を下す。取材の自由が憲法の保障の範囲であることを初めて示した点で、意味あるものに違いない。しかし実際には、公正な裁判の実現やそのための適正迅速な捜査の遂行を優先させ、取材の自由の制約を合憲としてきたのが現実であり、「総論賛成・各論反対」の司法の傾向を象徴するものであるともいえる。今日に至るまで、日本では表現の自由に関する違憲判決は一件もない。

そして裁判所・検察側は堰《せき》を切ったように、次々とテレビニュースから複写したビデオテープの証拠提出を求めた。放送局側は一貫して取材目的外の利用は取材の自由が妨げられるとして抗議したが、事件によっては証拠採用され、法廷内での放映が行われた（京大事件、新宿騒乱事件、ラジオ商殺人事件、東北大事件、沖縄国会爆竹事件、御堂筋デモ事件、九州原発反対活動事件、中村巡査殺害事件、成田事件など。なお、佐世保エンタープライズ事件やロッキード事件では、被告弁護側が録画ビデオテープを証拠提出した。羽田事件などでは、新聞社にネガフィルムの証拠申請がなされた）。これに関連し自民党からは、「ビデオの証拠採用について、公共性が強いＮＨＫが抗議するのはおかしい」などの不満が示された。なお、裁判所が「撮影者の価値判断による被写体の選択、編集者の取捨選択などにより事実を正確に再現できなくなる危険性がある」との判断を下した事例もあった（七三年の御堂筋デモ事件）。

さらに八五年には豊田商事事件で、編集済みおよび未編集のビデオテープの証拠申請がなされ、同時に殺人現場に居合わせた記者・カメラマンは大阪地検に呼ばれ事情聴取を受けるとともに、裁判では証人申請が出され採用された（報道関係者は殺人幇助《ほうじょ》罪で告発されたが、大阪地検は不起訴処分とした）。一方、六八年に起きた金嬉老事件では、七一年にＴＢＳ記者が静岡地裁で証言拒否をしたため、刑事訴訟法百六十一条証言拒否罪で略式起訴され罰金刑を受けた（東京高裁は証人申請を却下）。その後に起きた北海道新聞記者の証言拒否事件では、札幌地裁・高裁ともに七九年、証言拒否を正当と認めた（最高裁も上告却下し確定）。

●政治をめぐって

選挙時の放送については、特定の有力候補のみを取り上げる手法が、とりわけ落選した者からすると強い批判の対象となり、裁判に持ち込まれる事例が続いた。ともにNHKの番組に関する八五年の有力候補者事件と八六年の激戦区シリーズ事件がそのリーディングケースで、放送法で定めのある公平原則や不偏不党は、形式的な平等の取り扱いを要求しているものではない、との判断が示された（「限られた時間的制約のもと、番組編集の自由の範囲内の編集であって」違法性は認められないと判示）。これは今日に続く選挙報道の大原則である（ほかに政見放送で最高裁は九〇年に、差別用語削除は政見放送としての品位を損なう言動を禁止した公選法百五十条の二に違反するとして、不法行為の成立を否定、NHKの削除行為を認めた。ただしこの判決は、放送局側に政見放送の内容について善し悪しの判断を迫ることになる。またその内容に法的責任を負うことにもつながり、放送界にとっては必ずしも歓迎すべき判例とは言えない）。政見放送や選挙期間中の候補者の発言内容については、二〇一六年の参議院選挙や同年の東京都知事選挙において、人種差別表現の取り扱いをめぐり改めて議論の対象となっている。

政府・政治家からのより直接的な物言いとしては、佐藤栄作首相が「警官と学生の暴力を対等において批判するマスコミの態度は大いに遺憾である」と発言。同首相は翌一九七二年の引退表明会見で新聞記者を会見場から追い出した。内閣記者会は、同会見での発言の取り消しと陳謝を求める首相あての「抗議書」を提出する。また七八年には防衛庁官房長が国会で、「有事の際の言論統制を含む基本的人権の制限については研究対象」と発言、内閣法制局長官も「合理的範囲で言論を制限することは可能」とした。これはその後の秘密保護法制論議に引き継がれることになる。

八四年、自民党はスパイ防止法案をまとめ、翌八五年に国会上程されたものの廃案となった（翌八六年には改正素案が示されたが上程はされず）。これには、放送界も含む報道界が一致しての強い反対活動があったことを忘れてはならない。

そのほか、六七年に行われた吉田茂元首相の国葬にあたっては、歌舞音曲の自粛が求められ、当時のテレビ・ラジオから歌謡・演芸番組が消えることとなった。七〇年には郵政省が、在京テレビのモニター制度を開始すると発表、論議を呼ぶなか予算がつかず実施は見送りとなった。議院証言法についても八一年以降、ロッキード事件の証人喚問中継に関連し「テレビ報道は証人の同意と委員長の許可を必要とする」と改正案が示され、八八年のリクルート事件時に法改正がなされ、尋問中の撮影が禁止された（音声の中継は可。なお、テレビ中継が許可制のもとで再度認められるようになったのは九八年）。

ただし「闘い」は時として傷を負う。その象徴がTBSで、六七年十月の「ハノイ　田英夫の証言」や六八年三月の成田事件で自民党から厳しい批判を受け、田は『JNNニュースコープ』

のキャスターを降板、制作スタッフも退社を余儀なくされた（退職者はその後、テレビマンユニオンほかプロ制作集団としてテレビ界で活躍）。しかしこうした公権力からの「圧力」は序の口にすぎなかった。なぜなら、まだ公権力も放送の自由を尊重し、視聴者もテレビの可能性に期待していたからである。

挟撃の時代——一九八〇年代半ば以降

八〇年代に入り、放送技術の革新がテレビを大きく変えていった。スタジオからカメラが飛び出し、茶の間にいながらにして、世界のあらゆる事象を目にできる時代がやってきたからだ。その象徴が、八五年の日航機墜落事故の生存者救出劇の現場生中継といえるだろう。しかしこうした〈どこでもカメラ〉が人格権との衝突を生むことにもなる。もちろんこれには、社会全体の人権意識の高まりも関係しているし、新聞を主対象とした被疑者報道批判や3FET（「フォーカス」「フライデー」「フラッシュ」「エンマ」「タッチ」）と並び称された写真週刊誌ブームのあおりを受けた面も少なくない。しかも、一気に名誉毀損・プライバシー侵害批判が増えたこの当時、テレビが訴訟の矢面に立たなかったのは単なる偶然に過ぎなかったともいえる。まだテープ録画の時代で、被害者が予想して全量録画して証拠を揃えるといったことは物理的に不可能であった。それゆえに、訴訟相手のほとんどは雑誌や新聞であったわけだ。しかし、司法の糾弾を受けた内容は、そのまま放送にも当てはまることばかりであったといえよう。

こうした事件報道批判を受け、放送界でも八四年ごろから被疑者呼称の変更（呼び捨ての撤廃）や、一部放送局による遺族インタビューの見直し（「いまのお気持ちは」式質問の自粛）などが実行されていった。ただし一方で、こうしたプライバシー論議に嫌悪感を示す現場の声や実名報道をことさら強調する意見も強く、九〇年代に入り揺れ戻し現象が起きる（九〇年代後半は、松本サリン事件ほか一連のオウム事件、神戸市児童連続殺傷事件、和歌山カレー事件と大きな事件が続き、そのたびに大きな批判を浴びつつ、集中豪雨的な取材や報道が続けられた。なお、オウム事件に関連しては、ＴＢＳが坂本弁護士インタビューテープをオウム真理教幹部に見せたことが九六年三月に発覚、大きな社会問題になった）。しかし大きな流れとしては、九七年六月のＢＲＯ＝放送と人権等権利に関する委員会（のちのＢＰＯ）設立や、二〇〇一年十二月の集団的過熱取材（メディアスクラム）問題への対応へと歩を進めることになった。その後、裁判員裁判開始前の〇八年一月にはあらためて「一方的に社会的制裁を加えるような報道は避ける」などの確認がされた。

一方では、テレビの特性として情報伝搬力の大きさを指摘する判例が定着した時期でもあった。社会に対して大きな影響力を持つのだから、それ相応の注意義務を負うべきという論理である（たとえば、一九九五年のフジテレビ信用毀損事件）。また、ネットワークにおける他局制作の番組をそのまま流した場合の責任について、社会的公器としての性格を持つ独立局である以上、番組内容についても責任を持つべきとされた（九九年のＴＢＳロス疑惑報道事件）。視聴者からみて理解できる一方で、注意義務の基準や、ネット局として物理的にチェックする余地がほぼない現状との乖離は問題として残った。そのほかにも、新しい形態の放送関連訴訟としては、訂正放送をめぐるものがある。局の閲覧義務が確認される一方、訂正放送の請求権としての権利性はその後否定され、今日に至っている（九六年のTBS放送番組視聴請求事件・東京高裁判決と、〇四年のNHKほっとモーニング事件・最高裁判決）。また、韓国人の氏名を日本語読みしたことにつき争われた事例では、最高裁で「不正確な呼称も違法性のない行為」とされたものの、これがきっかけになって韓国名に関しては現地音読み（カタカナ表記）に変更されることになった（中国語読みについては日本語読みの慣行が続いている）。

引き続きテレビフィルム提出は各放送局を悩ませたが、求める側の姿勢はより強硬となり、なすすべなしの状況が定着した時代であるともいえる。八八年、東京地検は地裁の差し押さえ令状を執行し、オリジナルビデオテープを日本テレビから押収、証拠採用され、局側は、スタジオ討論番組「ビデオ押収と報道の自由」を放送した（リクルートビデオ事件）。続いて九〇年にはTBSに対し、東京簡裁の差し押さえ令状に基づき警視庁が未編集の取材テープ二十九巻を押収するに至った（のちに二十五巻は返却）。その後、押収処分の取り消しを求め争ったが、最高裁は捜査上の必要性に比し、報道側の不利益は受忍すべきとした（ギミア・ぶれいく事件）。

そして九三年二月、NHKの『禁断の王国・ムスタン』でやらせがあったことが発覚。十月には産経新聞の報道がきっかけになって、テレビ朝日報道局長の発言が公平性を欠くとして問題化した。これに対し郵政省（現・総務省）は、「政治的公正は最終的には郵政省が判断する」と国会答弁を行った（衆院逓信委員会九三年十月二十七日、江川晃正放送行政局長の発言）。これは、番組編集準則が倫理規定ではなく放送事業者が遵守すべき法ルールであり、その可否は行政が判断することを示した点で、従来の政府解釈を一八〇度変更するものであった。あわせて郵政省は民放連に対し、発言があった内部会議の議事録とテープを提出させ、さらに発言が放送法・公選法に抵触するか否かで報道関係者が国会喚問を受ける事態に発展した（九三年十月二十五日、衆議院「政治改革に関する調査特別委員会」は元局長を証人喚問した。また、同月二十七日には衆院逓信委員会に同社社長が参考人として呼ばれた）。

九二年の公職選挙法改正にあたって自民党は、テレビを含む予測報道禁止案を示した（その後の強い反対で法制化は断念）。これらは、テレビの影響力の大きさに政治が強く反応をし始めたことの表れともいえるだろう（ほかにたとえば、九二年、テレビ朝日「ニュースステーション」に対し、大臣がＰＫＯ報道は偏向していると批判、自民党は東京佐川急便事件で名誉を傷つけられたとしてＴＢＳの取材を拒否した。また小沢一郎新生党代表幹事は特定の記者の会見出席を拒否した）。そしてこの動きは、メディア規制三法や自民党内での報道チェック、そして名誉毀損訴訟の損害賠償額の大幅引き上げへとつながっていくことになる。こうした政府・政治家からの直接間接の物言いと、視聴者からの厳しい監視の目に挟み撃ちにあうことで、放送は徐々に自由を失い、「窮屈」な時代を迎えることになったのである。

忖度の時代——二〇〇〇年代以降

そして二十一世紀、放送はさらなる試練の時を迎えているといってよかろう。この時期の第一の特徴は、行政指導の頻発である。警告、厳重注意、注意、口頭注意の四種類があり、指導責任者も大臣、放送行政担当の政策統括官・局長、各総合通信局長の三ランクに分かれる。放送番組内容に対するものに限った場合、一九八五年に最初の事例があったものの、その後九九年までは年一件程度であった。それが突然、二〇〇四年＝三件、〇五年＝四件、〇六年＝六件、〇七年＝五件と急増する。現在に至るまで計三十二件に上るものの、そのほとんどはある特定の政権時に限定されていることがわかる。

そしてもう一つは、政権および政権与党からの直接的な抗議や働きかけが目立つことである。選挙時のほか、事あるごとに番組内容についての「注文」が繰り返される状況が続いている。あるいは意に反する報道をした際の取材や出演拒否も、日常的な出来事になりつつある。最近では、TBSやテレビ朝日がその対象になる回数が多い。さらには、意に沿わない報道機関は広告主に圧力をかけて懲らしめる、などの発言が繰り返されている現状がある。

もちろん、こうした「圧力」がすぐに現場に影響を与えることはないかもしれない。しかし、面倒事を嫌えばついついつい「ギリギリ」のことはできなくなる。その結果として、放送局は陰に陽に政権（官邸）との距離を気にせざるを得なくなり、それはメディア幹部と首相の会食という形で現れたり、首相単独インタビューに対し、外野からさまざまな〝詮索〟をされる結果につながっている。

こうした政治的側面以外でも、視聴者の「目」をより敏感に気にしなくてはいけなくなっているだろう。名誉やプライバシーと放送の関係は、新聞・雑誌で蓄積された名誉毀損判例が、おおよそそのまま放送メディアにも適用されていく中で、放送特性を考慮した判例が付加されてきた歴史ということができる。その一番古いと思われるものは一九六三年のＮＨＫラジオの判例で、「一般聴取者の通常の聴き方を標準」とすることが示された。この考え方は、いまに至るまで裁判所の基本として受け継がれている（テレビに関してはたとえば、九七年のフジテレビ・ロス疑惑報道判決）。

ただし一方で、当時、放送は一過性のものであることが前提として語られていたが、デジタル放送が始まり、その前提そのものが完全に変化した。放送は繰り返し見ることができ、一秒以下の単位でストップ画像が切り取り可能で、しかもその画像はネット上で広く拡散され永久に残る、ということを前提に放送することが求められるようになっている。それは番組作りの基本を変更させるとともに、現場の「萎縮」につながる可能性が強い。

その点で現場に誤った認識が進んでいるのがＢＰＯとの関係である。同機関は、政府からの直接介入を回避するための「防波堤」として作られた組織で、放送界が自主的に倫理の向上や人権救済を実行するための社会的な仕組みである。しかし放送局からは公権力と同視したり、「お白洲」として忌避する傾向が強まっている。こうした傾向をより強める結果を生んでいるのが、毎日放送の喫茶店廃業事件であろう。そこで裁判所は倫理違反＝違法の判断をしているからだ（二〇〇八年、大阪地裁は民放連報道指針を「法的義務となりうる」と判示、倫理綱領違反をもって名誉毀損の成立根拠とし、大阪高裁はＢＲＣ決定の倫理基準を違法性判断基準に借用した。なお、放送局の自主規制について古典となる判例は、一九八九年の投資ジャーナル事件や九三年の原発バイバイＣＭ事件があり、いずれも局独自の審査や打ち切り判断を認めている）。倫理と法の分離が司法も含め社会全体で曖昧になっている結果、表現の自由の枠が狭まっているといえる。

このほかにも大きな災害があるごとに、テレビ・ラジオはその社会的役割をいかんなく発揮するとともに、その取材・報道のあり方については大きな批判も呼んできた。とりわけ東日本大震災に伴う原発事故報道に関しては、情報隠しとの強い批判を浴びる中、これまで原子力安全神話を後押ししてきた放送界にとって、いわゆる原子力ムラとの関係も含め、取材・報道のあり方が厳しく問い直されているといえるだろう。

これとともに、指定公共機関としての放送局のあり方も、今後より大きなテーマになる可能性がある。指定公共機関制度は災害対策基本法に始まり、原発事故のほか、武力攻撃事態対処法などの有事法制によっても規定されている。そして今後はさらにこれが安保法制や日米ガイドラインの改訂に従い、より規制対象が拡大し、また二〇一四年施行の特定秘密保護法とも相まって、より取材・報道自由を制約する可能性が危惧されるからである。

地方局をはじめ各局で日々放送されるテレビ・ラジオの番組は目を見張るものが多く、可能性は無限にあるだろう。ただしその足元を、あらためて固めていく必要もある。その一つは制度の見直しである。免許制度や電波料の仕組みも含め、日本社会の言論公共空間を維持・発展させていくためにはどのような仕組みがふさわしいのか、中長期的な議論が求められている。新聞社をベースに発展してきた放送局への、異業種からの参入が話題になった際、局側から強調されたことが「放送の公共性」であった（孫正義＝ソフトバンクとルパート・マードックのテレビ朝日、堀江貴文＝ライブドアのニッポン放送［フジテレビ］、三木谷浩史＝楽天のＴＢＳと、立て続けに買収騒動が巻き起こった）。そうであるならなおのこと、公共（パブリック）のとらえ直しとともに、認定放送持株会社制度やマスメディア集中排除原則のあり方についても、見直しが必要な時期が来るだろう。

そしてもう一つ。いつの時代においても、報道・制作にかかわらず、放送人としての〈覚悟〉が求められるという点では変わりはなかろう。ネット融合時代において、そうした放送を特別視する考え方自体が古いとされつつあるが、少なくとも現在、憲法をはじめとする放送を支えてきた法制度は、それこそを「放送」たるゆえんと定めていると思うからである。難しい時代だからこそ、放送界のさらなるチャレンジを期待したい。

ＮＨＫの公共性を考える

＊

就任早々、ＮＨＫ会長および経営委員会委員の発言をめぐる騒動は、折しも国会でＮＨＫの来年度予算の審議に入る時期であることも重なり、大きな社会的関心を呼んだ。籾井勝人会長の場合、衆参両院の予算委員会や総務委員会にほぼ連日のように参考人招致され、二〇一四年一月二十五日の就任会見における歴史認識にはじまり、理事からの辞表の取りまとめ、責任転嫁あるいは開き直りとも取れる発言を繰り返すなど話題に事欠かない状況だ。もちろん、公的な立場と自身の思想信条や感情を切り分けることは、その職にふさわしいかどうかを判断するためには重要な要素であろう。と同時に、会長や経営委員が、ＮＨＫという法で定められた特別な地位にある〈公共〉放送をどう認識しているかは、ジャーナリズムに直接かかわる重大問題でもある。

本来であればＮＨＫの業務のありように真剣な議論がなされなくてはならないにもかかわらず、会長の個人的資質やそれに伴うＮＨＫのボロ探しに明け暮れる状況にあること自体、すでにその職務を放棄しているといわざるを得ないともいえる。ただし、こうした「表層的で瑣末《さまつ》な」議論でもその根底には大きな問題を孕んでいることが少なくない。すなわち今回の場合、「ＮＨＫの公共性とは何か」を語るには大変よい素材であるとも言える。そこでここでは、ＮＨＫの公共性をチェックする仕組みと、その公共性に欠かすことのできないジャーナリズムの観点から、今回提起された問題を考えてみたい。

経営委員会は視聴者の代表

この場で確認するまでもなく、ＮＨＫは、国営放送ではなく公共放送であるからこそ、視聴者たる市民との関係においてはじめて放送局として存在し得る。民放も同様に視聴者は重要なステークホルダーではあるが、その経営基盤が広告主であり株主であることとは、視聴者との関係性が決定的に異なる。だからこそ、ＮＨＫの経営方針や放送内容について、ＮＨＫは視聴者に対して説明責任を負うことになっている。

その責任の果たし方の一つとして、視聴者の代表としての役割を担う経営委員会が、ＮＨＫの業務をチェックする権能を持つ。同様に国民の代表たる国会に、ＮＨＫ予算の承認や受信料を決定する権限を持たせることで、私たちが間接的に経営方針の監視を行っていることになる。ほかにも、業務報告書や決算を国会に提出しなくてはいけないし、経営委員会委員は衆参両院の同意を得て総理大臣が任命することも、国会に監視のサポートをさせる工夫の一つだ。

だからこそ、経営委員による選挙応援演説や国会での一部議員の質問など「視聴者の代理」であることを忘れたかのような振る舞いは、制度の趣旨から許されないことを知らなくてはなるまい。特定の選挙立候補者を積極的に応援する行為は、個別の放送番組の編集には触れてはいけないと定めている放送法の規定に、直接違反はしなくても影響を与えうる可能性があるのだ。

ここで改めて放送法上のＮＨＫの地位について確認しておこう。法はＮＨＫの設立目的をこう説く。「公共の福祉のために、あまねく日本全国において受信できるように豊かで、かつ、良い放送番組による国内基幹放送を行うとともに、放送及びその受信の進歩発達に必要な業務を行い、あわせて国際放送及び協会国際衛星放送を行うこと」（十五条）。なお、法ではＮＨＫのことを「公共放送」とは言っておらず、これはあくまでＮＨＫ自身の説明による言い方である。

ちなみに、現在のＮＨＫの前身である社団法人日本放送協会は、東京・大阪・名古屋の放送局を、逓信省の方針によって一九二六年に統合して誕生したものである。当時は専らラジオ放送であったが、二四年の開設当初から逓信省の監督に服しており、四〇年には内閣情報局に監督権が移管されている。そして戦禍が進む中で、軍部の大本営発表のための放送局として機能してきた歴史を負う。まさに、政府プロパガンダのための広報機関として位置付けられたわけである。

そして戦後は、政府から独立した「特殊法人」としてＮＨＫは誕生する（形式的には、社団法人から組織、職員を引き継いだ）。小泉純一郎政権下の民営化議論の中で、廃止・民営化・独立行政法人化などが選択肢に挙がったが、結果的には変更がないまま今日に至っている。なお、こうした法律上の地位と関連して、二〇〇一年に成立した情報公開法の対象になり得たものの、言論機関であることを理由に法の適用対象から外れ、自主的に情報公開制度を設け、実行している。

いずれにせよ、こうした法制度上の仕組みが正しく機能することで、放送法に定められた政治的公平などの番組編集準則をはじめとする「視聴者に対する約束」が果たされ、「知る権利を実現するための条件」をＮＨＫがきちんと満たしているかを、私たちは知ることができるのである。同時に、このようなクッションがあることによって、行政が放送に対し直接、権限を行使することを最小限に抑えようとしているわけだ。もちろん、この基本的立場は民放もまったく同じである。それは民放トップが、ことあるごとに自らを公共放送であると宣言してきた歴史が語るところだ。

ただし、現行制度のさらなる改善に向けて静かな環境のもとで議論される余地はある。たとえば、意に反した罷免が禁止されているなど経営委員の地位を強く保障していることや、事実上、委員長も含め委員がもっぱら政治主導で決まる現行の制度・運用が好ましいとは思われない。それは透明性に欠け、視聴者に対する説明責任を果たし得ていないからである。選任過程は徹底して公開されるべきであろうし、その意思決定過程に視聴者が介在する仕組みも考えられてよかろう。

なお、経営委員会や会長ほか執行部との関係性という制度自体は、とりわけ近年、法改正もされ、様々な議論があるが、まだ決定打がないという状況だ。現時点で、ＮＨＫ役員とは、経営委員会の十二人の委員と、会長、副会長、理事（七人以上十人以下）から成る執行部から構成される。前者の経営委員会がＮＨＫの最高意思決定機関であって、委員は外部から選出することが決まっており、うち三人は監査委員として任命されることになっている。少しわかりづらい双頭体制であるが、形の上では「経営上の決定を下すのが経営委員会」「業務執行を担うのが会長（および その下の理事会）」との切り分けができている。

この監督と執行をより明確に分離するため、原則、経営委員は業務の執行ができないとされており、その延長線上で、個別の放送番組については口出しできないことになっている（放送番組編集の自由に抵触する行為はしてはならない）。しかし実際は、相当に怪しい事態も起こっている。それがすでにふれたような、経営委員による特定候補者への応援演説であったりするわけである。しかしそれ以上に大きな問題はやはり、人事の不透明性であるといえるだろう。現行、経営委員は首相によって任命され、会長は経営委員会によって任命される。しかもその会長職には、外部の人物を登用することの制約もない。

そうなると、時の政権の意向が強く反映された人物が経営委員（および委員長）に就任し、その結果、会長にも政権の意向が反映されやすい、という状況が生まれることになる。これらには国会の同意が必要であるが、一六年現在の委員に関しては、野党の反対の中、人事が強行されているという実態が存在する。こうした状況が、視聴者の受信料で成り立つＮＨＫの「公共性」に反することは明白であろう。

ジャーナリズム性と編集権

そしてもう一つの重要な点が、ＮＨＫは紛れもなく言論報道機関であって、ジャーナリズム活動の本旨が公権力監視であるということだ。だからこそ、その地位にある者が、政府の意向を忖度したかのような姿勢を示すことは、報道機関の長としてあってはならない。あるいは、仮にそれが個人的見解であり、後に取り消したとしても、視聴者からそう疑われかねない行為をすること自体、厳に慎むべきであろう。

さらに日本の場合、戦後すぐの一九四八年に日本新聞協会によって出された編集権声明で、番組（当時は新聞）の編集・編成権が経営者にあることになっており、NHKの場合、放送内容の最高責任者は少なくとも形式上会長ということになる。こうした会長の制度上の地位からしても、その発言や態度はNHKの番組の方向性を定めるものと捉えられかねないのである。過去にNHKでは、先達の工夫の結果できあがった仕組みを逆手にとって、予算の事前説明と称し、議員回りを行っていた事実も明らかになっている。こうした政権との距離の近さに疑念を抱かれるような行為には、民放首脳陣も留意する必要がある。首相動静の報道からは、報道関係者との頻繁な会食や懇談、幅広いジャンルの番組出演が伝えられているが、それらを含め、ジャーナリズムの本質を貫く姿勢をいかに示すかが民放にも求められると思う。

関連して、いまNHKの公共性をめぐって大きな問題になっているのが、インターネットへの業務拡大と、受信料の義務化だ。いずれも、NHKの意思だけで決められるものではなく、放送法等の改正が必要であるが、すでに具体的な議論が進行しているところだ。前者については、これまでNHKの競合相手は紛れもなく民放であり、新聞であったわけであるが、インターネットの登場によって、当然ながらネット情報との競争が始まっている。実際、BBCほか海外の放送局では、積極的なネット進出を果たしているところがある。ＮＨＫにおいても、放送済み番組の事後的な配信サービスを実施しており、すでに多くの利用者を集めている。また、オリンピック等においては、地上波や衛星で放送しきれなかった競技種目のインターネット動画配信も実施済みだ。

そして二〇二〇年からは、従来の「放送」から脱皮し、ネットも含めた「公共メディア」に進化することを目指している（中期経営計画）。しかし、とりわけ地上波放送において理解されているような、視聴率競争に左右されない良質な番組作りや、長期の制作期間等が必要など民放では制作しづらい番組など、いわば「ＮＨＫらしい」番組の必要性が、インターネットの世界で通用するかについては不明なことが多い。なぜなら、具体的なイメージとして、どのようなコンテンツが「公共性が高く、ＮＨＫらしいもの」なのかがみえないからである。

そうしたなかで、ＮＨＫ総体の接触率（視聴率）を上げんがために、ネットにもとりあえず進出するという姿勢は、単なる「民業圧迫」になるという以上に、ＮＨＫの公共性を薄め、ＮＨＫの存在意義自体を不透明にする可能性があるのではなかろうか。しかも、受信料という収入総体が変わらない中で、新しい業務を拡大するということはどこかにしわよせがくる。一六年現在、それはもっぱら地方局の予算削減という形で現れているとされるが、もしそうだとすれば、全国放送を義務付けられている言論報道機関として、地域性をおざなりにする取材・報道姿勢は許されない。

あるいは、日本社会の多様性が広がる中で、むしろ多言語放送を実施したり（国内におけるＮ

HKの無料放送は「日本語」に限定されている）、視聴覚障碍者への対応など、インターネット以上に予算を投入すべき分野についての議論が、十分ではないのが気がかりだ。NHKが追求する公共性とは何かが、ここでも問われることになる。

そして後者の受信料についても、現在の有力選択肢は、「全世帯からの徴収義務化と、受信料の値下げ」とされている。しかしここには大きな落とし穴がある。現在、日本の受信料制度は、世界で唯一といわれている、NHKと視聴者間の直接契約方式で、ここには国は一切関与していない。そして、視聴者から徴収した受信料で、すべての放送に関する経費を賄っている（要請放送という形で国が一部関与する国際放送に関しては、国家予算が一部支出されている）。これは独立性を担保する最善の方法である。

しかし全戸徴収を義務化するということは、いわば「税金化」することを意味し、これには国家の関与が避けられない。しかも場合によっては、かろうじて守っている「公営」が「国営」に転換する危険性がある。すなわち、いまでもNHKは「公共」放送と言いつつも、その経営実態からするならば、いわば「公営」放送であって、経営委員会制度や予算承認制度を通して、陰に陽に公権力からの影響を受けやすい体質にある。それが、広義の税金で運営された場合の、政府あるいは国会とNHKの関係は、いかに制度を工夫しようと、抜本的に変わったものになるであろうし、今まで以上に大きな影響力を受けることは容易に想像できる。

こうした危険性を包み込んでまで、いまなぜ義務化なのかを十分に議論する必要があろう。そしてまた、もし義務化した場合は、こんどはそれをなぜNHKだけが独占的に使用できるのかも問題になると思われる。具体的には、民放あるいは独立プロダクションが制作期間や制作費をかけたドキュメンタリーを制作したい場合、その「新・受信料」がなぜ使えないのか、である。公共的なメディアの維持のために受信料があるとするならば、当然、こうしたＮＨＫ以外のメディアに対しても幅広く利用の門戸は開放されなければならないだろう。

放送法は、確かに言論立法であり番組内容や事業を制約するものである。しかし一方で、「放送が健全な民主主義の発達に資するよう」求め、放送番組は「何人からも干渉され、又は規律されることがない」と謳う、放送の自由を実現するためのものであるという側面も併せ持つ。昨今、公共施設や博物館等で、表現内容が原因となって、開催の中止が検討されたり展示物の撤去が求められるケースが続いている。もちろん、「明白な危険が迫っている」場合など、中止の選択がまったくないとはいわないが、むしろＮＨＫにはこうした自由の縮減に毅然と立ち向かう姿こそ期待するところだ。

民主主義社会に必要なものとして位置づけられ、作られた制度であるにもかかわらず、その趣旨をねじ曲げ、ジャーナリズムの本旨に反する行為が会長も含め組織の内部から起こることに「危機」を感じざるを得ない。そしてまた、ＮＨＫが誰のものであるのか、その役割が何なのかを、会長ほかＮＨＫ自身だけでなく、国会にもいま一度、十分に認識してもらいたいし、民放にはそのような観点からの相互監視を求めたい。

＊

ＢＰＯ放送人権委員会委員としての限られた経験を通して考えてみても、ＢＰＯは日々の活動のなかで多くの「苦悩」があることは事実だ。たとえば、放送倫理検証委員会との切り分けはどうあるべきか、具体的には双方に申し立てがあった場合、あるいは一方の結論を不服としてもう一方に申し立てをし直すということがあった場合にどのような扱いが好ましいのか、とりわけそのような場合に、両機関の中立期間の差や放送局に対する拘束力の差をどのように考えればよいのかは悩ましい問題だろう。外部機関との関係では、ＢＰＯの決定や判断基準が、司法の法的な判断に「活用」される事態も由々しい問題だ。二〇〇八年九月十九日に大阪高裁で下された喫茶店廃業報道事件では、放送人権委員会での結論を踏まえて同様な理由付けで違法性判断を行っているし、放送倫理を守ることは法的義務であるという判断も示している。

さらには、そもそも「放送倫理違反」なるものは何であるのかが、今後さらに多くの議論のなかで明らかになっていくことになると思う。海外の同様な機関では、「倫理綱領（もしくは行動綱領）」の個別条項違反として、当該報道機関の倫理上の瑕疵《かし》を指摘することが多いと思われるが、放送人権委員会は規約上、「放送法令または番組基準に係わる重大な苦情」（四条）とはいうものの、明文化されている番組基準の個別条文違反をいうことは一般になく、自らの「経験」のなかであるべき倫理を形成してきている実態がある。

もちろん、その基礎になるのは厳然と存在するNHKと民放連で定めた「放送倫理基本綱領」であるし、場合によってはNHKや民放界が業界としてあるいは各社で有する番組・放送基準であることは言うまでもない（ちなみに、放送法五条は番組基準の策定・公表を各放送局に義務づけている）。また、放送人権委員会自身も『BPO判断基準』を冊子として公刊し、守るべき放送倫理を先例の積み重ねのなかで明確にすることを図ってきているといえる。

こうしたなか本節では、より限定的に放送と通信の融合時代における審理対象となる「放送番組」の射程範囲について、議論の素材を提供することとしたい。なお、その議論のために筆者がBPO委員としてかかわった具体的な事例を利用するが、当該事例の評釈・再評価が目的ではないことは言うまでもない。

何が問題なのか――審理事案から

ここで取り上げる申立事案は、地方放送局が政治家の不正疑惑を報じたものである。その際、今日において多くの放送局が同様の手法をとっていると見受けられるものであって、当該放送局が特別なものではないと認識するが、放映済みの番組を自社公式ウェブサイト上でビデオクリップとして再送信し、また、報道の概要を文字でも紹介し、視聴者の便宜を図る手だてを取っていた。

一般にＢＰＯは、オリジナル放送番組を審議の対象とし、人権侵害の有無や放送倫理上の問題を判断するわけであるが、当該事案では申立期間との関係で、オリジナルの番組ではなく、番組終了後も一定期間閲覧可能な状況にあったウェブサイト上の発信情報が問題となったという経緯がある。その結果、放送人権委員会として、放送された番組以外にどこまでその射程距離を広げるかの判断を迫られることになり、それは同時に、まさに現在進行形で議論が進む放送と通信の融合状況におけるＢＰＯのあり方にも深くかかわり合いをもつことになったといえる。

問題となったのはまず「インターネット配信と放送の同質性」であった。当該放送局は番組の放送後、社のウェブサイト上で番組特集のタイトルと同様の特集ページを作り、疑惑追及のキャンペーンとして取り組んだ。その作りはまず、社のトップページに特集名のバナーを設置し、サイト訪問者を特集ページに誘引し、そのページ上ではテレビ放映された報道内容が文字情報で詳細に再現されるとともに（番組のリードとＶＴＲのナレーション原稿、及び記者の取材インタビューの内容が反訳されていた）、放映された番組の動画が閲覧できる仕掛けがなされていた。なお、放送局は申し立てを受け、トップページ上の特集名バナーを削除したほか動画についてもリンクをはずすなどの措置を取り、また、時間の経過とともに文字情報の内容にも変更を加えていた。

〈図6〉

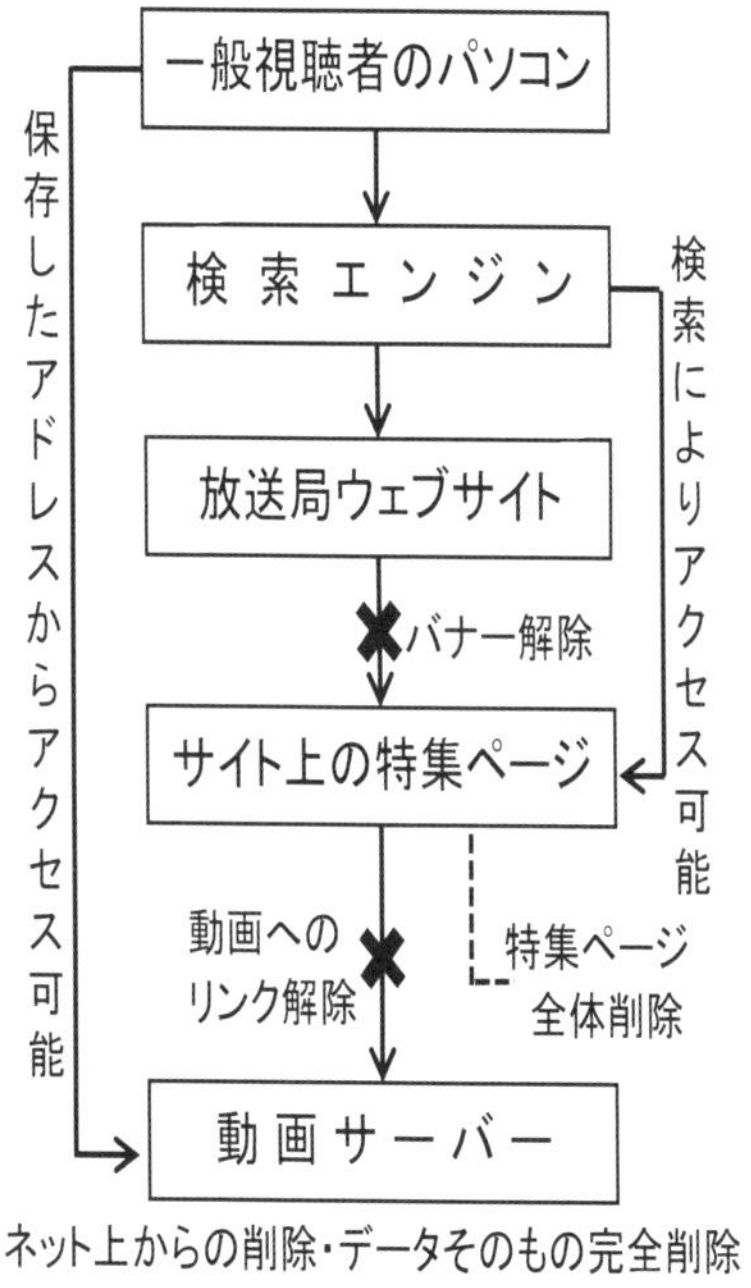

ただし、バナーを削除してトップページからのリンクははずしたものの、文字情報そのものについてはサイト上に残していたため、一般の検索エンジンで番組名や特集名のキーワードを入れることで容易に当該ページにアクセスすることが可能な状態であった。また、動画についてはそれ以前に公式ウェブサイト自体とのリンクもはずしていたが、サーバーにデータを残したままであったことから、社の公式ウェブサイトからたどることはできない場合でも、その特定のURLを知り得た場合（たとえば、過去に閲覧した際にURLを保存しておいた場合など）には、自由に動画を閲覧できる状態が一定期間継続していたという事情も存在した。

そうした状態のなかで、オリジナルの放送番組と、ネット上の番組動画配信（再送信）、番組内容を再現した文字情報のネット掲載が、それぞれどのような関係にあって「同視」しうるのかが問われたわけである。なぜなら、放送人権委員会の規定上、あくまでも審理対象は「放送番組」であって、放送の概念を無限

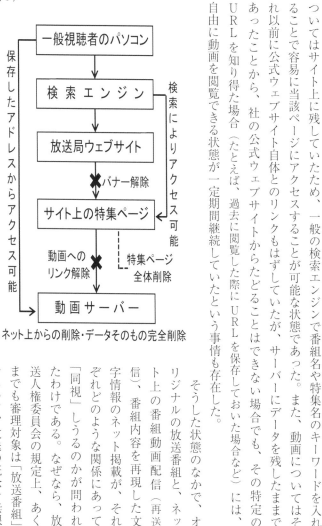

定に広げることは許されないと考えられているからである。ＢＰＯ規約四条（3）は、「放送と人権等権利に関する委員会」の事業として、「ア、個別の放送番組に関する放送法令または番組基準に関わる重大な苦情、特に人権等の権利侵害に関する苦情（苦情申立人等の権利と放送事業者との話し合いが相容れない状況にあり、かつ司法に基づき係争中でないもの）の審理」と規定している。

これに対し、委員会決定は判断理由の中で、「テレビ放送の基本要素である動画と音声の配信が停止され、文字情報のみとなった場合でもなお、その被害が〝同質〟であるとまで見ることはできない」として、放送番組と動画は同視しうる（すなわち審理対象となりうる）と判断する余地を残した。一方で、放送番組と文字情報の関係ではそれを否定した（審理対象からはずした）。これに対し筆者は、補足意見を付した経緯がある（委員会決定の全文は、ＢＰＯウェブサイト www.bpo.gr.jp/ 参照）。

なお、今回の事例をネットとの関係としてとらえるのではなく、放送番組以外を審理対象にした事例としてみた場合、過去に新聞のラジオ・テレビ欄の表記等をめぐり、「ラ・テ欄の表記は、放送そのものではないが、放送内容一体のものとして扱われている」として、委員会の審理対象として認めた事案がある（同ウェブサイト参照）。

「放送」とは何か

以下の議論は、当該委員会の事案を念頭におきつつも、一般論として検討を進める。ポイントは大きく、審理対象となる放送番組がいうところの放送とは何か、そうして規定された放送の周縁に位置する放送局からの発信情報をどうとらえるか、もしネット上の配信情報を対象とする場合、その配信期間（放送でいう放映日時）はいつか——の三つである。

放送人権委員会の審理対象は「放送番組」であることが明確に謳われており、文言上少なくとも一義的には、放送局が出版する書籍やイベント、インターネット上での配信事業やキャラクター販売などは含まれないと解されてきたことがうかがわれる。したがって、放送局の情報発信の形態が多様化し、また番組の高次利用が積極的に進められる中で、規約にいうところの「放送番組」の概念をどこまで拡張するかを考えていく必要があるだろう。そのスタート地点がまず、「放送」そのものの定義である。

そこには、放送あるいはテレビ（もしくはラジオ）なるものの機能や特性をどうとらえるのかという命題が伏在しているといえる。また、放送の枠組みを決める制度上の規定が、日本の場合は放送法・電波法体系においてなされているわけであるが、その対象から漏れるケーブルテレビやパソコンで視聴するインターネット上の放送も、まさに「見た目」においては通常の放送と変わらない実態がある。実はその点こそが、今日の「放送と通信の融合」状況において、判断を混乱させている原因であるともいえる。

実際、前で紹介した「情報通信法」構想の法案作りに向けた検討組織（総務省情報通信審議会、情報通信政策部会、通信・放送の総合的な法体系に関する検討委員会）においては、まさにこうした現状を踏まえ、今日存在する通信・放送関連の主たる九つの法体系を一本化することを一つの目標として定めていたのであって、同時にまた放送概念自体の変更がなされたところである。ここではとりあえず、前節で触れた委員会決定の「意見」部分から、放送について言及している箇所を引用する。

どのような情報発信が放送局の行った「放送」と「同視」しうるかについては、伝送路、伝送形態、内容の三つの側面から考えることができよう。すなわち、現行の「放送」は一般に、無線により（伝送路）、不特定多数に対する定時同報の一斉送信であって（伝送形態）、自由かつ自律的に制作された報道・教育・教養・娯楽分野の多種多様な番組（伝送内容）、といった特性を有している。したがって、これらの要素が現行「放送」とどのように異なるかを、「同視」の判断基準にもなしうると考える。

第一に、伝送路によることなく、その伝送形態と伝送内容によって同視の判断がなされるべきである。伝送路の違い、例えばケーブルであったり通信回線を利用したインターネット上で流されたものであっても、それが本放送と同様の伝送形態で同一の伝送内容である場合は、まさに「放送」と呼ぶべきものであると考える（現行のケーブルテレビにおける同時再送信の放送など）。さらに、オンデマンドに繰り返し視聴ができる（例えばウェブ上で常時、閲覧が可能である）など、伝送形態が必ずしも同一でない場合においても、放送と「同視」しうる場合があると考える。

ここでは現行の法制度が、あえて放送範囲を拡大させるのではなく、ぎりぎりのバランスのもとで、しかも放送内容と放送事業を切り分けることによって、放送を限定的に規定し続けていることを確認しておくことが大切だろう。その一つの意味合いは、放送の自由を守るための「知恵」であるとともに、放送にかかる規律を拡張させないための「工夫」であると考えるからだ。放送事業は確かに国家免許制の下で規律が多いメディアである。だからこそ、注意深く解釈・運用をしないと、憲法の保障する表現の自由の枠の中にあるにもかかわらず、公権力からの介入を有形無形の形で受けることにつながりかねない。

この点からすると、ＢＰＯがその審理対象として放送概念を、たとえばインターネット上の配信情報に広げた結果、現在は古典的なプリントメディアと同様の表現の自由を享受するネット配信情報が、放送と同様の法的規律を受ける結果を招くことも十分にあり得る。したがって、審理対象としての放送概念の拡張に抑制的であることには、意味があると思われる（上記意見の引用部分だけをみると一見、相反するように思われるかもしれないが、この点、注意深くお読みいただきたい）。概念の拡張が不自由の拡散になってはならないのである。

対象となる「配信情報」の範囲

第二の論点に移ろう。従来の委員会の言い方でいうならば、放送番組と「同視」しうるか否かを基準とし、審理対象の当否を決することとしている。しかしその意味するところは、いわば一般視聴者にとっての感覚的な「見た目」として、通常のテレビで放映される放送番組と同じものと認識されるものをさすのか、そうではなく、何らかの客観的外形的な「条件」を設定することによって、放送番組同等とみなすことができるとするのか否か、といった違いによってその基準の立て方も変わってくることになる。この点、「意見」では以下のとおり述べる。

次に、伝送内容における同視の判断基準を考える。それは、本委員会が審理の対象とする「放送」以外の審理対象範囲の一つの判断基準でもある。この点、「委員会決定」がいわば社会的影響力（普及度、伝播力）を判断基準として採用している点には同意しかねる。音声付きの動画コンテンツと音声をもとにした文字化コンテンツでは情報量が異なり、それに伴って発生しうる「被害」のレベルに差異があることや、放送が一定の社会的影響力を持っていることは認めるにせよ、当委員会の判断基準にはできる限り客観的外形的なものを用いることが好ましいと考えるからである。

たとえば、「①放送局が主体的に発信した情報であって、②番組が主で当該情報が従であることが明白で、③すでに主となる番組が放送されていて、④伝える内容において主要部分が一致していて、⑤両者に一体性が認められる場合（たとえば、同一タイトルのもとでの一連のキャンペーンを構成しているなど、外形的に分かちがたい関係性が認められる場合）」といった条件を、同視と称するか否かは別にしても審理対象の判断基準として設ける方法が考えられよう。

まずは、発信者側の意思ともいうべき「主体性」を問題としている。そして主たる放送番組とそれぞれの発信情報の「関連性」や「一体性」が問われる。この関連性や一体性は、内容上も、あるいは当該それぞれの情報へのアクセス上の物理的な意味での「近接性」が関係ある場合もあるだろう。それは、時間軸としておおよそ同時期に発信されているといった時間的近接性とともに、情報摂取の範囲がクロスオーバーしているといった地域的近接性が問題になることもありうる。これらの点は、送り手と受け手の情報共有がなされているかどうかという点から考えられるのではなかろうか。

次に、伝えられている事実の有無にかかわる中心的で重要な事実内容の「同一性」である。上記の空間的・物理的な近接性は、同一性の判断にも関係してくる可能性がある。また、表記方法のうえでの一致がみられるかどうかが判断材料になる場合もあるかもしれない。こうした条件への当てはめによって、放送事業者が発信した情報であれば、「放送」以外のものであっても、将来的には場合によって審理対象にすることが考えられるのではないか、との問題提起であった。この場合においては当然、動画音声情報を伴わない、「見た目」では番組とは異なる形状の発信情報も含まれる可能性がある。しかし一方で、ネットで配信されるような〝放送番組風〟であっても、上記の条件に合わないものは存在しうるのであって、その限りでは対象にならないことになる。

なおこの点において先の委員会決定は、審理対象の範囲を「放送と同視しうる場合」と限定し、しかもその「同視」の意味するところは、「受け手（視聴者）にとって、もともとなる放送番組と変わらないものとして見聞きすることができるものである」とした。そのような前提に立って「同視」のイメージするところを上記の条件に即していえば、「主要部分の一致や一体性が高度に求められる、いわば『同一』内容の場合と解さざるを得ない」こととなって、対象の範囲は極めて限定されることになるだろう。

しかし一方で、放送事業者の放送番組関連情報で報道被害が発生し、それへの救済が求められている点を考えるならば、番組としての同一性を条件にその解決の道を断つことがよいのか、あるいは、放送概念を拡張することの危険性に配慮したうえで、審理対象を拡大する方法がないのかの議論を、今後も続けていく必要がある。

「見る」とは何か

こうした条件にプラスして、インターネットの特性をどう考慮するかの問題がある。冒頭の放送特性で同報定時を挙げたが、放送される番組はおおよそ一回きりか、もしくは再放送があったとしてもせいぜい二回程度の視聴機会しかなく、意図的に（能動的に）録画していない限り、通常は繰り返し視聴されることはない。それに対し、ネット上での閲覧情報は通例、繰り返し閲覧（視聴）を前提とし、かつ、一般には当該情報主体とは無関係に外部リンクが多く張られ、想定もしない形で情報が広がっていくことになる。

近年においては、動画投稿サイトも一般化し、まさに一般人が放送局の発信情報（場合によってはオリジナル放送番組のこともあり得る）を、時には違法に複製し、その結果、多くのユーザーに伝わっていくことも否定しきれない。とりわけ報道番組の場合であれば、そうした情報の拡散は好ましい側面もあり、それがまさに報道機関の世論形成機能であるともいえるであろう。

この点で委員会決定は、「放送局が『入口』である公式ウェブサイト上のリンクをはずしたことをもって、一般的方法によってアクセスできなくなったことから動画配信を停止したと判断するのであるが、以下に示した意見は現状のネット事情との乖離があるのではないかとの問題提起であった。そして、「むしろその判断は、前段に示した①〜⑤の条件を満たさなくなった時点を情報発信の終結時点とすることが適当である」とした。

発表（配信）時期をどう判断するかということについて「委員会決定」は、一般的検索エンジンでキーワード検索をできない状況をもって「一般的方法」によるアクセスはできないとしているが、今日において、記録されたＵＲＬ（ホームページアドレス）は多くのユーザーにおいてネット上で情報共有される状況にあり、サーバーに残っている状況である限り、そのデータへのアクセスは関心を持つ者にとって必ずしも困難とはいえない。

より具体的に確認するならば、発表時期を情報がサイト上にアップされた時点か、ネット上に掲出されている期間をすべて含むのか、あるいは公式にはリンクを消した後もサーバー上に残っていた場合をどうするか、さらにいえば、ネットワークやユーザーのローカル上のキャッシュにコピーされた情報にまで責任をもつ必要があるのか、そもそもネット流通情報の特性として、いったん配信された情報は安易に複製・再送信されるのであって、もともとの発信主体が「消す」という行為にどれだけの意味があるのかなど、検討すべき論点が伏在している。

これ以上、ここでメディア論を展開することは避けることとしたいが、大手のポータルサイトにおける検索サービスや人気の電子掲示板・投稿サイトを介し、いったんネット上で公開された情報は、表現者の手を離れ、ある種のネット空間の共有物として無制約に複製・拡散していく運命にある。

もちろん、オリジナル情報の発信責任は減滅しないし、むしろ場合によってはそうした拡散性を考慮した場合、より重大な責任を負う必要がある場合も存在しよう。また、法もプロバイダ責任制限法などによって、可能な限り違法・不正な情報の流通を規制する手段を講じてはいる。あるいは二〇〇九年四月の著作権法改正によって、検索エンジンが行うコンテンツの複製行為について、必要と認められる限度においては権利者の許諾を必要としないことが明文化された。さらに、米国流の「フェアユース」規定の導入により、より自由なコンテンツ利用の実現を求める声もあるなど、ネット上の権利関係や責任の範囲については、まさに議論の過程にある（ただし、第五章で取り上げるグーグル・ブック検索に係る問題に現れるとおり、その導入には慎重な検討が求められている）。

しかし、あるいはだからこそ、法的あるいは倫理的制裁を発信主体に求める場合においては、表現者としての責任範囲をどこかで線引きすることが必要になってくることは間違いない。ただしそれが、単純にユーザーからのアクセス容易性であるのかどうかについては引き続きの議論が求められている。

流通のさせ方に重きを置くことは、現行のネット規制の主流である流通過程におけるプロバイダ（いわば情報の伝達者）に、流通の権限と責任をより強く負わせることと表裏一体の関係にあることが一般的で、それは必ずしも表現者にとって好ましいとは限らないからである。あるいは、表現の自由の主体とその責任の所在は、あくまで情報の発信者であるとの原則をできる限り守ることは、表現者にとっての表現の自由の確保という側面とともに、報道被害の拡大を発信段階で抑制する面からも重要であると考えるからである。ＢＰＯには、直面する被害の救済を念頭におきつつ、放送の自由とのバランスをいかにとっていくべきなのかを、個別の事案の解決を通じて果たしていってほしい。

第四章　政治的公平の意味

言論封殺のための「言論の自由」は存在しない

「報道ステーション事件」から浮かんだ三つの問題

●編集の独立

二〇一五年三月二十七日放送のテレビ朝日系「報道ステーション」のなかで、当番組のコメンテーターで元経済産業省官僚の古賀茂明氏とキャスターの古舘伊知郎氏が、古賀氏の「降板」をめぐってバトルを繰り広げた。発言内容は、活字の世界では一般に言われているようなレベルにすぎないものであったが、生放送時のハプニングであったこともあり、ネットをはじめ新聞等でも問題視され、さらに政治の場においても取り上げられるに至った。

確かに番組中の二人のやり取りは、視聴者不在の舞台裏の出来事に類するものも含まれてはいた。売り言葉に買い言葉の「口撃」は人によっては醜くも映ったであろう。そして何よりも、このやり取りによって、結局一番「損」をしたのはテレビ朝日で、逆に「得」をしたのが政府だとすれば、それは発言目的とは異なるのではないか。しかもそれは漁夫の利そのもので、仲間割れをしているうちに労せずして口論した二人の「共通の敵」に成果を与えてしまったことになる。

客観的にみて、現政権の原発や基地政策に対して最も批判的な定時番組のひとつが「報道ステーション」であったといえるだろうし、それを政権が快く思っていなかった節があるからだ。この間の「異論」を認めない政府の態度や、「強い政府」を歓迎する世間の空気の中で、もっとも自由であらねばならないはずの新聞やテレビといった言論報道機関の間で、自信の喪失がみられ総崩れの様相を見せ始めている。そうしたなかで起きた今回の「事件」は、むしろ政府に攻撃の材料を与え、局内には萎縮のきっかけを振り撒く結果になったのではないか。

古賀氏は、官邸から放送局に圧力があり、それを受けて社の上層部が番組の制作現場に介入した旨の発言を行った。これはまさに番組編集の独立、あるいは編集権の問題である。自由な放送の根幹は、この編集・編成の独立にあるといえるが、これには大きく、「外からの自由」と「内からの自由」がある。

前者は、為政者や公党をはじめとする社会的勢力、スポンサーなどが考えられ、今回の古賀発言の場合は「官邸」がこれにあたる。後者は、社のオーナーや株主といったステークホルダーのほか、社長等の経営幹部が制作現場に対する口出しをした場合などが該当し、今回の場合は「社上層部」ということになろう。経営陣が番組内容を変更したいと思った場合、人事を通して編集・編成方針を変更することは、まさに経営者としての権能としては認められているところであって、それ自体を問題視することも困難といえる。しかし、こうした人事が外部の意向であったり、「忖度」で起きる場合がないとは言えず、これらは一般に水面下で進行することから、結果として広く現場に「萎縮」効果を生むことが懸念される。それだけに経営陣は、こうした懸念を完全に払拭する必要があるし、そうした疑念を生まないための信頼感を現場とともに視聴者から得る必要がある。

その意味では今回、キャスターや会長の一連の放送局側の発言は、こうした疑いを拭い去るには十分ではない点が残念である。ただでさえ、第二次安倍政権は媒体別の首相インタビューを駆使するなど、マスメディアを利用した情報政略に長けているほか、メディア各企業の経営陣と頻繁に会食を実施し、「意思疎通」を大切にしている特異な政権だ。その成果としては、原発や安保政策で官邸発のマジックワードをマスメディアに広く浸透させることで、安倍カラーの政策が国民各層に広く浸透してきている実態がある。放射能汚染水の「アンダーコントロール」も、集団的自衛権の「積極的平和主義」も、そうした言葉のひとつといえるだろう。テレビ朝日の場合は、会長も社長も他社の経営幹部と比較すればそれほど安倍首相との会食を繰り返しているとはいえないが、マスメディア全体を覆う厚い雲があることを十二分に意識した対応が、放送局に求められる時代にある。

●放送の自由

この一件でもっとも重大なのは、放送の自由の問題であり、これは放送局と公権力たる政府の関係でもある。

放送があった翌週の三十日に、菅義偉官房長官は、事実に反するコメントを公共の電波で流したことは問題、としたうえで、「放送法という法律があるので、まずテレビ局がどう対応されるか、しばらく見守りたい」と述べた。ここで指し示す「放送法」の内容は、おそらく四条の「放送事業者は……放送番組の編集に当たつては、次の各号の定めるところによらなければならない」の二号「政治的に公平であること」と三号「報道は事実をまげないですること」であると推定される。

しかし、この放送法で政府に求められているのは、三条の「放送番組は、法律に定める権限に基づく場合でなければ、何人からも干渉され、又は規律されることがない」という〈放送番組編集の自由〉の遵守である。この放送の自由を守るよう努めるべき公権力が、自らそれに反する態度を示してよいはずはない。さらに重要なのは前に示した四条は、いわば「視聴者への約束」を示した条文であって、「政府に対しての義務」ではない点だ。したがって、政府はこの条文をもとに、個別の番組に対してクレームをつけることは許されないと考えるべきである。

かつては政府もこうした法解釈を国会答弁で明らかにし守ってきたものの、一九九三年に郵政省（当時）は国会で「政治的公平は最終的には郵政省が判断する」と一方的に宣言（これもテレビ朝日をめぐる事件に関してであった）、二〇〇〇年代に入り個別番組への行政「介入」としての行政指導が激増するようになった。そしてこの急増の時期はまさに、安倍晋三自民党幹事長就任の〇四年から、内閣官房長官、そして第一次安倍政権へと続く四年間とぴったり重なる（くしくもその時の総務大臣が菅義偉）。そして、まだ記憶に新しい一四年の衆議院選挙にあたって、政府としてではないものの政権党として政治的公平を求める文書を、具体的な守るべき基準を挙げて各放送局に求めるという事態に至っている。

このように、政府が放送法を持ち出すこと自体が、法の精神を歪《ゆが》め、表現の自由に対する侵害行為であるということを理解する必要がある。さらにその背景には、放送免許制度の問題がある。いずれの国でも放送事業は国家免許事業であることが一般的だ。しかし、その放送事業免許を交付審査する主体は、行政そのものではなく独立した機関が担うのが一般的であるのに対し、日本では日常的に放送局を監督する所轄官庁が、同時に交付主体であるという「特異」な形態を有している。まさに権限の一体化によって、免許を背景に強い監督権限を発揮できるという制度であるわけだ。このような行政の個別放送番組に対する介入が生じやすい制度を有しているのは、先にも触れたとおり北朝鮮など社会体制が異なるごく限られた国に限定されており、いかに非民主主義的なものかが想像できる。そうした制度の上に乗った「危うさ」を十分に認識して運用しなくてはいけないにもかかわらず、現在の政権はまったく逆に、それをより効果的に「活用」しようとしているといえるだろう。

●テレビジャーナリズム

そのほかにテレビジャーナリズムの問題として、コメンテーターの役割と、報道「系」番組のあり方を挙げることができよう。

近年の番組においてスタジオトークを担うコメンテーターには、物事を二項対立でとらえて一方を切り捨てることで視聴者にすっきり感を与える発言や、問題提起というよりは、客観性を装うわかりやすい解説が好まれる傾向にある。あるいは情報・報道系の生番組が増える中で、いわゆる放送事故を回避するためにも事前の打ち合わせによって予定調和的な番組作りになりがちだ。最近では、生番組の不規則発言を回避するために、十秒ずらしの〝生〟番組まで登場してきているとされる。そうした「事なかれ」が番組の活力を失わせているとすれば大きな問題といえるのであって、こうした問題を考えるきっかけを今回の事例は与えてくれている。

また、今日の日本の放送は純粋な報道番組が極端に少ない状況にある。一方で、朝時間帯や夕方、そして夜に至るまでほぼ一日中、そして中身にしても情報系番組からお笑いを加味した番組まで、さまざまな報道系番組が放送されている。そして多くの放送局は、それらすべてを「報道番組」としてくることが一般的で、その結果、報道なるものの概念が拡張し曖昧化している状況にある。こうした中で、放送局も、そして視聴者も、「報道」あるいは「ジャーナリズム」というものが何かが見えづらくなっていると思われる。

もちろん、広義で考えればエンターテインメントもドラマも、すべての番組はジャーナリズム活動ということができるし、インターネット上の様々なネットニュースやブログも、総じてジャーナリズム活動であることには違いない。しかし一方で、中核になるべきジャーナリズム活動とはどういうものかを、報道機関はわかりやすく受け手に示す必要がある。そして当然ではあるが、テレビ朝日を含む公共放送たる放送局にはその役割がある。その示し方としては、古典的な権力監視機能や意見形成機能だけではない様々な形があるだろう。

そうしたなかで、自由で闊達《かったつ》しかも多様で十分な情報流通を確保する言論公共空間を提供し続ける者としての社会的役割を、デジタルネットワーク時代で誰もが表現者になれる時代だからこそ、放送局はより強く主張し続けなければなるまい。この点においても、今回の事件が放送局にとっての謝罪の対象となることで、より後ろ向きの「変化」が訪れることを危惧せざるを得ない。テレビ朝日はつい先日、同じ報道ステーションが一四年に放送した川内原発関連ニュースに関し、自らBPOに審理を求めた。その結果は、「この事案で萎縮することなく、失敗から学んだ教訓を血肉化して、今後の報道に当たってほしい。視聴者の信頼を回復する道は、前へ進むことによって開かれる」と、BPOから諭されたばかりである（BPO放送倫理検証委員会決定第二十一号）。同じことはまさに今回の事例にも当てはまるのであって、テレビ朝日が今回の一件をもし反省すべきと考えるのであれば、是非とも前向きの教訓として生かしてもらわねば困る。

確信的「無知」が自由を脅かす

●広告圧力は憲法禁止の検閲類似行為

二〇一五年六月二十六日の党内勉強会における自民党議員の発言が大きな問題になった。翌週に入って安倍晋三首相は国会で初めて謝罪、幕引きを図ったが、発言は一過性のものでもなければ、個人の資質の問題では済ませられない点にこそ、大きな問題がある。政府方針と異なる新聞を兵糧《ひょうろう》攻めにして懲らしめる、ということが許されると考えること自体に、憲法が保障する表現の自由への理解、民主主義社会の基本原則の認識が決定的に欠如しており、国会議員として許されない発言だ。日本国憲法は表現の自由を保障する二十一条で、「検閲」を絶対的に禁止しており、この発言はこの検閲類似行為に該当するからだ。

検閲は一般に、事前の表現内容のチェックと理解されているが、それ以外にも特定の者に特恵的待遇を与えることで表現者を囲い込む方法があるほか、財政的な締め付けによる言論統制が一般的だ。日本でもかつて、新聞紙条例などによって新聞・出版社に供託金を納めさせ、もし出版物に政府批判があれば没収するという方法で、表現活動にプレッシャーをかけるやり方がとられてきた。あるいは、事業を興す際に高額の税金を納めさせたり、発行物に部数や頁ごとに税金をかけたりする方法（印紙税）で、富裕層しか表現活動をしたり表現物を享受したりできない環境にしてしまうということも行われてきた。お金持ちが一般に、為政者に親和的であるという性格を利用した、間接的な表現統制手法である。政府が直接間接は別として広告主にプレッシャーをかけるという、今回示された手法はまさにこの変化形にほかならず、検閲類似行為そのものである。今日の新聞・放送業は、その主要な財源を広告収入に負っているという現状を踏まえたうえで、内容上問題があるメディアは広告収入を止めて懲らしめるという発想を、政府はもちろんのこと政治家・公務員がもつことは許されない。

さらに、「言論の自由」について首相は、翌六月二十六日の衆院特別委員会の席上、「私的な勉強会で自由闊達な議論がある。言論の自由は民主主義の根幹をなすものだ」と応えた。ほかの場でも同趣旨の発言がなされることが多い。確かに、自由で闊達な議論、多様で十分な情報流通がある環境は、民主主義社会の根幹である。そしてこうした「言論公共空間」を支える重要な役割をマスメディアたる新聞や放送が担っている。だからこそ、こうしたメディアが自由であるためには、政府から独立している必要がある。憲法で保障されている言論・表現の自由の主体は「市民」である。そして国会議員たる政治家は、その自由を守る義務が憲法で定められている。いわゆる憲法遵守義務であって、九十九条には「天皇又は摂政及び国務大臣、国会議員、裁判官その他の公務員は、この憲法を尊重し擁護する義務を負ふ」と明記されている。それからすると、憲法で保障されている市民の言論の自由を、国会議員の自由な言論によって抑え込むことは、憲法上許されない。よりわかりやすく言えば、政治家には市民の言論を抑圧するような言論の自由がある、との「解釈」は存在しえないのである。同様に、市民の自由な言論の発露の場であるマスメディアの存在を否定することも、憲法上許されない。

●歴史の上書きは許されない

話題になっている自民党勉強会における作家・百田尚樹の発言は、県民が新聞に騙《だま》されているかのごとき内容で、県民を愚弄するものとして強い反発を招いている。また、社会的影響力があると自認する者が、歴史的認識や制度的理解を欠いた発言を繰り返すことは、表現者としての責任に欠ける点がありはしないか。

この発言内容が〈誤り〉であることは、すでに沖縄地元二紙が丁寧な反論をしているので、それを参照することにしたい（あるいは小冊子『それってどうなの？　沖縄の基地の話。』沖縄米軍基地問題検証プロジェクト、二〇一六　参照）。沖縄戦やその後の米国施政下の辛苦の歴史、地位協定等の制度的構造の問題性を伝える地元紙の報道、あるいは存在そのものを認めないとする発言があったとすれば、これは「軽口」では済まされない内容である。しかも、一般に地方紙は地元のニュース、とりわけ住民の生命や健康に重大な影響を与えるニュースを大きく扱うのが当然であって、紙面のおよそ過半から六割程度が地元ニュースで占められるというのが普通の姿だ。そうした地方の新聞の一般的状況を無視して、さも沖縄の新聞だけが特別であるという「思い込み」に基づく発言と思わざるを得ない。

先にも触れたように、沖縄地元紙が基地問題を喫緊の重大課題として報じ続けるのは、それだけ大きな問題が解消されずに存在していることの表れである。たとえば、いままであれば福島民報や福島民友といった福島の県紙は、連日、大きな扱いで原発や放射線被曝の問題を取り上げている。そうした住民の思いを代弁しているのであって、それをあたかも新聞に騙されているかのような認識を示すことは、沖縄県民自体を愚弄することにならないだろうか。

ただし一方で、こうした百田発言を支持する声がネット上に溢れていることは無視しえない。同様に自民党議員の「暴言」に乗じ、それを批判する新聞・放送を罵倒し、沖縄メディアや沖縄県政こそ自己反省すべきだとの書き込みが続く。それはまさに、沖縄県内においても安倍内閣支持が根強く存在し、当該自民党議員が「反省をしない」強気の態度の根底には、ネット上を中心とするこうした支持の声があると確信しているであろうことが想像される。

沖縄戦の生存者が数少なくなる中で、沖縄戦の記憶が風化し（朝日新聞・沖縄タイムス共同調査＝二〇一五年六月十七日現在で県民の六八％が「風化している」と回答）、歴史をどう伝えるかの試練に立たされているということだ。これまでは、生存者の証言が大きな意味を持ってきたが、今後はそうしたナマの声を聞くことはできなくなり、第三者はそれを「勝手」に解釈をしたり、直接体験していないものが伝聞に基づき「否定」することが、すでに始まっているからである。そしてこうした流れは、沖縄新聞関係者からも語られる。たとえば長元朝浩・沖縄タイムス特別論説委員は「解釈の時代になる」と危惧を示す（一五年六月二十四日、BSIIの番組内インタビューに答えて）。あるいは宮城修・琉球新報論説委員兼経済部長は「証言の上書きが進んでいる」（一五年四月十九日、日本編集者学会での発言）と言う。

繰り返しこれらの「新しい歴史」をネット等で見聞きする中で、それを「正しい歴史」として認識するということも起きているのではないか。場合によっては、新聞等による客観報道の名の下で行われる発言のストレートな紹介が、むしろこうした歴史観の拡散に手を貸している側面も否定できないように思われる。今回の事例は、そうした流れに当てはまるだけに、決して見過ごせないのである。

メディアにおける「公平公正」とは何か

偏向報道批判の中身

●公平論議の三つの流れ

偏向している――これはいまの日本のメディアにとって、ほぼ間違いなく大きなダメージを受けるマジックワードだ。なぜなら、その中身はよくわからない曖昧模糊《あいまいもこ》としたものにもかかわらず、この間、ＴＢＳもテレビ朝日も、この偏向報道批判の矢面に立たされ、その対応に苦慮してきたといえるからだ。もちろん、こうした「攻撃」はテレビにだけ向けられているわけではない。沖縄の県紙である琉球新報と沖縄タイムスにも、官民合わさった執拗な偏向報道批判が続けられている。さらに言えば、朝日新聞をめぐる慰安婦報道批判も、焦点はウソかホントかという記事の真実性ではあるものの、ある種の偏向批判といえる。

そしてなおかつ、こうした批判は、政府からの抗議や行政指導、政治家や政権党からの批判や要請と、様々な形で重なり合っている側面が多いことに注意が必要である。実際、二〇一四年十一月に一部全国紙（読売・産経）に掲載された放送法違反の意見広告では、結果として政府により強力な取り締まりを求める内容になっているし〈図7〉、市民団体による沖縄地元紙の糾弾活動には政治家が深く関与している〈図8〉。

こうした状況の中で、いったい偏向しているとはどういうことなのか、改めて日本のメディアにおける「公平公正」とは何かについて考えてみたいと思う。まず、いま世間に渦巻いているいわゆる公平論議を整理してみる必要がある。そうすると、大きく三つの流れがあることが見えてくる。

〈図7〉

その第一は、まさに「偏向報道批判」としてまとめられるものである。この多くはキャンペーン的な激しいあるいは明確な政治的主張が存在し、現政権批判は許さないというトーンがはっきりしているのが特徴である。結果として、政権の

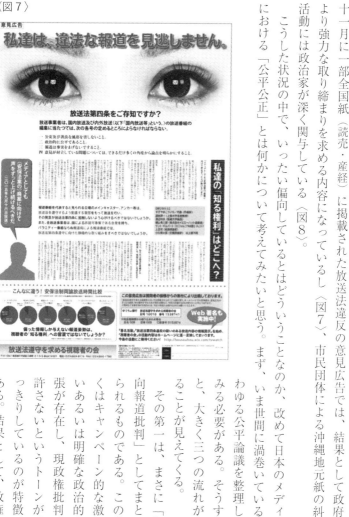

メディア批判と内容も攻撃対象も綺麗に一致している。内容としては、歴史観、安全保障、原発政策といった現在の大きな政治課題に即して、報道内容の「偏り」を厳しく批判・糾弾するという姿勢が見て取れる。そのターゲットはいわゆるリベラル系メディアに絞られ、集中攻撃をしているかの様相を示している。これは一三年ごろから顕在化し、主として保守系メディアや識者が主導しているといってよかろう。

第二の流れは、「情報隠し批判」と呼べるものだ。一〇年ごろから顕著な傾向としてメディアに流れ始めたもので、主としてフリージャーナリストからの既存メディア批判として週刊誌等で盛んに取り上げられ、インターネットを中心に拡散してきた経緯をたどる。新聞やテレビは自分に合った意見しか取り上げないとか、メディア自身や場合によっては親和性のある政権に都合が悪い情報は意図的に隠しているといったたぐいの、「マスメディアの情報コントロール

〈図８〉

「琉球新報・沖縄タイムスを正す県民・国民の会」
結成式プログラム

日時４月19日（日）18:00～　沖縄県立博物館美術館講堂
司会：我那覇えり子

1．	開会	
2．	代表挨拶	我那覇　真子
3．	運営委員挨拶	江崎　　孝
4．	激励挨拶	
	ジャーナリスト	恵　隆之介氏
	フェンスクリーンプロジェクト代表	手登根安則氏
	沖縄駐留軍労働組合相談役	伊佐真一郎氏
	沖縄対策本部	仲村　洋子氏
	チーム沖縄代表	森田　草士氏
5．	記念講演	
	元自民党沖縄県連会長	
	OKINAWA 政治大学校名誉教授	西田健次郎先生
6．	ガンバロー三唱	運営委員　錦古里正一
7．	閉会	

◆記念講演◆講師プロフィール
西田健次郎先生
昭和１８年沖縄県国頭村（くにがみそん）生まれ。同４２年琉球大学法政学科卒。昭和４５年から沖縄市議３期、同５５年から同県議を５期務める。その間、自民党沖縄県連幹事長、会長など歴任し、現在ＯＫＩＮＡＷＡ政治大学校名誉教授。

は酷い」との批判ということができる。

そしてこの流れは最近では、安保法制をめぐる新聞社が実施した世論調査をめぐる批判が識者からも示され、がぜん新聞社陰謀説に弾みがついているといった状況にある。その中身は、自身の主張に合わせて質問を工夫して回答傾向を事実上操作したり、統計的には誤差の範囲にもかかわらず意図的に変化があるように曲解して世論の誘導を行っているのではないかというものだ。

しかし重要な流れは、さらにその根底にあるメディア界あるいはジャーナリスト自身にある「客観報道批判」であるといえないか。ジャーナリズムたるもの自分の主観を捨てて客観に徹するなどありえないという〈そもそも論〉から始まり、古典的な日本の客観報道主義は、自由な言論活動について自分の首を絞めているのではないかという自己反省に立つものだ。とりわけ三・一一東日本大震災や沖縄基地問題を受けて、従来の「客観中立」の姿勢が読者・視聴者にわかりづらさを与えてはいないかという、ジャーナリズム界内部の見直しがそこにはある。

それはまたさらに広く考えれば、役所等の発表に依拠するような「発表ジャーナリズム」に対する見直しも含まれているともいえるだろう。あるいは、ネット全盛時代において「主張」しないメディアは埋没するという危機感から発せられている場合もあるだろう。いずれにせよ、一見逆の偏向批判に対して強く太刀打ちできない理由の一つには、こうした自らが抱え込んでいる一種の「弱み」を感じざるをえない。

●客観中立報道のワナ

では、こうした日本の伝統的な報道スタイルはどこから生まれてきたのであろうか。まさに、「客観中立・不偏不党・公平公正」と称される、いまの日本のジャーナリズムを縛る魔法の呪文のような言葉群である。これらの言葉それぞれがもつ意味は、メディア論的に言えば、あるいは新聞学の歴史を紐解いても異なるものであるが、少なくとも今日のメディア界においてはほぼ同義のものとして使用されてきていることから、ここではその差異についてはあえて問うことなく、それぞれの文脈の中で使い分けることとしたい。

これらの言葉のルーツは、明治初期の新聞の誕生のころまで遡ることができる。明治政府誕生のころの日本の新聞は、政論新聞と呼ばれる党派性を明確にした政治的主張を前面に押し出した新聞が大きな勢力を持っていた。これに対し、大部数の獲得をめざす商業新聞が登場、その過程の中で党派性を排した、まさに不偏不党の新聞であることが求められていく。これはつまり、先ほど挙げた日本の伝統的な「客観中立・不偏不党・公平公正」を是とする新聞の基礎が築かれたということになる。しかもそれは日清・日露戦争に際して従軍をし（いわゆる従軍記者のはしり）、国内の戦意を高揚させる紙面作りによって部数を急速に拡大していく新聞にとって、極めて好都合な立ち位置でもあった。

したがって、まさに客観報道主義とは、政権批判をほどほどに抑制し、時に政治との距離の近さを競う社の姿勢を表すものであり、国益を必要以上に意識し地域の発展に寄与・貢献することを大切にする紙面作りとパラレルな関係にあったということになる。そしてさらに言えば、こうした報道スタイルは、政府発表を間違いなく伝達するという行政広報媒体としての地位の確保にも役立つことになった。

これは明治・大正・昭和の時代を通じて形成された日本の新聞スタイルであるが、こうした「精神」は現在の新聞にも、さらには新聞から発生した現在の放送局にも脈々と受け継がれているとみるべきである。たとえば、今日の地方紙の多くは社是に「地域の発展」を謳うし、多くの新聞は記事の見出しに政府首脳の発言をそのままカギカッコでくくって使用するような風習を有する。こうした政府発言の紹介の仕方は、「そのまま」報道の象徴的な例であって、欧米の新聞との違いを具体的に表すものである。

しかもこうしたいわゆる客観中立性や不偏不党の紙面作りは、戦後において社会の要請としてより強固なものに「成長」していくことになる。なぜなら、戦時中の情報統制手段であった一県一紙体制の名残として、多くの県では極めて有力な地方紙（県紙）が一紙のみ存在し、そのマーケットシェアが当該販売エリアで圧倒的に高いという現実がある。そうであるならばその県紙は、否応なしに読者の思想性・政治的嗜好《しこう》を問うことなく「誰にも読まれる」新聞を目指すことになるし、それが社会的に求められたということだ。

またこうした新聞は宅配制度などによってあまねく行き渡り、世界に類を見ない実質的な「マスメディア」として社会に存在することになった。その結果としてたとえば、選挙時においては新聞（それにプラスしてテレビ・ラジオ）が候補者情報を伝える社会的機能を果たすものとして法制度上も是認されることになる。新聞に掲載される選挙広告や、放送で流れる政見放送は、まさにこうした不偏不党でかつ全世帯にくまなくいきわたるマスメディアであることを前提とした制度にほかならない。

これなどは世界の「常識」からみればありえないことであって、多くの国では新聞は党派性を有する可能性が高いことから、選挙期間中は報道が制限されるのがむしろ一般的である。しかし日本では全く逆に、候補者の選挙活動が厳しく制約され、その分、有権者に選挙情報を伝える役割を果たすのが新聞・放送であり、そのために格段の選挙報道の自由が保障されているのである。こうしたいわば社会からの要請にこたえる形で、日本の新聞をはじめとするマスメディアは、ますます「無色透明」を装うことを求められることになってきたといえるだろう。このように明治以来の報道スタイルが現在においては「報道倫理」と呼ばれるまでに高められ、今日に至っているわけである。

ついでにいえば、こうした政治との距離を微妙に保ち、あえて言えば政治と親和性を持ちつつも、見た目は政治的中立を保つことで、新聞をはじめとするマスメディアは多くの特恵的地位を保持しているともいえる。先に挙げた選挙広告をはじめとする行政広告の掲載料による広告収入や、所得税法上の法人税優遇措置、さらには消費税の軽減税率の設定などは、財政上の政治との関係性を示すものにほかならないし、出版物に認められている再販や新聞社の所有株譲渡をめぐる制限規定なども経営上の特恵的待遇である。あるいはまた、編集上の記者クラブ制度なども、まさに政治とメディアの関係性を示すものとの解釈が可能だ。

もちろんこれらのメディアの特恵的待遇（あるいは特権）は、その独立性やアクセス平等性、あるいは安定的な財政基盤を確保するために設けられてきた社会制度としてきわめて重要である。

まさに、市民の知る権利の代行者としての新聞や放送の、社会的役割を果たすための社会全体の合意の賜物であり、工夫であるということだ。しかし、その一方で常に政治との関係性を問われていることもまた忘れてはなるまい。

「政治的公平」誕生の経緯

そして中立傾向を固定化させているのが、放送法の番組編集の基準を定めた「政治的公平」規定である。先に紹介した意見広告でも取り上げられるなどすっかり有名になったこの規定は、現在の放送法では四条一項二号にあたるが、その意味を理解するには制定過程を確認しておく必要がある。戦後、最初に起草された放送法において、すでに「政治的公平」を求める条項が存在している。一九四八年に国会に上程した法案の第四十七条である。

協会の放送番組の編集は、政治的に公平でなければならない。

さらに、現行の番組編集準則に似た条文もある。それが第四条であるが、このモデルとされたのは、GHQ占領下における放送統制のための報道ルールであった「ラジオコード（「日本ニ与フル放送準則」）」である。これらをみる限り、占領下において、民主化が進む一方で「逆コース」の流れが存在していたことがうかがわれる。実際、法案の中で懲役も含む刑事罰や行政処分が盛り込まれていた。そして、くしくも現行法と同じ条文数である四条に違反した場合は、行政処分としての免許取り消しが想定されていた。

①ニュース記事の放送については、左に掲げる原則に従わなければならない。
一　厳格に真実を守ること。
二　直接であると間接であるとにかかわらず、公安を害するものを含まないこと。
三　事実に基き、且つ、完全に編集者の意見を含まないものであること。
四　何等かの宣伝的意図に合うように着色されないこと。
五　一部分を特に強調して何等かの宣伝的意図を強め、又は展開させないこと。
六　一部の事実又は部分を省略することによつてゆがめられないこと。
七　何等かの宣伝的意図を設け、又は展開するように、一の事項が不当に目立つような編集をしないこと。
②時事評論、時事分析および時事解説の放送についてもまた前項各号の原則に従わなければならない。

こうして考えると、政府が近年において、放送法違反を理由として電波停止を言うことは、全く驚くに値しないことであって、単に七十年前の「初心」に戻っただけということになるのだろう。さらに四十六条二項でも、今日につながる文言が垣間見える。なお、ここでいう「協会」とはＮＨＫ（日本放送協会）のことである。

協会は、放送番組の編集に当つては、左の各号の定めるところによらなければならない。

一　公衆に対し、できるだけ完全に、世論の対象となつている事項を編集者の意見を加えないで報道すること。

二　意見が対立している問題については、それぞれの意見を代表する者を通じて、あらゆる角度から論点を明らかにすること。

三　成人教育及び学校教育の進展に寄与すること。

四　音楽、文学及び娯楽等の分野において、常に最善の文化的な内容を保持すること。

しかし、この放送法案は頓挫し、翌四九年の第七通常国会に新たな「放送法案」が提出されることになる。そこでは、法案四十五条（政治的公平）に以下の規定があった。

①協会の放送番組の編集は、政治的に公平でなければならない。

②協会が公選による公職の候補者に政見放送その他選挙運動に関する放送をさせた場合において、その選挙における他の候補者の請求があったときは、同一の放送設備により、同等な条件の時刻において、同一時間の放送をさせなければならない。

ここからわかるように、この政治的公平の規定は、ＮＨＫのしかも選挙報道を念頭に置いたものであることがわかる。そして一つ前の法案四十四条三項にはこうある。

協会は、放送番組の編集に当っては、左の各号に定めるところによらなければならない。
一　公衆に関係がある事項について、事実を曲げないで報道すること。
二　意見が対立している問題については、できるだけ多くの角度から論点を明らかにすること。
三　音楽、文学、演芸、娯楽等の分野において最善の内容を保持すること。

上記の四十五条一項と四十四条三項が、国会審議の過程の中で合わさり、新しい四十四条三項ができあがる。

協会は、放送番組の編集に当っては、左の各号の定めるところによらなければならない。
一　公安を害しないこと。
二　政治的に公平であること。
三　報道は事実を曲げないですること。
四　意見が対立している問題については、できるだけ多くの角度から論点を明らかにすること。

まさに現行の規定とほぼ同じものだ（その後の改正で、一号に関して部分的に字句の修正がなされる）。さらに、修正過程で付け加わった新五十三条の「第四十四条第三項の規定は、一般放送事業者に準用する」との一文によって、民放への適用拡大が決まることになる。すなわち、法案提出時には「ＮＨＫ選挙規定を念頭に置いた規定」であったものが、「ＮＨＫ一般規定」となり、さらに法案成立段階では「民放も含めた放送全体の番組規律」に昇格してしまったのである。

その結果、選挙報道時の候補者には同じ時間を与えるといった、いわば「数量公平」原理が、一般報道にも拡大して適用されるような状況を生んでしまっているといえるだろう。さらに言えば、もし選挙時の数量公平を指していたとしても、厳密な意味での数量公平は現実的には無理があるとして、すでに日本の判例においても含みを持たせて運用することが認められている。すなわち、厳密な平等性を求めるという意味での数量公平の解釈は誤りであるし、ましてやそれを一番組の中で貫徹させるといった運用はあえて採用してこなかったことを、現在の「偏向批判」は意図的に切り捨てていることに問題がある。

「数量公平」ではなく「質的公正」

そしてこのことは、日本がモデルとした米国の放送原則の歴史的経緯を振り返ってみてもよくわかる。すでに米国においてはこうした数量公平を放送局に守らせることは現実的に無理だとして、

〈図９〉

平成28年２月12日
総務省

政治的公平の解釈について（政府統一見解）

放送法第４条第１項において、放送事業者は、放送番組の編集に当たって、「政治的に公平であること」や「報道は事実を曲げないですること」や「意見が対立している問題については、できるだけ多くの角度から論点を明らかにすること」等を確保しなければならないとしている。

この「政治的に公平であること」の解釈は、従来から、「政治的問題を取り扱う放送番組の編集に当たっては、不偏不党の立場から特定の政治的見解に偏ることなく、番組全体としてのバランスのとれたものであること」としており、その適合性の判断に当たっては、一つの番組ではなく、放送事業者の「番組全体を見て判断する」としてきたものである。この従来からの解釈については、何ら変更はない。

その際、「番組全体」を見て判断するとしても、「番組全体」は「一つ一つの番組の集合体」であり、一つ一つの番組を見て、全体を判断することは当然のことである。

総務大臣の見解は、一つの番組のみでも、例えば、

①選挙期間中又はそれに近接する期間において、殊更に特定の候補者や候補予定者のみを相当の時間にわたり取り上げる特別番組を放送した場合のように、選挙の公平性に明らかに支障を及ぼすと認められる場合

②国論を二分するような政治課題について、放送事業者が、一方の政治的見解を取り上げず、殊更に、他の政治的見解のみを取り上げて、それを支持する内容を相当の時間にわたり繰り返す番組を放送した場合のように、当該放送事業者の番組編集が不偏不党の立場から明らかに逸脱していると認められる場合

といった極端な場合においては、一般論として「政治的に公平であること」を確保しているとは認められないとの考え方を示し、その旨、回答したところである。

これは、「番組全体を見て判断する」というこれまでの解釈を補充的に説明し、より明確にしたもの。

なお、放送番組は放送事業者が自らの責任において編集するものであり、放送事業者が、自主的、自律的に放送法を遵守していただくものと理解している。

以上

選挙時における平等性を担保するための米国連邦通信法の「イコールタイム条項」はニュース番組には適用されてこなかった。そのうえ放送監督機関FCCが策定した「フェアネス・ドクトリン（公正原則）」も、反論機会の提供には無理があるとして一九八〇年代に廃止してきているからだ。

一方で日本では、放送法のなかの「政治的公平」などを定めた番組編集準則規定が、法的拘束力があるかどうかが問われている。二〇一六年二月十二日に総務省が発表した「政治的公平の解釈について（政府統一見解）」〈図9〉でも、法規範であることを前提に個別番組を評価する可能性があることを明記している。しかし学説上では、倫理規定であるというのが多数説であって、この点は極めてはっきりしている。あえて言えば、憲法違反であるという強い主張すらある。

ただしこの点については、安保法制論議における憲法、沖縄辺野古新基地建設における行政法で、政府の一方的な解釈変更とそのゴリ押しによって、長年の研究の蓄積はいとも簡単に無視されてきた。そうであれば放送法の解釈など、いとも簡単に押し曲げられることになってしまうが、それでも政府解釈が誤りであることは明確に記録しておく必要があるだろう。とりわけ放送行政においては、放送免許権限を有する総務省が放送局の監督官庁であるという基本構造があるだけに、政府の一方的な解釈が否応なしに押し付けられる状況にあるのが実態だ。

最後に、報道に求められる「公平公正」について改めて考えておこう。これまでの歴史的検討を通じて理解されてきていることは、公平公正に求められていることは「質的公正さ」であって、より具体的には、少数意見のすくいあげや配慮、あるいは反論機会の提供などによって社会正義を実現するといった、いわば多様性や公共性と通じる報道姿勢であるということだ。この点において日本では、こうした多様性をむしろ排する方向で「公平公正」なる言葉が使われる結果、ものが言えない、言いづらい空気が醸成されてきている。しかもさまざまな局面で、「政治性」を理由としての表現行為が制約を受ける事態が生じている。これこそがまさに、悪しき中立原理の表れということになるだろう。

日本新聞協会の新聞倫理綱領一九四六年版は、「公正」の項をこう記している。

【公正】個人の名誉はその他の基本人権と同じように尊重され、かつ擁護さるべきである。非難された者には弁明の機会を与え、誤報はすみやかに取り消し、訂正しなければならない。

七十年前よりもジャーナリズムが後退したと言われないために、そしてより民主主義の成熟をいまの日本社会が示すためには、改めて「数量公平」の考え方を排し、「質的公正」の実現のために、具体的に何をなすべきかを考える必要があるだろう。それは同時に、これまでの日本独特の報道倫理ともいえる客観中立や不偏不党を、単に政治的中立性ととらえ、自らを雁字搦めに縛ってしまうことなく、より自由でしかも公正な報道を実現する、現代版の解釈と実践にもつながると思う。

言いたいことが言える社会を維持・発展させるには、言論の自由を保障する社会制度と、その制度の護り手である健全なジャーナリズム活動が不可欠だ。どんなに制度が立派でも、市民社会の中で豊かで自由闊達な情報流通が行われる「場」が存在しなくては、宝の持ち腐れといえるだろう。しかし残念ながら、今日の世界的状況をみると、その自由の保障制度とジャーナリズムの双方が危機に瀕している。

本来は国家の利益たる国家安全保障は重要であるが、同時に市民一人ひとりの自由や権利の保障も大切であって、それらはケースバイケースで比較衡量され、バランスよく社会選択がなされてきた。しかしテロや戦争によって、国家安全保障が声高に叫ばれ、そうした声が社会全体を覆うことで、常に国益が優先され、個人の人権は追いやられる状況が続いている。あるいは、人権の制約は「例外」であったはずなのが、その例外が一般化し、原則と例外の逆転現象がそここで起きている。

一方でジャーナリズムも、マスメディアの衰退によって、継続的安定的な権力監視機能が社会の中で弱体化しているといわれる。あるいはインターネットによって個々人の不特定多数向けの情報発信が容易となり、プロとアマの境界線がどんどん低くなっている。そうしたなかで、職業専門家としてのジャーナリストの希薄化が進んでいる。こうした状況は、すでに本書全体を通し述べてきたとおり、日本においても顕著な傾向だ。朝日新聞の「誤報」に端を発した国益を守れコールなど、いまジャーナリズム自体の立ち位置も大きく問われていることは間違いない。それらによって、社会全体を覆う厚い雲を見えづらくしていることが問題の解決を複雑にしている。しかしそれでも、民主主義社会の基本である言論の自由は普遍であり、市民的自由の中核であることを忘れることなく、私たち一人ひとりが勇気をもって声を上げていくことが求められている。それによってのみ、もう一度青い空は取り戻せると思う。

安心してください、監視していますから――政府にこう言われて、気持ち悪いと思うか、頼もしいと思うかの差がある。おそらく、嘘が多いし偏向しているテレビをちょっと懲らしめてくれるなら、役所に任せようか、と思っている人が世の中には多いのではあるまいか。二〇一六年二月八、九日の衆参国会審議における高市早苗総務相の発言には大きく三つのポイントがある。

第一は、後述するように、「ホップ・ステップ・ジャンプ」というように、行政権による番組規制のハードルが明らかに下がり、政府が直接的に放送局の懐に手を突っ込む姿勢を示したことだ。第二は、一般市民のメディア批判、さらには市井の応援団の動きに同調する形で、怯《ひる》むことなく確信犯的に発言を繰り返している点だ。そして第三が、政府見解を繰り返すうちに、どんどん既成事実化し、それにつれてこれまでの法解釈の蓄積が雲散霧消してしまう危機にあることだ。

ここではそのうち、第一を中心にその歴史的変遷と法解釈の問題性を呈示してみたい。

＊

総務相「電波停止」発言にみる「強面行政」

従来の見解の少し先へ

政府の放送法解釈に瑕疵があることについては、すでに繰り返し述べてきた。ただし、放送法はあくまで放送の自由を保障するものであって、放送局を縛るためのものではないことだけは再確認しておきたい。それは放送法の目的であり性格そのものであるからだ。もしそれを変え、放送法の規定に反することを理由に政府が何らかの法的処分を課すことを認めるのであれば、それは解釈変更ではなく法そのものの全否定を意味する。さらにいえば、政府でさえもこれまで一貫して、もし番組に問題があったと思われる場合は、まず放送局が自主的にチェックをして、もし問題があるという報告書が総務省に届けばその段階で、何らかの対応をとることを考える、としてきた。にもかかわらず今回、総務大臣はそうした過程を踏むことなく「大臣が判断する」可能性があることの意思を明確に表明している。

そもそも、放送法は政府（行政）が個別の番組内容を事後審査し、何らかの法的処分を実行することをまったく予定していない。したがって、後であろうと先であろうと、政府が番組の善し悪しを判断すること自体が、法の趣旨からして微塵も許されない話なのであるが、それを仮に（いわば形式的に）認めたとしても、今回の一連の発言は、放送局の対応を一足飛びに「自分が決める」としたところにこれまでとの違いがある。まさに「決める政治」の真骨頂かもしれないが、これは明らかな勇み足であって、従来見解を変えるものだ。

しかも番組の公平性判断においても、二〇一五年来、一番組内でも公平を欠けば問題となる旨を発言しており、これもついホンネが出たともいえるものの、今日に至る政府見解を「無頓着に」変えるものである（にもかかわらず、今回の一連の発言の中で、局全体で判断するとの従来見解に戻すなど二転三転している感がある）。このように、見た目は何気なく、しかし「失言」ではなく確信犯的に従来の見解の少し先を目指して、行政権限の拡大を図っているようにみえるのだ。

そして今回の一連の発言は、「ホップ・ステップ・ジャンプ」の三段階目を迎え、政府のメディア戦略はより強固なものになろうとしている。

第一段階は一九九三年の判断権者の転換である。放送法が制定された五〇年以降の四十年余は政府自身も、そして今でも多くの研究者がそう主張している通り、放送法の政治的公平さなどを定める番組編集準則（四条）は、倫理規範であって法的拘束性を持たないとされてきた。したがって当然、政府が番組の善し悪しを決める判断権者にはなりえない。あくまでも、放送局自身が視聴者との関係性の中で、自らを律するための規範であったわけだ。しかし、テレビ朝日の報道責任者の内部会合の発言がもとになって、政府は放送局攻撃を強め、結果として放送法に反することはなく政治的公平は破られていなかったという放送局の報告書を政府が最終的に了解したにもかかわらず、一連の国会審議の中で郵政省（当時）官僚が、放送法に違反するかどうかは政府が判断する、と言明したのである。

そしてその十年後の二〇〇四年以降、自民党政権の中で、総務省は放送法規定を盾にとって、個別の番組に対し行政指導を実際に繰り返すようになった。しかも事実上の業務改善命令に匹敵するような形で報告書を求め、放送局にまさに「圧力」をかけたのである。実際の運用強化というかたちで、政府の対応は第二段階に進んだとも言えるだろう。しかもここでいう行政指導自体が法的根拠に極めて乏しく、憲法や行政法の研究者からは、指導自体に問題があるとの指摘が従来から強いことも忘れてはならない。

もう一つ気にしておく必要があるのは、視聴者のテレビあるいはマスメディアに対する見方の変化である。一九八〇年代に顕在化したメディア批判は、九〇年代に入り報道被害者という名称の一般化に見られるように、さらに厳しさを増した。そして二〇〇〇年代に入ると「マスゴミ」という蔑称に代表されるように、マスメディアの報道を否定する動きが強まる。まさに政府のメディア規制の動きは、こうした「市民の声」に応える形で拡大していくのである。そしてさらに十年後が、今回の一連のテレビバッシングのはじまりである。これは現政権のスタートと符合する（ちなみに、〇四年の運用強化の際にも、安倍晋三・菅義偉が深く関与していたことはすでに述べたとおりである）。硬軟織り交ぜたメディア戦略の強面の一側面が、いわばテレビに対する行政指導、抗議、要請の数々であり、政府首脳の節目節目の発言である。その意味では今回の発言そのものはさして珍しくないともいえるが、その発言の社会の受容度の高まりと、当然視こそが政府の狙いの一つともいえるだろう。

電波を止められるという「錯覚」

しかもこれまでの放送法の誤用とともに、電波法と放送法の関係についても、一方的な解釈を披露、さらに政府の「身勝手さ」を存分に発揮する状況になっている。その焦点になるのは、電波法七十六条の放送局の運用を停止する条文の中に、放送法などの法律に違反する場合が条件として入っていることによる、行政権による放送停止の権限だ。いわば「たすき掛け」条文と呼ばれるように、本来は別々の法律が、この一項によって結合することになり、さも放送内容違反を理由として電波を止めることができるような錯覚に陥るわけだ。しかしそれはまさに「錯覚」である。

この条文をどう解釈するかについては、少し歴史を遡り電波法や放送法の制定当時の状況を知っておく必要がある。制定された一九五〇年当時、実は放送制度を支える法律は三つあった。現在の放送法と電波法、そして電波監理委員会設置法である。名前の通り、「電波監理委員会」という今はなき独立行政委員会が存在していたのだが、まさに、行政から独立して放送免許の交付などを行う組織である。しかし政府は、わずか二年でこの法律を廃止して委員会を葬り去り、郵政省による直轄行政に移行することになるのである（この時期、政府はその他の独立行政委員会組織もあわせて潰している）。すなわち、電波法や放送法の運用は、こうした独立行政委員会の存在を前提に考えられていたということだ。

それでも、電波法の中に放送法の条文を潜り込ませ、合わせ技で一本をとるような法律構成がおかしいことは言うまでもない。それ故に従来から、研究者の間では法構造として欠陥があると指摘されてきた経緯がある。ただしこうした法律構成は、「偶然」ではないことを知っておく必要がある。法制定時の状況からすると、まさにこっそりと「潜り込ませた」と思われるからだ。せっかく、事業＝電波法と内容＝放送法に分離した法体系を、あえてつなぐ必要などないにもかかわらず、電波法七十六条の行政処分の項目に、「総務大臣は、免許人等がこの法律、放送法若しくはこれらの法律に基づく命令又はこれらに基づく処分に違反したときは、三箇月以内の期間を定めて無線局の運用の停止を命じ、又は期間を定めて運用許容時間、周波数若しくは空中線電力を制限することができる」と、当初はなかったとされる「放送法」の三文字が挿入されたのである。

この挿入の経緯は、実はよくわかっていないが、少なくとも四九年当初に内閣が提出した法案には「電波監理委員会は、免許人がこの法律若しくはこの法律に基く命令又はこれらに基く処分に違反したときは、三ヶ月以内の期間を定めて無線局の運用の停止を命じ、又は期間を定めて運用許容時間、周波数若しくは空中線電力を制限することができる」としか書かれていない。これを見ても明白なとおり、主語は「電波監理委員会」であり、そして「放送法」という文言は見当たらないのである。前節で詳述したとおり、いったん取り下げた放送法案は翌五〇年の国会で修正案が示されることになるわけであるが、その段階で決定的な二つの変更がなされたことが分かる。その一つが、独立行政委員会ではなく所管の「大臣」が電波を停止できるとした点、そして、その理由として「放送法違反」を組み込んだ点である。こうした経緯から、その運用に関して、できる限り抑制的に解釈・運用することが求められており、放送法中でも最もセンシティブともいえる番組内容に関する条項違反を、電波を止めるための根拠にするなどもってのほか、ということになる。

こうした歴史的経緯や、条文解釈の経緯をおそらく意図的に無視して、使える条文すべてを使って放送局にプレッシャーをかけるという態度は、もとをただして放送法に照らせばその趣旨に明らかに反し、放送法が謳う「健全な民主主義」社会を作るうえでの障害である。しかも放送法は、刑法などと違って一部の隙もないように作られた取締法とは異なる性格を持つ。いわゆるジェントルマン（紳士）法と呼ばれるゆえんだ。だからこそ、悪用しようと思えばいろいろなことができるわけだが、そうではなく余白を読み込んで法のよさを引き出すことで、より自由な放送の実現を図っていくことが求められているのである。放送の自由を守る義務がある総務大臣は、自らの職責をしっかり果たしてもらいたい。

しかし同時に、こうした振る舞いを許してきた責任がメディアの側にもあることを忘れてはなるまい。ＮＨＫの報道番組のやらせ疑惑を審査した放送倫理・番組向上機構（ＢＰＯ）の意見書で、この問題を巡る政府・与党の放送への介入を批判したことに対し、インターネットのヤフー！ニュースがＢＰＯの対応について意識調査をしたところ、賛否が拮抗した。だが、寄せられたコメントを見ると「問題番組に監督官庁が乗り出すのは当たり前」といった声が目立つ。放送法が理解されていないと痛感する。

かつて民放幹部の発言が偏向しているとの新聞報道をきっかけに、放送法の政府解釈が変更された（「椿事件」）。それ以降、政府や政権党が「政治的に偏向している」と判断した番組に対し、法に反するとして改善を求めたり抗議するようになった。政府は九〇年代以降、メディア規制を一段と強めたが、世間の厳しいメディア批判の風に乗ったものでもあった。そしていま、政府の規制の動きを一部の市民が後押しし、政府によるさらに強力な監視を求める動きも出ている。それらは、さらに法解釈を変えて放送の自由を狭め、公権力の介入をより容易に、かつ拡大しようとするものだ。これまでの研究や判例の蓄積を無視し、いまの時代状況への対応を錦の御旗として過去の清算を図るものである。

しかし、そうした「誤解」が世の中に受け入れられる環境をつくってきたのは、既存メディアと呼ばれる新聞や放送にも責任がある。自主規制の役割、政府との距離の取り方を丁寧に説明してきただろうか。いわゆる「公共」放送を維持する仕組みとして、NHKの国会による予算承認権や経営委員会制度、放送各局の番組審議会、BPOが存在しているという大枠をどれだけ伝えてきただろうか。それらを抜きに、時々の行政の対応や政治家の発言を無自覚に伝えることは、結果として受け手に誤った認識を広めることになる。抽象的な「表現の自由」に関する話題は説明が難しいが、その壁を越えなければ自由は守れない。

第五章　デジタル時代のメディア

作家の「書く自由」と読者の「読む自由」

デジタル化が、いわゆる出版の世界においても大きな変革をもたらしていることはいまさら言うまでもない。最もわかりやすい違いは、紙から電子へという形状の変化であるが、それが新たな書き方や読み方を生み出し、発表物の形や質にも影響を与えている。ケータイ小説はまさにそうした新しく生み出された作品分野の一つであろうし、辞書や辞典といえばいまや電子辞書やウィキペディアのようなオンライン辞典がむしろ一般的で、紙の世界は日常的にはほとんど消滅してしまったといっても過言ではない。

*

さらに広く出版概念を捉えるならば、ソーシャル系メディアの拡張と浸透は、私たちの情報伝達のありよう自体を大きく変えつつある。ある国では、政治家がツイッターやユーチューブを使って有権者に直接語りかける、ある種のプロパガンダの一手法として活用される一方、別の国では同じものが政権を転覆させる市民力の源泉にもなりえている。それはまさに、権力と市民の関係といった社会の構造にも大きな影響を及ぼしているのである。

そうしたなか本節では、出版なるものが背負ってきた権力との相克、すなわち検閲に代表されるような表現の自由の問題がデジタル化によってどう変わったのかを、送り手である作家と受け手である読者の立場から考えてみたい。そのためにここでは〈出版の自由の維持装置〉である流通システムに焦点をあて、出版の多様性や多元性、独立性や地域性といった自由の源が、デジタル化によってどう変わろうとしているのかを検証する。それは、書籍がデジタルアーカイブ化されることによって、私たちの言論公共空間や、それを支える豊かな出版文化が、維持・拡大されるのかをみていくことでもある。そしてこのことは、出版の世界に限らず新聞も、さらには放送の世界においても共通の課題であるといえるだろう。

出版の自由維持装置としての流通システム

●言論公共空間を支える著作権法と再販制度

作家に限らず、情報の発信者は通常、一人でも多くの人が自分の発表物が見聞きされることを期待するものだ。そして、何らかの形でその対価が得られるなら、それに越したことはない。ここではその範囲を「活字表現物」に限定するならば、これまでは本なり雑誌なりといった一定のパッケージ作品（無償のものを含め）として世に送り出すことで、受け手である読者に届くことになっていた。もちろんなかには、チラシやビラのように一般には表現者（作成者）が直接、読み手に渡すことでコミュニケーションが完結するものもある。

しかし一般の出版物の場合は、年月を経て確固とした流通システムが確立していて、書き手によって生み出された作品は編集者によって完成され、印刷会社によって出版物としての形が整えられ、出版社から刊行されることになる。その後、取次業者を通じて全国に配本され、私たちは書店から買ったり、図書館が購入してくれた本を読むことになる。そしてその出版物の代金は、逆のルートを辿って書き手に還元されてきた。

ここで大切なのは、こうした流通システムが結果として、出版の自由の維持に大きな貢献を果たしてきたことである。そしてこれらの社会制度を支えてきた主要な法制度が、著作権法と独禁法（再販制度）であった。すなわち、著作権法は作家に作品を守る権利を与え、一方で文化の継承のため、一定の条件のもと、私たち市民が作品に触れる機会を保障している。そのバランスのとり方は絶妙で、私的利用、図書館や教育・報道目的などの限定列挙方式であることは知られているとおりである。

逆に言えば、受け手の読む自由を保障しつつ、送り手に拡大再生産の基盤を担保することで発表の権利を守ってきたといえるだろう。送り手側の権利の源泉は、言わずもがな複写権の独占的専有であるが、デジタル化はその専有を物理的に破壊しつつある。そしてこのデジタル複製の「流出」は、表層的にはネット上のユーザーからのアクセスフリーを実現し、読む自由の拡大とも捉えられがちであるが、中長期的には著作権者のみならず、出版・流通事業者の存続を危うくさせるものである。

そして大事なのは、単に送り手側が金銭的に損をするというだけではなく、紙の出版物が売れる本や趣味的な自費出版本ばかりになる可能性を包含している点である。現在の小規模出版社によって多様な価値の出版活動が行われ、そうして出版された本が、これまた多様な流通経路によって書店の店頭に並ぶという「文化」こそが、言論の自由の体現であって、それが読者の自由を保障してきたことを忘れてはなるまい。

●デジタル化による喪失を防ぐ必要があるユニークな出版文化

もちろん、紙ではなく電子媒体でも出版活動が活発に行われる可能性は高く、そうした重層化は好ましいことである。あるいはインターネット上で、これまでの出版活動以上の量と質で、多くの情報や知識の交換が行われていくことも間違いないだろう。しかし自由の観点からは二つの点で注意が必要である。

一つは、誰でもがネット上に作品を自由に発表でき、そうしたネット・コンテンツをどこでも・誰でも・容易にアクセスできることと、自由な言論公共空間を維持することとは同義ではないことについてだ。確かに、ネットを通じて発表や収集（アクセス）の自由がきちんと保障されていることは大切である。それが表現の自由の基本であることは言うまでもない。しかし、求められている空間には、コアとなる責任ある言論が存在し、その言論は一般にプロ（職業人）としての表現者によって支えられる必要がある。こうした言論活動の必要性は、先の東日本大震災でも改めて確認されたところである。

そしてこうした活動を、実質的に運営する主体の一つが出版社である。紙かデジタルかはとりあえずは問わないにせよ、プロの手によって編集された多様な内容の出版物が継続的に発行され、それが一般読者の目に触れやすい形で流通する社会制度の存在がなくてはならない。それが出版の自由の意味合いであろう。そうした継続的安定的な出版活動を支える工夫は、デジタルの世界にはいまだ用意されていない。

たとえば、再販制度は紙の出版物の定価販売を実現するもので、これは出版社側にとって一定の利潤の確保を実現するとともに、読者にとっては平等アクセス権を保障するものでもあった。しかし、紙の著作物を前提とした再販ははやばやと電子書籍には適用しないことが決まり、いままた著作権法についてもデジタルの世界では著作権者の権利を制限する方向にある。

日本は広義の出版活動で言えば、全国津々浦々まで紙の新聞が自宅まで届けられ、相当程度小さな町村でも本屋や公共図書館が存在し、硬軟取り混ぜた様々な紙の出版物が手にとって眺められる環境にある。こうした文化環境は実は、世界でも唯一といってよいユニークなものであって、むしろ社会として大事にすべきものであるし、これまでの法制度は明らかにそれを支えてきたのである。にもかかわらず、いまデジタル時代に適合するためには、こうした慣習を全体の青写真なしに一気に捨て去ろうとしている。

二つには、流通の単線型は自由の脅威である。そのコントロール主体によって、恣意的にせよ無意識にせよ、蛇口がいったん閉められれば、発表された出版物がまさに、架空の空間をさまようだけで読者の目には触れなくなってしまうからである。とりわけデジタル世界はこの危険性が高い。それは国が強権を発する場合だけではなく、巨大独占（寡占）企業の場合も同じ効果を生む。むしろ、企業の場合はより水面下で行われることが多く、検証が難しい実態がある。

たとえば、グーグル検索でヒットしない情報は、情報として価値が半減するように、グーグル・ブックスやアマゾンで検索不可能な書籍は、世の中で存在しないものと認識される可能性が高まっている。そうなると、否が応でもますます情報は一元化される傾向にある。しかも、どういったアルゴリズムで検索結果の書籍を順位付けし、類似本を紹介しているのか、そのシステムは透明性に欠けるし、その裏でパージされているものがあるかないかもわからない。

しかも、そうして集められた読書情報は集積され、企業の営利活動に活用されている。本来、読書の自由とは、誰に知られることなく、自分の好きな本を読む自由であったが、いまや読書傾向（検索傾向）は、前記の企業の掌の上である。最近、とみに社会問題化されているグーグルやアップル等による個人情報の収集活動は、上記の指摘と逆のベクトルが働いた結果であるが同根であることがわかるだろう。もしこうした事業を国が行えば、同様の情報を国は苦もなく収集できることになる。

したがって、これらの制度変革においてはまず、流通システムにどのような影響を与えるのか、それが自由の阻害になることはないかを慎重に検討する必要がある。

「みんなのため」は切り札たりうるのか

●グーグル・ブック検索訴訟がもたらしたもの

二〇〇九年二月に一部新聞に掲載された一片の告知文から日本の作家や出版社を翻弄した「グーグル騒動」はまだ訴訟手続きが完全には終結しておらず、実態としてはおおよそ落ちつきどころが明らかになっているものの、法的にはまだ不安定さが残る。その騒動の中身は、グーグルが自社サイト上で行う、ウェブ検索、動画、地図など多くの無償提供サービスの一つである書籍検索ページにまつわる話である（事件の経緯・和解案の内容等については、山田健太「グーグル・ブック検索訴訟と表現の自由」『出版研究』40号、日本出版学会紀要、二〇〇九 参照）。

グーグルはもともと、世界中の情報を集め整理し提供することで、すべての人が情報共有することをミッションとしているが、その一環として、図書館所蔵の本をデジタル化して、それをネット上にアーカイブ（蓄積）したうえで、自由に検索・閲覧できるようにするプロジェクトを進めている。既にその一部は、現在でも「グーグル・ブックス」として利用が可能であって、書名等を検索すると、たちどころに本の書誌情報と所蔵図書館、ものによっては一部または全文が画面上で読むことができる大変便利な代物だ。

しかしそこには看過できない問題が伏在しており、それゆえに米国内ほかいくつかの国で法律問題となってきている。そのポイントは、①著作権者に無許諾でスキャニング（書籍のデジタル化）をする行為の正当性、②デジタルデータを広く公開するなどグーグルが利活用することの妥当性、③こうしたサービス提供が競合他社より著しく有利な状況を作り出し情報の独占状態を生む危険性、④クラスアクション（集団訴訟）手続きによって世界中の書籍が訴訟の対象に含まれることの妥当性、⑤米国のフェアユースを基盤とした著作権法体系を他国にも同様に適用することの妥当性、⑥グーグルもしくはレジストリ（権利管理団体）が膨大な著作者個人情報を収集・管理することのプライバシー上の危険性などである。米国では作家組合と出版協会がグーグルを提訴し（〇五年九月）、これまでに二度にわたって当事者間で和解案がまとまり（〇八年十月と〇九年十一月）、その都度裁判所がこれを拒否してきている経緯がある。

日本でもいくつかの団体・個人が声をあげてきているが、その中で日本ペンクラブは訴訟手続きにのっとり、第一和解案に対し異議申立てを行うとともに、第二和解案に対してもアミカス（法律意見書）を提出、ニューヨーク連邦地裁で開催された公聴会に出席し（一〇年二月）、意見陳述を行った。そこでは表現の自由の立場から、①ある国のある私企業による情報独占は読者のアクセスを阻害し出版の多様性を損なうこと、②日米間の著作権をめぐる法制度や慣習、出版慣行の相違を無視した制度は、国内の出版社と表現者の平和的関係を破壊し結果として権利者の権利侵害を招来すること、③非英語圏の作家は有効な対抗手段を持たぬまま対応には膨大な労力を強いられるほか、複写が継続されている現状があるなかでの和解がグーグルの不法行為を促進することになること、④出版流通の安定性と多様性の維持から、米国修正憲法一条（表現の自由）とコピーライト（著作権）条項の本来の趣旨に反する旨を述べている。

こうした明確な反対姿勢を法律手続きにのっとって行ったのは、日本ペンクラブが国内では唯一である。裁判所は一一年三月二十二日、こうした日本ペンの主張を決定文に引用しつつ、「修正案は公正（fair）、適切（adequate）、合理的（reasonable）なものではない」と判断し、グーグルサービスの基本枠組みである「オプトアウト（離脱）」方式を変更するように求めるにいたっている。そのほか、通知の不十分さ、集団訴訟におけるクラス代理の不十分さ、著作権上や独禁法上の問題性、プライバシー上の懸念など、主要な問題点をおおよそカバーしたものでもある。

●デジタル海賊版や自炊でグーグル的なものが拡大

上記裁判所決定のポイントは、ネット上のサービスでは従来広く行われてきた「オプトアウト」方式について、見直しを迫った点にある。それは言い換えれば、「みんなのため」であれば一定の範囲で権利侵害は許容されるというフェアユース（公正利用）規定とも深く関係している。ネット上のコンテンツ利用を促進するためには、関係する著作権者の許諾を必要条件とすると、それ自体膨大な時間と労力がかかり、ビジネスとして成立しない場合が一般的である。それゆえに、多くの場合は包括的に許諾があったと仮定して、問題がある場合は自己申告によってその枠組みから離脱《オプトアウト》する方式を採用してきた。もちろん、どんな場合でも包括的な許諾が与えられるわけではなく、その代表例がフェアユース、すなわち私利私欲ではなく広くみんなの利益に資するためのものならば許されるという考え方だ。

しかし、この考え方は「ネットフリー」と呼ばれるような、ネット上にあるものは権利を放棄したものとみなすとか、ネット上の情報は無料で利用できる、といった「思想」の一般化の中で、デジタル情報が無限定にコピーされ拡散される状況を現出している。その一つが、デジタル海賊版問題である。多くの利用者を有するアップストア（米国アップル社提供）やバイドゥ（中国百度提供）において、著作権者に無許諾でコピーされた作品が勝手にアップされ、場合によっては売買の対象になった。

提供サイトは、法律上は情報提供者と本来の著作権者間の問題であって、プロバイダは第三者の立場であって法的責任はないという。違法コンテンツについては削除対応をしているものの、コンテンツがアップされた後、著作権者の自己申告があれば削除するというオプトアウト方式を変更することはなく、いわばイタチごっこが続いている状況だ。そこでは、無許諾コピーと無断公表を止める手段はないということになる。あえて言えば、かろうじて有料配信については対処がなされているといったところに過ぎない。

一方で、少なくない出版関係者や日本政府は、グーグル訴訟において反対の立場を明確にすることなく、著作権者に無許諾のコピーとネット配信（掲載・公表）は、一定程度許されるべきと考えてきた経緯がある。それは、日本においてもフェアユースを広く導入しようという考え方とも軌を一にする。むしろ、私利私欲に汲々としているのは著作権者のほうで、世のため人のためにはみんなで活用できるように、利用制限を緩めるべきではないかとの意見が力をもつ状況にあり、そのために企業や国が無償でデジタル化し、広く社会の共有財産にすることは好ましいとされる傾向にあるといえるだろう。

もちろん冒頭にも述べたとおり、書き手の側も、印税によって潤う作家は全体からみればごくわずかであって、圧倒的大多数の者は、タダでもみんなに読んでもらえることは望ましいと考えていることも事実だ。さすがに、一部の「自炊」業者のように、著作物を無断スキャンしてデジタル化する作業を業として行うことは、無許諾コピーが世にばら撒かれる潜在的危険性を急速に増大させており、目を背ける向きもある（訴訟も提起され、一部の業者は取締りの対象となった）。しかしそれさえも、個人として行う分には止める口実はないだけに、常識を期待するという範囲にとどまっているのが現状だ。まさに、社会全体として「みんなのため」であるならば、大目に見ようという空気が醸成されているということになる。

政府方針が描く青写真の先にあるもの

●国立デジタルアーカイブの構築

こうした議論と現実の延長線上で文化庁は二〇一一年五月、「電子書籍の流通と利用の円滑化に関する検討会議」において、出版物利用にあたっての法改正の方向性を明らかにした（「デジタル・ネットワーク社会における図書館と公共サービスの在り方に関する事項」に関する議論の整理）。そこでは「知の拡大再生産の実現を前提として、広く国民が出版物にアクセスできる環境の整備を図る」として、国立国会図書館（ＮＤＬ）が所蔵する出版物をデジタル化し、その画像ファイルの国民向け配信サービスを開始することをうたっている。

これまで「長尾構想」とよばれてきた、長尾真NDL館長（当時）の「私案」が正式に国家プロジェクトとして動き出すことになったわけだ。そこでは最終目標として、所蔵資料すなわち日本における出版物のすべてを全家庭向けに配信サービスを行うことを念頭においており、そのための集中的権利管理機構（権利者の管理や配信料金の分配等の業務を想定）の設立を必要としている。これまでの説明によれば、出版物のデジタル配信は、東京在住者以外のすべての国民に平等なサービスを実現するには、最もふさわしい手段であるとともに、まるごと一冊ではなく必要な箇所だけを「購入」することができれば、より効率的で利用者の利便性が向上するはずという。

しかしながら、権利処理等の話し合いは今後時間がかかることも想定され、上記の検討において当面は、公立図書館や大学図書館への送信に限定実施するという。具体的には、①送信データの利用方法として閲覧のみ（印刷不可）、複数同時閲覧不可、②対象として市場での入手が困難な出版物（絶版等）を条件とし、無償提供をするというものである。また、こうした配信サービスと並行して、デジタル化の利点を生かしたテキスト検索サービスを実行することもうたっている。

限定した配信、検索利用のためだけの資料のテキスト化であれば、著作権者や出版社等の関係者の理解がおおよそ得られたとの認識に基づくものであるという。将来的には、NDLが行ったデジタルデータを、民間業者に提供することも視野に入れたものとなっている。同時にまとめの最後には、「公立図書館等は知の集積と情報発信の地域拠点であるという自身の意義に鑑み……引き続き多様で豊かな蔵書の収集に努めていくことが重要である」としている。いったん言論市場に出されたものの、出版社の都合（在庫切れ、絶版）によって流通がストップしている知識・情報を、デジタル配信によって活性化させるという枠組みは、書き手と読み手の双方の自由を充足させるもので、それ自体、幸せな関係に見えることは事実だ。

しかし一方で、基本構造への素朴な疑問が残る。たとえば、国家機関たるＮＤＬの権限で、著作権者の意向とは関係ない電子出版（許諾なしでデジタル化して配信すること）がなぜ許されるのか。あるいは、いまでさえ図書館間の相互利用が進み、学術研究書等の図書館購入は以前より明らかに減少している。そもそも図書購入費自体も、毎年着実にしかもかなりの大幅な比率で毎年減っている現実がある。そうした状況の中で、無料で配信サービスが受けられるとなれば、購入をためらうのが当たり前であろう。さらにいえば、これを理由として、更なる図書購入予算の削減が図られるという悪循環を生むことも容易に想定される。こうした、総体的な自由の縮減をどう考えるのか。

●コンテンツ産業振興は出版の多様性を維持しうるのか

さらに辛口で言えば、電子書籍に関する文化庁政策を通じて見えてくるのは、紙の出版文化は今後、衰退することを前提とし、主流はデジタル流通になることを想定し、同時に現行出版流通システムについては維持することを放棄している状況である。電子書籍の利活用という言葉は一見美しい。しかし、真に守るべきものは出版の多様性であって、それが言論の自由を守っているのである。その意味で紙の出版物は、冒頭に述べたように自由を守る強靱さを有するのであるが、この点についての考察が十分とは思えない。

さらにもう一つ、国がいったん市場に出された表現物の自由利用を、恣意的に後押しすることの問題性である。いわば国営の配信事業は、国家が行うメディア・文化政策としては、国民のためという美名のもと、従来の表現の自由の原則を踏み外す危険性を包含している。知識や情報の自由な流通を直接的に国家がサポートするという政策、すなわち「国家による自由」をインターネット上で実行するということは、万が一コンテンツに問題があった場合は国家がコントロールするということと裏表であることも忘れてはならない重要な点である。

放送分野の表現行為は、免許や認可という形で国家が特定メディアに特段の自由を与える構造だ。そのかわり、法によって厳しい内容規制を受け、さらに（学説上では強い批判があるにもかかわらず）行政指導というかたちで、個別番組内容にすら公権力介入が日常的に行われている状況がある。先の二〇一〇年改正においては、その規制対象をネット上まで拡大することが議論され、ぎりぎりのところでネットの自由を守る観点から「棚上げ」になっている状況だ。

技術の進歩にはあらがえないし、デジタル技術は十分に活用しなければいけない。その際には、実務上の利便性や効率化、図書館・出版界の利害調整やデジタルデータ処理との法的整合性、コンテンツ産業振興の視点だけではなく、市民的自由の中核である言論表現の自由の観点からも検討することが必要である。いまや著作権法は実態としてビジネス法の一分野ではあるものの、著作権が豊かな出版文化を支えるためのものであるという原点を忘れることなく、本来的に憲法に直結する表現立法であることを確認しておきたい。利活用の美名のもと、豊かさより効率化を優先させる出版法制は、技術信仰の危うさを知ったポスト三・一一の日本社会には相応しくないと考える。

〈知の公共空間〉をいかに構築するのか

放送法改正に隠されたコンテンツ規制

ジャーナリズム活動はこれまでおおかた、メディア別の法体系にそって成立してきた。すなわち、活字・映像・通信の三分野で、最初が出版活動に代表される紙の文化、次がラジオ・テレビといった映像・音声の文化、そして三つ目は手紙や電話に代表される私的会話の世界である。それぞれには固有のルールが定められ、たとえば紙上での表現物は、その内容《コンテンツ》も事業《ビジネス》も一切の制限を受けないことが原則とされた。

しかしデジタル化によって、三つの分野が相互に乗り入れることが容易になり、同じ内容の情報がマルチメディアに展開されることになる。その象徴がインターネットの登場で、従来のパーソナルコミュニケーションに限定されてきた通信分野が、一対多あるいは多対多といったマスメディアに質的に転換することになった。その結果、通信と放送の境界線は判別できないほどに融合化し、新しい表現の自由秩序を構築する必要性が生じている。

その結果としてできあがったのが、二〇一〇年通常国会で成立した改正放送法である。放送法の一部を改正する法律ではあるが、関連する有線ラジオ放送法（有線放送）、有線テレビジョン放送法（ケーブルテレビ）、電気通信役務利用放送法（パソコンテレビ＝ＩＰＴＶ）と、放送法の四つの法律を統廃合するもので、一九六〇年制定からまさに六十年ぶりの大改正によって、「大」放送法が誕生することになった。なお、関連する電気通信事業法、電波法、有線電気通信法も改正されている（放送法の内容とその歴史的背景については、鈴木秀美・山田健太・砂川浩慶編著『放送法を読みとく』商事法務、二〇〇九　参照）。

この法律は、「放送」という名称ながら、その対象は広く通信を含むほか、現行メディア法体系を抜本的に変更するものになる。それは、前述のメディア別の縦割り体系を、メディア横断的な横串の「コンテンツ」「プラットフォーム」「インフラ」という区分に変えることで、伝送路が異なっていても、デジタル情報として包括的に規律しようという発想である。それは結果として、世の中がフルデジタル化する中で、日本における表現活動全体を網羅する言論立法としての性格を有するものとして構想されている。そして、放送の参入制度の整理・統合と弾力化、マスメディア集中排除原則の基本の法定化などを大義名分にしているが、実質は巧妙に放送に対する行政権限の拡充を図るものであるといえる。

構想の過程では、放送概念を撤廃し「メディアサービス」という名称でコンテンツを分類する案が示されていた（「通信・放送の総合的法体系に関する研究会」（二〇〇六年八月〜〇七年十二月）報告書）。地上波放送などは、特別な社会的影響力を有するとして「特別メディアサービス」に区分し、厳しい規律の下におくこととし、その他の社会的影響力に劣るメディアは「一般メディアサービス」として自由度を高めるという考え方である。さらにネット上のホームページやブログ等は「オープンメディアコンテンツ」として自由を原則としながら、包括的な規制の網をかけることを企図した。

現行法では、この考え方はとっていないものの、「基幹放送」「一般放送」という形で、およそ同じコンテンツ規律の色分けを可能とするような分類を採用している。とりわけ問題と思われるのは、「放送」という用語を残しながらも一方で、「オープンメディアコンテンツ」を含む無限定に拡張した定義を採用することで、事実上すべてのデジタルコンテンツに放送の番組規律などがかかる仕組みとなっていることである（具体的には、番組規律違反を理由とする直接的な業務停止命令、マスメディア集中排除原則違反を理由とする免許・業務の取消が可能となると解釈できる）。

しかも情報の流し方の主導権は、プラットフォームと称される情報の媒介者に委ねられる構造となることが想定されている。インターネットの世界であればプロバイダといった、情報を整理し提供する者（グーグルももちろん、その一つであって、世界最大のプロバイダ事業者ともいえる）が、それらの情報を事実上差配することになる。

この意味するところは、これまで全く自由だった取材や報道、情報収集や発表という表現行為が、現在の放送並みの厳しい公的規制を受けることにもなりかねないということである。それは、コンテンツというひとくくりにされることで、包括的な規律の下におかれる可能性をさす。実際、公権力はインターネットの普及の中で、包括的・網羅的な規制を志向する傾向にある。

そしてまた皮肉なことに、グーグルはそのデータベース事業を発展・強化する過程のなかで、情報の包括性の実現を強く希求しており、その結果、世界中の情報がグーグルの下に集まる結果となっている。たとえば、先にあげた書籍もしかり、動画情報であればユーチューブに集まるし、地図情報はグーグルマップに収斂《しゅうれん》していくのだ。それは一方で、情報の発表者は多数いても、その集約・提供という作業によって、情報の蛇口が事実上一つに集約されることを意味しないか。それはこれまで考えてきた、流通の多様性に裏打ちされた言論の自由市場とは異なる姿であることは間違いない。

さらにもう一つ、これまでは新聞や書籍という媒体であるがゆえに享受していた内容上の自由さが、コンテンツとしての記事や写真のみが媒体から切り離され、そのハンドリングはまったく関係ない第三者としてプラットフォーム事業者が行うという事態を招来することにもなる。この根源には、ハードとソフト分離が表現の自由にどのような影響を与えるのかという命題が伏在する。

一般に、デジタル化され伝送設備の投資が莫大になるほど、コンテンツ供給事業者と伝送インフラは分離される傾向になる。日本においては従来の地上波放送事業者が、自ら番組を制作し、自らの伝送設備を通じて放送するという形態であったのに比し、衛星放送の開始に伴い、放送衛星所有者と番組制作会社に分離する結果となった。もちろん米国のように、ドラマの制作はハリウッドに委託するように、当初より番組制作を外部供給に頼る例もある。ただし同国の場合、その後、メディアコングロマリット化によってコンテンツからインフラまでをグループで抱え込む垂直統合化が進んでいる。しかしながらその「代償」として、非言論企業が言論を下支えするという状況が生まれることになる。

もちろん、多くのそうしたインフラ企業は内容中立性を標榜し、コンテンツへの不介入を宣言するわけであるが、そうした企業努力とは別の次元で、法的な縛りがかかってくることは否めない。こうしてフルデジタル化が進むことで法制度が一本化され、表現活動の土俵に関係なく「みんないっしょ」になることが、表現の自由にどのような影響を与えるのかについては十分な注意が必要だ。たとえば放送免許制度はこれまで、電波法によって放送施設免許を与えてきたものであって、直接的に放送内容に行政が口出しすることに、制度上歯止めをかけてきた。しかしながら今回の改正によって、直接的な規制ができるようになる仕組みを導入することになった。たとえば、これまでは事後的に出版物が取り締まりの対象になることはあっても、発表自体は常に自由であったものが、最初から違法な情報として、表現の自由の枠外に置かれたり、「有害」情報として一方的に削除されたりする可能性があるということだ。これは、いま現に保障されている自由な表現活動の足かせになりかねない。

もちろんその時の基本的な立ち位置が、ビジネスチャンスの拡大ではなく、憲法に保障された自由の維持・拡大であることはいうまでもない。しかし残念ながら、こうした制度改定の当初の目的が産業振興であり、そのための規制緩和であることが、大きく影響していることを否定し得ない。あるいはそのこと自体が悪ではないにせよ、その議論の過程において文化的側面、民主主義の側面の検討がないことについて注意を払う必要があるのであって、そのことは今日のデジタル化に伴う政策立案に共通して当てはまることというべきであろう。

知の結節点としての図書館

日本においては、国立国会図書館のほか、公共・公立が約三千館、そのほかに学校、大学、専門の各図書館が存在する（図書館関連の基礎データについては、日本図書館協会発表の「日本の図書館統計」「日本の図書館統計と名簿」の速報版」ほか各種資料参照［www.jla.or.jp/］）。同時に、アーカイブズとしては、公文書館のほか、ビジネス・アーカイブズや郷土史料館などがある。元来、政府・組織・場所等に関する「歴史的」文書・記録を収集・保存する機関・組織として定義づけられていた「アーカイブズ」もまた、デジタル時代においてその役割と社会的位置づけを変えようとしていることは想像に難くない。

一般には、デジタルライブラリを、ネットワーク上で利用可能な図書館サービス・図書館機能とし、デジタル資料の収集・蓄積・提供・アクセス支援、既存資料のデジタル化を含むものと考えているのに対し、デジタルアーカイブは、デジタル資料を一定期間保存し提供するサービスととらえられている、とされる。

その対象は、デジタル化された紙出版物（書籍、漫画、雑誌ほか）、デジタル学術情報（オンライン・データベース、電子ジャーナルほか）、デジタル・パッケージ情報（電子書籍、ＣＤ・ＤＶＤ・ＢＤほか）、ボーン・デジタル資料（ウェブサイト、ケータイ配信小説ほか）、デジタル化されたアナログ資料（一次資料や断片情報など）、デジタル化された公文書・行政文書・統治情報（公文書館所蔵該当資料など）と多種多様である（参考文献としてたとえば、『思想』［二〇〇九年第六号］岩波書店、長尾真『電子図書館　新装版』岩波書店、［二〇一〇］、ケネス・ダウリン『エレクトロニック・ライブラリー』丸善、［一九八七］、フレデリック・ランカスター『紙からエレクトロニクスへ――図書館・本の行方』日外アソシエーツ、［一九八七］、ウィリアム・バーゾール『電子図書館の神話』勁草書房、［一九九六］、粕谷一希ほか『〈別冊環⑮〉図書館・アーカイブズとは何か』藤原書店、［二〇〇八］、大濱徹也『アーカイブズへの眼――記録の管理と保存の哲学』刀水書房、［二〇〇七］、内閣府大臣官房企画調整課監修『公文書ルネッサンス』国立印刷局、［二〇〇五］、小川千代子、小出いずみ編『アーカイブへのアクセス――日本の経験、アメリカの経験』日外アソシエーツ、［二〇〇八］、ジョン・シーリー・ブラウン、ポール・ドゥグッド『なぜＩＴは社会を変えないのか』日本経済新聞社、［二〇〇二］）。

ここではこうしたアーカイブズを含んだ広義の図書館の在り方を考察の対象にしたいが、そうした図書館の機能としては、知の成果の収集・整理・保存・提供といった旧来型図書館としての「ライブラリー機能」のほか、断片的情報の収集・記録・保存・提供を行う「アーカイブズ機能」や、データの蓄積・編集・高次利用（書誌データ、利用データほか）といった「データベース機能」が期待されている。そして重要なのは、デジタル・ネットワーク時代においては従来から図書館が果たしてきた「インターフェイス機能」としての、市民と情報・知識を結びつける知の結節点としての役割が、より重要になってくるのではなかろうか。

そうなると、当然に図書館としての性格も、無色透明なプラットフォーム（場）としての性格とともに、「図書館の自由」宣言に象徴的なように表現者（メディア）としての性格を、どのようにバランスよく発揮するかが問われることになる（「図書館の自由に関する宣言」〔一九五四年採択、日本図書館協会 www.jla.or.jp/ziyuu.html〕。図書館の自由に関する四原則は、①資料収集の自由②資料提供の自由③利用者の秘密を守る④検閲に反対する）。前者は、ネット上の仲介・媒介役としてのプロバイダの性格と共通するものであって、すでに多くの国で法制化されているプロバイダ責任が社会的に問われることになるだろうし、後者は、公共的情報の発信・提供者としての性格を有することから、社会的責任の制度化が求められる局面が増えてくると考えられる（日本でもプロバイダ責任制限法があり、権利侵害されたとの訴えがあった場合、プロバイダ〔特定電気通信役務提供者〕に一定の条件付きで発信者開示義務とページ削除義務を課すとともに、その開示や削除に関して表現者から賠償責任を請求されないよう、プロバイダの責任を限定明確化する制度設計となっている）。

こうした状況の中で、図書館自身がすでに外部環境圧力のなかで変わりつつあるように見受けられる。それは具体的には、図書館情報の組織化の領域で、収集対象の拡大、情報鮮度の追求、情報基本単位の細分化といった、収集情報の変更であったり、分類配架やレファレンスといった、利用者サービスの転換として現れてきている。そのほか、図書館情報のネットワーク化として、デジタル情報の納本（購入）制度の導入や、利用者仕様（個人誂《あつら》え）の図書館への転換もあるかもしれない。新規サービス（音声配信など）や、フェアユースによる権利制限条項の新設や統一的権利管理も、今後の図書館運営を大きく左右する要素である。

こうした変化を、もともとは入会《いりあい》などの共有空間の管理制度を指し示す用語であった「コモンズ（Commons）」という概念で、整理し直す試みもすでに以前からなされている。それはまさに、公でも私でもなく「共」としての図書館の機能を再構築する動きとして理解できるだろう。そこでは一般に、コモンズの構成（インフォメーション・コモンズ）として、物理的コモンズ（ラーニング・コモンズ、リサーチ・コモンズ、ティーチング・コモンズへの展開）とともに、仮想的コモンズ（知識メディア・コンテンツの電子的連続体、コンテンツ提供機能）、文化的コモンズ（社会的・政治的・法令的・経済的事柄の入れ物、社会的・文化的交流の場）へと発展させていこうというのだ。

そして実はここに、今後の知の公共空間のありようを占う要素が隠されていると考える。これからの図書館の課題と役割を考えることで、その必要十分な「条件」も見えてくるのではないか。図書館の役割としては一般に、知の公共的空間を確保すること、情報流通の社会基盤を構築すること、書籍流通モデルの一翼を担うこと、ジャーナリズムをはじめとする言論・思想市場を支えること、表現の自由を体現し民主主義に資することが期待されてきたし、今後も同様な社会的役割が求められよう。

前述の図書館の自由宣言はまさに、「図書館は基本的人権のひとつとして知る自由をもつ国民に資料と施設を提供することを、最も重要な任務」として図書館を位置づけており、それは公共機関の「パブリック・フォーラム（言論公共空間）」としての位置づけと言い換えることができる。そしてようやく裁判所も、公共図書館の位置づけを初めて「公共の場」として定義するに至っている（船橋西図書館蔵書廃棄事件最高裁判決［二〇〇五年七月十四日］は、公立図書館を「住民に対して思想、意見その他の種々の情報を含む図書館資料を提供してその教養を高めること等を目的とする公的な場」と位置づけた）。

そしてこうした「場」の確保とともに、情報・出版流通のインフラを担うという重要な役割がある。既存の紙の出版文化が、図書館の購入予算によって財政的な支えを受けているという物理的な側面にとどまらず、社会に公表される知としての出版物に対する、一般市民の平等かつ容易なアクセスを保障するものが公共図書館であるからだ。それは最初に述べた書店とともに、日本のコミュニケーション手段を保障する、重要な社会基盤として機能してきたのであって、その役割をデジタル・ネットワークがすぐに代替できるだけの力は備わっていない。

しかも、図書館の提供する情報は、「責任ある選択的提供」であって、その判断基準は市民社会の中で可視化され、常に厳しい市民の眼によるチェックがかかっている。そしてもし、看過できない問題があった場合は、まさに裁判の場でその誤りが正されるのであって、前出の最高裁判決がその典型例である。もし図書館が、巨大なプラットフォーム事業者としての、デジタル・ネットワーク時代のアーカイブをめざすとすれば、それはもはや図書館とは似て非なるものになるといえよう。

公共性と出版の自由

本節は主として、デジタル時代における出版の自由、ひいては言論の自由一般を考察するものである。デジタル・ネットワーク化による出版の拡張が、かえって出版活動の独立性・多様性・地域性を失わせ、出版の自由を危機に陥らせる危険性がある。その歯止めは、出版に携わる事業者自身が、出版の自由の担い手として、多様性の維持やアクセス平等性の確保といった出版の「公共性」を確保することにあるといえよう。

それと同時に、公権力による自由の制約という古典的課題も改めて問題になりえる。日本では、約七十年ぶりに秘密保護法が復活し、出版の自由が大きな脅威にさらされることになった。しかもそのきっかけは、とりもなおさずインターネットを経由して政府情報が漏洩したとされる二つの事件であった。これはまさに、デジタル時代の出版の自由の問題そのものであるということを示すもので、この課題を克服することが新しい時代の言論・出版の自由の確立に貢献することに

*

なるだろう。

これらの問題を言い換えれば、情報の高度化が、国家の情報コントロールをより強化する方向に作用しつつある、といえるのではないだろうか。ここではその検証として、出版流通を支える最も強固な制度保証としての「再販制度」のありようと、国が直接的に出版内容に介在する古典的事例としての「教科書検定制度」を取り上げる。こうした大きな力、社会の流れに対抗するための一つは、公的情報は国民のものであるとの原点を忠実に実行することが考えられる。その原動力になるのは自由な出版活動であり、従来、ジャーナリズムと呼ばれてきたものである。このジャーナリズムの行動原理が〈公益〉であって、それを実現するためにもまた出版活動の「公共性」が求められているといえよう。

デジタル時代の出版

いまや「出版」活動は、旧来の紙メディアにとどまることなく、さまざまなメディアを通じ、多様な形態、方法でなされている。語学教材や健康教本に代表されるようなCDやDVDなどのパッケージメディアとして販売されるもの、電子辞書としてモバイル機器に収納されるもの、そしてインターネット上で配信される電子書籍、ケータイ小説と呼ばれる携帯電話端末で読まれることを前提にして誕生したオンライン文学など、数限りない。紙の出版物を単純にデジタル化しただけのものも含め、これらが出版の多様性を実現していることは間違いなかろう。あるいは、個々人が発信するブログも、広義の「出版」活動としてとらえるならば、出版の可能性は無限に広がったということもできよう。

しかし一方で、こうした出版活動の拡張が、かえって出版の自由を縮減させる可能性について議論をしなくてはいけない時期が来ている。それは、インターネット特有の性質に伴う、印刷メディアと比較しての自由の許容範囲の小ささだけでなく、デジタル化あるいはネットワーク化が、従来のリアル社会の出版の自由の範囲を押しとどめる可能性である。こうしたデジタル化に伴う言論・出版の自由の変質を、出版活動の公共性を手がかりに考えていきたい。しかもこの問題は、一国にとどまることなく、グローバルな課題であることは言うまでもない。

●新たな出版定義の試み

多くの国同様に日本の場合も、放送のデジタル化は、「放送と通信の融合」として語られてきた。そして、二〇一〇年十二月の放送法の大改正によって、「放送」は「通信」をも包含する新しいメディアに生まれ変わることになった（放送法二条「『放送』とは、公衆によって直接受信されることを目的とする電気通信の送信を用いて行われるものをいう」）。すなわち、従来の放送は「無線」を通じて放送番組《コンテンツ》を送り届けるものであったが、新しい放送は伝送路とは関係なく「電気通信」を手段として送信するものすべてを包含することとなったのである。

同様に、出版のデジタル化は「通信と出版の融合」を引き起こした。そこでは、従来の出版が主として「紙の印刷物」によって作品《コンテンツ》を読者に届けるものであったのに対し、新しい出版では媒体を問うことなくパッケージ化された知識や情報が配信（送信）されることになった。それは、「電気通信」を手段として送信するという点において、まさに放送同様といえるだろう（ここで「主として」としたのは、従来から小説をテープやレコードに録音したものが販売されていたし、教育出版としての英語等の語学教材の場合、まさに紙以外のメディアが積極的に活用されてきた歴史があるからである）。

にもかかわらず、前者の融合が多くの耳目を集めたのに対し、後者の出版の場合は、出版のデジタル化とは言われるものの、通信・出版の融合とは言われることはない。その最大の理由は、旧来型の印刷出版の形態が厳然として区分され残っていることにあるだろう。放送の場合、フルデジタル化によって通信と放送の境目が事実上なくなり、電波で流れてきた番組をテレビ受像機で見ようが、通信回線を通じて流れてきた番組をパソコン画面で見ようが、見た目は全く同じである。少なくとも視聴者の目からみて、両者の違いは判別できないような「一体化」が進んでいる。一方で出版の場合は、紙とネット配信では、読者からの見え方は全く異なるわけで、これを「一体化」と呼ぶのには無理がある。

そしてもう一つの違いは、規律の変更が伴わないことにある。放送は、メディア媒体の中で最も厳しい規律を有するもので、コンテンツ（内容）についても、ビジネス（事業）についても大きな法律上の制約を有する。そして放送と通信を一つの法体系でくくることは、通信に放送の厳しい規律を及ぼすことを意味することになる。

これに対し出版の場合、紙とネットの相互乗り入れによる内容規制の影響は、原則としてない。

もっとも出版の場合も、旧来から発行・発信・加工については規制がないものの、流通については部分的な制限が実行されている。典型的なのは「有害」図書規制と呼ばれるもので、発行自体に制限はないものの、青少年の健全育成を目的として未成年者の目に届かないような「ゾーニング（区分陳列）」による流通規制が実施されている。すなわち、旧来の紙の世界で実現していた自由な出版活動は、特段の断り書きなしに新たな出版領域においても適用されると考えられてきた。出版はその実態として、紙以外の媒体にも展開してきた長い歴史を有するだけに、その時代ごとのいわばニューメディアに対する「切れ目のない」出版活動の事業展開が、従来から行われてきたということができる。そして出版活動が、いわばなし崩し的に紙以外の媒体に拡張してきたことが、出版の自由の射程範囲を立ち止まって考える機会を十分に作ってこなかったということにつながっている。

その結果、憲法で保障される表現の自由の最も基本形であるともいえる「言論・出版の自由」は、その内実については十分な吟味がないまま、「何となく」同じような出版の自由が、紙媒体以外の他媒体における出版活動においても、同様に適用されるという「思い込み」の中で過ごしてきたのである。しかし実際の法制度上は、すでに異なる扱いを余儀なくされているものもある。

日本には「定価」という表記が許されている商品が四つだけ存在する。新聞、雑誌、書籍、音楽用レコード・ＣＤで、そのほかの商品・サービスには、値段はあっても、定まった販売価格は存在しない。例えば、本のカバーにはしっかりと金額が印刷されていて、その意味するところは出版社が販売価格を決め、書店は変更できないということだ。これを再販売維持契約（略して再販）と呼び、自由競争が徹底している経済取引の中で、極めて珍しい特別な取り扱いとして、独占禁止法のなかで定められている。

もちろん、まったく例外がないわけではなく、新聞社の中には学生や学校向けに割引価格を設定したり、書籍の場合には刊行から時間が経った本を安売りする場合もあるし、最初から自由定価本として販売しているものも存在する。これは「弾力運用」と呼ばれ、ここ十五年くらい一般化してきた光景だ。あるいは、大学構内にある購買会（大学生協など）では、一割引で売ってよいことが、法で明記されてもいる。

その再販は、同じ小説であっても、紙の媒体で出版される場合は再販の対象であっても、CDで販売される朗読版は再販対象外だ（法が「音楽用ＣＤ」に限定していることからも明らかである）。同じ出版活動でコンテンツが同一にもかかわらず、その情報が活字か音声かによって法の適用が違うということになる。同様のことは電子出版についてもいえ、出版界でほとんど議論がないまま再販適用外としての実態が定着している。そしてこうした法の保護の範囲が異なるということは、出版の自由の範囲が異なるということにもなりかねない。本来であれば、そこで保障されている「自由」に違いはあるのかの議論が必要であったにもかかわらず、そうした検討がないまま媒体の違いをもって適用が異なることを容認してきた歴史があるといえるだろう。

もちろん出版の自由の保障の範囲を、紙メディアの市場にのみ適用させるという考え方もありうる。しかしそれは明らかに、総体としての出版の自由に大きな制約を与えることにつながるであろう。したがって、こうした媒体の違いによる区分とは異なる「出版」定義が求められることになる。その一つのヒントは、ドイツで示されている放送の新定義に求めることができよう。そこでは「編集」が介在するかどうかを、放送として認めるかどうかの一つの基準に採用している。

ドイツでは、テレコミュニケーションサービス（いわゆる通信）も「公然性」「通信技術による送信」という放送概念の要件を満たしていることから、もう一つの条件である「表現手法」の是非が議論されている。総合編成番組という表現手法こそが放送の自由が意図している意見形成に資するとする説に対し、意見形成機能にとって重要なのは専門職能としての事業者の「制作・編集プロセス」を経たサービスであるかどうかだとの主張がある。後者の説に立つと、従来の放送に加え、ビデオ・オン・デマンドやオンラインサービスもまた放送概念に包含されることになる。そしてさらにいえば、これら広義の放送と印刷メディアの間にも実質的な差はなくなり、たとえば電子新聞も「放送」と位置づけることが可能になるとされる（ドイツの放送制度については、西土彰一郎『放送の自由の基層』信山社、二〇一一　参照）。

同じことを、新「出版」定義に当てはめるとどうなるだろうか。加工・発表過程において、編集（エディターシップ）が介在するものを「出版」とし、編集作業なしの表現活動とは区別するという考え方である。これによって、紙かネットかといった媒体の差異にとらわれることなく、出版概念を拡張することが可能となる。もちろん一方で、表現者が編集作業を経ることなく直接に発信するような表現活動は、印刷媒体であっても「非出版」（あるいは「広義の出版」）として区分されることになる。しかしこれは、例えばビラやチラシの類を「出版活動」とは呼んでこなかったことからすると許容されるだろう。

さらにこうした外形的な区分によるメリットは、雑誌等に名誉毀損や猥褻表現に関連した事件が起きるといわれがちな、「良い出版」と「悪い出版」（あるいは「行儀が良い出版」と「行儀が悪い出版」）といった、内容観点による出版活動の恣意的な峻別を排除することができる点にある。それは、公権力からの出版の自由への介入を回避することに役立つはずである。そのことによって、「出版」に携わるメディア機関、あるいは出版人（ジャーナリストほか）は、より強い出版の自由が保障されるということになるだろう。ただしそれは逆に、出版の自由がその内実として実現を期待されている。独立性、地域性、多様性がより強く求められることになることも、忘れてはなるまい。

●出版の公共性の確保

もう一つの出版の自由をめぐる課題は、流通過程にある。世界展開するオンライン書店の最大手アマゾンが、日本国内でも「Amazon Student（アマゾン・ステューデント）」と称する学生向けの会員制プログラム・サービスを二〇一二年より開始している。はじめの六カ月は無料、その後は年会費千九百円が必要だが、書籍の価格の一〇パーセント分を次回購入時に使用できるポイントとして還元するもので、実質一割引で本が購入できる制度だ。対象は、国内にある大学、大学院、短期大学、専門学校、高等専門学校の学生とされている。

学生対象であるから、日本の大学に設置されている生活協同組合や購買会と同じであるとか、リアル書店でも、蔦谷書店（TSUTAYA）のポイント制度に始まり、他の書店でもポイントカードやクレジットカードとの連動で、一〜三パーセント程度のポイントが付くことが一般的ななか、何が問題なのかとの声もある。また、そもそも再販自体の弾力運用が決まっているのだから、一律に割引く制度は許容されるべきだし、消費者メリットが大きく反対は「ためにする」議論だとの厳しい声も聞こえてくる。しかし「なし崩し」で再販の実質を骨抜きするのではなく、その趣旨に鑑みて諾否を見ていく必要があるだろう。

なお、蔦屋書店は、カルチュア・コンビニエンス・クラブ株式会社（CCC）グループが運営する日本国内の最大手書店チェーンで、書籍販売よりTSUTAYAブランドのCDやDVDのレンタルショップとして知られる。近年は図書館運営にも進出し、大きな話題を呼んでいる。「Tカード」と呼ばれる共通ポイントカードの発行による会員制度を擁し、買物の購入額によってポイントが付き、それが現金の代用として商品と交換できる（次回の買物に使用できる）仕組みになっている。

書籍の定価販売が定められているのには、大きく二つの意味がある。

第一は、読者のアクセス平等性である。通常は、生産者から販売地が遠くなるほど、配達コストから販売価格が高くなる場合が少なくない。あるいは、大量に売れる人口密集地の方が価格が下がる傾向もある。それからすると、本や雑誌も市街地のほうが安く売れる可能性が高まるが、それでは国内で万遍なく知識や情報が行き渡ることが阻害されかねない。その前提としては、日本においては新聞が普及していることや、書店が相当程度全国にくまなく存在し、再販対象の商品がまさに「マスメディア」として実質的に存在していることが重要だ。こうしたマスメディアを通じて、自己の人格形成に資する豊かで多彩な情報に接することができることは、社会にとって大変重要であるといえるだろう。

また、選挙等を通じ政治的・社会的選択をする上でも、十分な情報が容易に入手できる環境が確保される必要がある。すなわち、民主主義社会のための必要条件として、みんなが等しく情報に接することができることが大切になる。したがって、自由競争によって価値が下がる可能性のある都市圏居住者で、もし「高め」の本を買わされる人がいたとしても、それは民主主義のコストとして市民全員で負担していこうという考え方でもある。

第二には、多様性の確保がある。小売店の競争は一般に、価格競争が中心である。そうなると当然であるが弱肉強食の世界が生まれるわけで、一般に小規模の売り手は淘汰される傾向にある。それは大規模店舗（スーパーマーケット）に押される地方商店街の状況を見ても明らかだ。これは書店の世界にも通じる話で、価格競争が起きれば一気に書店の数は減っていくことが想定される。しかも、リアル書店同士の闘いというよりは、ネットvsリアルの争いとなり、その結果、店舗コストが圧倒的に小さいオンライン書店に分があることははっきりしている。その結果、三つのことがいえるだろう。

まず、リアル書店は一気にその数を減らしかねない。それは、私たちが実際に本を手にして購入するという「愉しみ」を奪うことになる。しかもそれは単なる感傷的なものではなく、目的に叶った本のみを購入するという傾向を強めさせ、まさに今のネット社会の自分と近い考えの心地よい情報にのみアクセスする傾向を、雑誌や書籍にも一気に拡大させることになる、それは多様な言論の世界を狭めるということに他ならない。

次に、現在の委託販売制度にも大きな影響を及ぼすであろう。現在の日本では、書店は取次を通じて本を取り寄せ、陳列し、売れ残った本は返本できる制度を採用している。その結果、小規模の本屋でも、売れ筋以外の様々な本を書店に並べることができるのである。こうした、価格競争ではなく品揃えで勝負するという、独特の競争方法が書店の棚の多様性を生んでいたわけであり、価格の自由化は買取制を促進させ、その結果、委託販売制度の崩壊は売れ筋中心の品揃えを招き、棚の貧困を呼ぶことになるだろう。

そして最後に、自由競争の結果、書店の数が少なくなり、現実的にはアマゾンに象徴される大手オンライン書店の独り勝ちを認めることで、流通の単純化を生むことになる問題である。それは、書籍マーケットを寡占した書店が扱わない本は、市場には流通しないということを意味する。したがって、流通過程で多元性を維持することが、出版の多様性を守るためには重要な要素であることに留意が必要である。

もちろん、書店がある程度、取り扱い本を選別することは許される。それはまた、書店の特徴につながる場合も少なくない。しかし、オンライン書店は世界を相手に商売しているだけに、様々な国の違った事情による販売制限が幾重にも重なり、必要以上の厳しい制約を課す場合も少なくない。実際、日本国内で販売中の本が、アマゾンやアップストアでは取り扱われていない事例が既に報告されている。すなわち、アマゾン基準やアップル基準（一般にはアメリカ基準であるといえるだろう）で、日本国内の本の流通・販売がなされる可能性があるということであって、これは出版文化の多様性を大きく損なうことになる（こうした事例は、単に電子書籍の分野に限らず、二〇一五年に入ってからは、グーグル社の「ユーチューブ」が自社基準に反したという理由で、テレビ朝日が提供するページのコンテンツを、一時閲覧停止にし、すべてを削除するという事態が生じた）。

この点でも、出版にかかわる事業者は、出版の自由の担い手であるという認識のもと、多様性の維持やアクセス平等性の確保を行動基準にもつことが求められることになる。

新たな出版と国家の関係

国が直接的に出版内容に介在する、まさに例外的な対象として「教科用図書」（以下、教科書）が存在する。日本において、小学校義務教育では教科書の使用が義務付けられており（学校教育法第三十一条）、この規定は、中学校、高等学校、中等教育学校、特別支援学校にも準用されている。なお、戦後の学制改革以前においては、小学校用教科書については、届出制度や認可制度、検定制度などの時期もあったものの、一九〇四（明治三十七）年以来、国定制度が採用されてきた。また、中等学校用教科書については、おおむね検定制度が採用されてきた（文部科学省ウェブサイト「教科書制度の概要」参照）。この検定制度は、戦後の四七（昭和二十二）年に制定された学校教育法において、小・中・高等学校を通じて採用され、現在に至っている。そして、教科書として発行するには文部科学省（文科省）の検定に合格する必要があり、そのためには教科書発行会社（出版社）は文科省に検定申請を行うという手順を踏むことが必要となる。

かつて「国定教科書」であった時代を有する日本において、富国強兵のための優秀な働き手の大量生産のある種の道具として、学校教育における指導書は、明治・大正・昭和を通じて大きな力を発揮してきたとされる。戦後、国定教科書を復活させる強い意志が働いたとされるが（五六年の教科書法案）、この法案が廃案になったこともあり、同時期に現行の教科書制度の基礎となる法律群である、無償措置法（義務教育諸学校の教科用図書の無償配置に関する法律、六三年）、地方教育行政法（地方教育行政の組織及び運営に関する法律、五六年）が制定された。主として政府の財政的な負担を回避することから、国定化を見合わせ、その代わりに民間事業者に教科書を制作させ、その内容を厳しくコントロールしつつ、安価に買い取り、学校に使用を義務付けることによって、事実上の「国定教科書」制度を復活させたと捉えることもできよう。今日に通じる「検定教科書制度」がここに誕生することになるわけだ。

しかもいま、その制度を変更することによって、より政府意向が直截的にかつ強い拘束力をもって及ぶことを可能にすることになった。それは単に、教科書の制度変更ということにとどまらず、教育現場の情報を完全にコントロールすることによる、まさに「国民」に対する思想の直接的コントロールであり、学問の自由の侵害であり、そして出版者に対する出版・表現の自由の制約である。こうした状況とその問題性については一貫して、出版労連（日本出版労働組合連合会）が「教科書レポート」という形で世に問い続けているが、社会的にその認識は出版関係者の中でさえそれほど強くないといえ、ましてや日本の社会全体ではほとんど共有されることなく、深くそして着実に浸透しているといえるだろう。

出版労連は、五三年の出版労働組合懇談会（出版労懇）が始まりで、日本出版労働組合協議会（出版労協）を経て、七五年から現在の組織になる。出版関係の労働組合の全国組織で、組織数百五十組合・グループ約六千名（二〇一五年六月現在）で構成される。教科書レポートは、出版労連が毎年発行する刊行物で、一六年版で五十九号目となる。教育対策部が中心となって編纂しており、毎年の教科書検定の実態と問題指摘が大きな目玉だ。

●教科書に対する国家による制度上の制約

活字出版物に対する検閲行為は歴史的に以下の三つに大別できよう。第一は、狭義の「検閲」である、直接的な内容の事前チェックと、問題箇所の公表の禁止である。なお、この内容検閲制度を成功させるためには、いかに対象刊行物の種類を減らすかも肝である。対象が少なければ少ないほど検閲がしやすくなるからで、戦中の「新聞統合」はその象徴例といえるだろう。情報局は、プロパガンダと思想取締の強化を目的に、内閣情報部と外務省情報部、陸軍省情報部、海軍省軍事普及部、内務省警保局図書課、逓信省電務局電務課、以上の各省・各部課に分属されていた情報事務を統合して、一九四〇年十二月に設置された。下部組織として半官半民の組織や外郭団体など多数の組織を擁し、日本出版会や日本新聞会も、言論統制の一翼を担った。

第二は、流通上の制約による媒体コントロールである。表現物の流通過程は大きく、収集・発表・頒布の三過程に分けることができるが、そのそれぞれにおいて国の関与を及ぼすということになる。具体的には例えば、編集者や記者を登録制（免許制）にすることで、あらかじめ国に対して「忠誠」を誓わせたり、政府批判をしたりすることで記者資格を失わせるということが考えられうる。

あるいは今日における「記者クラブ」制度も、場合によってはこうしたコントロールの手段に転用することが可能だ。なぜなら、特定の記者（報道機関）から取材機会を奪うということに通じるからである。一般には、日常的な付き合いがある記者のみに取材機会を与え、フリーランスほか「何を書くか油断できない」ような記者を排除するという方法である。そのほか政府の建物内に入るための取材証（記者ＩＤカード）を発行する際、庁舎管理権の行使として条件を付けることも行われている。

また流通上の制限には発表段階のものもある。今日ではあまり見られなくなったが、印刷技術が特殊な技能や設備を必要としていた時代は、いわゆる「ギルド（職能団体）」制度によって、為政者のいわば目の届く範囲の者にのみ印刷の許可を与えるなどすることで、内容にまで踏み込むことなくアウトローの印刷物を事実上排除することに成功してきた歴史がある。同様なことは、販売の過程においても、だれに売らせるか（扱わせるか）によって、間接的な監視の目を光らせることができるようになるわけだ。多くの国で一般的に行われている放送の免許制度は、この典型例であるが、印刷物の検閲制度とは異なる側面があるので、ここでは触れない。

そして第三は、財政的な締め付けである。もっとも典型例は英国で伝統的になされていた「印紙税」で、発行物一部ずつから部数に応じて税金を徴収する方法である。これによって、広く読者を求めようとするほどお金がかかるわけであるし、また印刷物の発行者は財政的なゆとりがあるものに限定されることになる。その時点の経済的成功者は一般に、為政者に批判的であることは少ないことから、結果的に批判的言動の抑え込みにつながるということになる。

そしてもう一つの一般的方法が供託金制度で、出版社の登録時、あるいは出版物の発行時に政府に対し一定の供託金を納めさせる制度である。そして内容上問題があった場合は、その供託金を没収することで、出版社に「自制」を促すことができる。日本においても明治から昭和にかけて、新聞紙条例（法）に代表される法令によって広く実行されていた（雑誌も対象として含む）。

そしてここに示したいわば古典的な言論統制手法が、ほぼそのまま持ち込まれているのが、日本の現在の検定教科書の教育出版制度といっても過言ではない。それがすなわち、〈検定制度〉〈採択制度〉〈買上制度〉の三つである。通常、教科書制度の問題点を挙げる場合、家永教科書訴訟に代表されるような検定制度がクローズアップされがちであり、そこに重大な憲法的問題があることは言うまでもないが、さらにそのほかの二つも、間接的に教科書内容に大きな影を落とすという意味で同様の効果を持つものであるといえるのである。

まず教科書検定制度であるが、ここでは「検定」が憲法で明示的に禁止されている「検閲」にあたるではないかという、憲法上の問題についてはあえて再論しない。裁判所は、憲法で禁止される検閲は行政権による事前抑制であるとしたうえで、教科書検定制度はそれに該当しないとしたわけであるが、地裁段階で違憲判断が示されているように、その合憲判断にはいわゆる政治的配慮が見え隠れするものとなっている。すなわち、すでに定着している日本の教育制度の根幹を壊すことに対するためらいである。

しかしすでに知られている通り、こうした教科書検定の制度をとっている国は必ずしも一般的ではないばかりか、後述する通り日本のように官僚（すなわち行政権）が直接内容審査を実施、それによって事実上の発行の禁止措置がとれる国はほかに見当たらない。その意味で、単に日本においては戦前の国定教科書制度を引きずって、行政官が教科書内容を審査することが「定着」しているだけであって、それは必ずしも普遍的な制度ではないばかりか、むしろ極めて異例なものであるということを知っておく必要があるだろう。

そしてこの検定制度のより特徴的なところは、行政機関によって恣意的に変更が可能な一行政基準にすぎない教科用図書検定基準に従い、行政権の執行者である文科省の常勤職員が教科書調査官として内容審査を実行することである。したがって、そこにおいては政府の意向がストレートに検定作業に反映されることになる。しかも、この調査官が示す「検定意見」は事実上の拘束力を有し、これに反した内容の教科書の発行は一切認められない。

教科書検定は、それぞれの教科書につきおおむね四年ごとに行われる。申請にあたっては、公表された「学習指導要領」で示されている「目標」「内容」と、詳細な「解説」に基づき、「白表紙」と呼ばれる申請者名がわからないように伏せた申請図書を作ることになる。申請にあたっては検定審査料が必要で、ページ単価が決まっており、一冊十万円以上かかるものもあるとされる。八九年の検定制度変更後は、一般に検定申請後、半年弱で検定結果が示され、「不合格」「（決定）留保」が決まり、後者の場合は「検定意見」が付記されるとされる（そのほか実際には存在しないが「合格」がある）。その後、「修正表」を提出し、それをめぐっての調査官と編集者間でのやりとりが続き、最終的に「検定合格」となれば「見本本」が作成されることになる。その段階で、自主的な訂正である「訂正申請」が行われることもある（これらの検定作業の一端についてはたとえば、石川将「教科書検定の舞台裏」『原発のない未来へ』三十一号　出版労連・原発問題委員会、二〇一四年五月　参照）。

なお、こうした行政官の業務の妥当性については、一般有識者によるチェック制度が存在する。それが教科用図書検定調査審議会で、文部科学大臣の諮問機関として検定申請された図書が教科書として適切であるかどうかについて、基準に基づき専門的・学術的な調査審議が行われているとされる。審議会からの答申に基づいて、大臣は検定の決定又は検定審査不合格の決定を行うことになる。審議会の委員・臨時委員は、大学教授や小・中・高等学校の教員等の中から選ばれ、調査審議に当たっており、専門の事項を調査する上で必要があるときは、審議会に専門委員が置かれることになっている。しかしこの審議会が実行的に機能しているかどうかには、現場から強い疑問の声が上がって久しい。

ちなみに検定制度の根拠法令として文科省が挙げている法令としては、「教科書検定の基準」として、教科用図書検定規則第三条、義務教育諸学校教科用図書検定基準、高等学校教科用図書検定基準、「教科書検定の組織」として、学校教育法第三十四条第二項、学校教育法施行令第四十一条、文部科学省組織令第八十五条、第八十七条、教科用図書検定調査審議会令、文部科学省組織規則第二十二条、教科用図書検定規則第十一条、がある。検定基準は文部科学省告示として示され、検定審査の基本方針である総則のほか、各教科共通の条件と各教科固有の条件とから構成され、それぞれの条件は「基本的条件」「選択・扱い及び構成・排列」「正確性及び表記・表現」の観点から成る。二〇一五年現在運用中のものは、小中学校が「義務教育諸学校教科用図書検定基準」（平成二十一年三月四日文部科学省告示第三十三号、平成二十六年一月十七日改正）で、高校が「高等学校教科用図書検定基準」（平成二十一年九月九日文部科学省告示第一六六号、平成二十六年一月十七日改正）である。

●学校・出版の政府に対する精神的従属

そして直近の二〇一四年の判断基準の変更（義務教育諸学校教科用図書検定基準及び高等学校教科用図書検定基準の一部を改正する告示〔平成二十六年一月十七日文部科学省告示第二号〕）により、社会科固有の条件（高等学校検定基準にあっては地理歴史科及び公民科）について、「1　選択・扱い及び構成・排列」が以下のとおりとなった（以下は高校地理歴史料検定基準から引用）。

(1)未確定な時事的事象について断定的に記述していたり、特定の事柄を強調し過ぎていたり、一面的な見解を十分な配慮なく取り上げていたりするところはないこと。

(2)近現代の歴史的事象のうち、通説的な見解がない数字などの事項について記述する場合には、通説的な見解がないことが明示されているとともに、生徒が誤解するおそれのある表現がないこと。

(3)閣議決定その他の方法により示された政府の統一的な見解又は最高裁判所の判例が存在する

場合には、それらに基づいた記述がされていること。
(4)近隣のアジア諸国との間の近現代の歴史的事象の扱いに国際理解と国際協調の見地から必要な配慮がされていること。
(5)著作物、史料などを引用する場合には、評価の定まったものや信頼度の高いものを用いており、その扱いは公正であること。また、史料及び法文を引用する場合には、原典の表記を尊重していること。
(6)日本の歴史の紀年について、重要なものには元号及び西暦を併記していること。

とりわけ、「特定の事柄」が何をさし「強調し過ぎ」とはどういうことかは、解釈の余地があり恣意的な運用が懸念される点である。あるいは、政府方針をストレートに反映させることを求めたのも大きなポイントであろう。検定制度が思想の統一ではなく教育水準の下支えであり平準化であるとすれば、これを超えた学校教育現場に対する「お節介」が好ましくないことは明白である。それは教師の自由な教育を奪うものであるし、生徒の学ぶ自由をも侵害するからだ。

先に述べたとおり、検定制度が行政権の事前内容チェックである限り、検閲的な色彩を帯びていることは疑いようがない事実であり、そうした「危うい制度」であることを前提に、抑制的な仕組みを作らなくてはならない。にもかかわらず、政府の意向を反映しやすい制度に衣替えするかのような改訂には、大きな問題があるといえる。

さらに憂慮すべき事態は、この改訂が適用されるのは一六年度以降使用の教科書で、一四年末段階で検定作業中の中学教科書からであるにもかかわらず、政府意向を「忖度」したかのような動きが教科書会社自身にみられたことだ。数研出版の高校公民科の教科書において、一四年十一月に「訂正申請」が出され、そこで新しい基準に従ったとみられる内容の修正が行われたと報じられたからである。各紙の報道によると、「現代社会」二点と「政治・経済」一点で、いずれも戦後補償に関する記述から、「従軍慰安婦」や「強制連行」の記述を削除したとされる。申請書では修正理由として「誤記」としているという。

これはまさに、教科書会社自身の政府意向への従属を感じさせる動きであって、それは同時に政府圧力の強さを思わせるものである。元来、既存の教科書会社の多くは戦前の国定教科書会社であって、精神構造的に必ずしも独立心が強くないとの指摘も聞かれるところではあるが、その根底には制度上の拘束力があることは言うまでもなかろう。そしてこうした有形無形の圧力は、実際に新基準の適用が始まる年度以降の検定作業においては、より露骨に出てくることが予想されている。このように、まさに表現の自由の最前線において、行政権の直接的な行使が行われることが、強い反対もなく五十年以上にわたって継続している状況を見直す時期に来ているといえるだろう。

しかも今回の改訂がより大きなうねりを作りかねないのは、第二のコントロール手法である教科書採択制度における上意下達の状況である。しかもその採択の形態はこの間、共同採択（広域採択）とし、一つの地域においてはすべての学校が同じ教科書を使用するという制度に変更されてきた。海外では学校どころか教師（クラス）ごとに違った教科書を使用する例も見られるなか、日本のこの広域採択制度もまた極めて異例なものとされる。これもまた、政府の統制手法の表れといえるだろう。

歴史的な経緯を簡単に振り返るならば、戦前は、文部省を頂点とする中央集権的な制度であって、各都道府県知事が直轄する学事課が政府方針を受けて教育行政を実行していた。これが軍国主義教育を招いたとの反省から、戦後、地方分権や教育の中立性の原理に基づいた、独立した教育委員会制度を作り上げてきた経緯がある。最初は文部省と教育委員会は対等な関係であったが、その後、教育委員を首長が任命するようになって、バランスは多少崩れたものの、その精神はかろうじて残っているといえる。

しかし中央教育審議会は一三年十二月に「今後の地方教育行政の在り方について」の答申をまとめ、一四年国会での地方教育行政法の改正となった。これまでの制度を事実上解体し、従来は教育委員会の事務局であった教育長に権限を集中させ、政府の意向を直接反映させる制度に変更するものである。いわば文科省の直轄方式といえるものであって、こうした「改革」は公教育の中立性を間違いなく失わせるものであるとともに、地域の特徴を認めず国全体を一色に染める政策そのものである。

そして最後の統制手法として挙げられるのが、教科書発行会社の認定制度と教科書の買上制度である。教科書を発行するには、資本金や編集体制などについて制約があり、その資格を剥奪されれば、教科書の発行は不可能となる。いわば放送における免許制度に似たものといえる。なぜなら、この資格審査を行う行政官庁が、同時に内容審査である検定を実施しているからである。

放送免許についてはすでに多くの問題指摘があるが、この教科書発行者資格制度もまた隠れた行政による表現事業への介入事例といえるだろう。

しかも採択された教科書は配布冊数分すべて政府が買い取るものの、その買収価格は極めて低廉なものとなっている（国による教科書の買取価格は、「教科書の定価許可基準」〔文科省告示〕として示される。これによると最新の一五年における「定価の最高額」は、最も安い小学校・書写の場合、一冊百五十七円である）。その結果、教科書会社の数は減少傾向にあり、一部の教科では寡占状況が生まれている。これは表現の多様性を失わせるとともに、媒体数を減らすことは内容統制の容易さを生むのであって、まさに古典的な疑似検閲行為そのものといわざるを得ない。

このように、教科書をめぐる政府の情報コントロールは、まさに現在の日本の表現規制の先取りとも、あるいは象徴ともいえるものであって、しかもその活動がまぎれもない出版活動そのものである点、しかも最も政府から自由であるべき教育の場における思想・表現のコントロールと直接的に結びついている点で極めて重要である。表現の自由の基本要素が独立性、多様性、地域性であることからすると、そのいずれもが教育の場からなくなっていく可能性を示すものであることに、制度・実態の両面からさらなる検討を要する事項であると考える。

終　章　市民力が社会を変える

ヘイトスピーチにどう向き合うか

憎悪表現（ヘイトスピーチ）と呼ばれる人格否定につながるような差別的表現をめぐり、国レベルの立法措置がようやく実現した。そのきっかけの一つが、在特会（在日特権を許さない市民の会）ほかの過激な示威行為にあることは間違いない。そうした過程で、国連の自由権規約委員会や人種差別撤廃委員会においても、以前から継続して懸念が示されていた国内状況に対し、さらに厳しい内容の勧告が示された。二〇一五年五月には有田芳生議員を中心に、参議院に人種差別撤廃施策推進法が提出され、これらを受け自民党でも一六年八月に入り、在日韓国・朝鮮人への差別を煽る表現行為を取り締まるための法整備を検討するためのプロジェクトチームを設置、一六年通常国会に自公共同でヘイトスピーチ対策法が上提され、五月に成立した。

＊

本節ではこうしたなか、ヘイトスピーチが絶対悪であるとの社会的認識を広めたという意味で、大きな転換点となった、在特会の差別言動をめぐる一四年七月の大阪高裁判決を紹介しつつ、へイトスピーチをめぐる問題と課題の整理を、放送局の立場から考えてみたい。

法規制の要請と課題

事件は、二〇〇九年十二月に発生した京都朝鮮第一初級学校（当時）に対する在特会メンバーらによる、聞くに堪えない罵詈雑言を含む暴力、威嚇を伴う街宣活動である。同行為は、威力業務妨害、侮辱、器物破損の罪状に問われ、一〇年二月二十三日には起訴された四人全員の有罪（執行猶予付き懲役刑）が最高裁で確定している（事件の概要および同刑事裁判については、山田健太「『在特会』メンバー等による朝鮮学校の授業妨害訴訟・コメント」『国際人権』23号参照）。並行して一〇年には学校側から三千万円の損害賠償と街宣活動の禁止を求める民事訴訟が提起され、一三年十月七日の京都地裁判決を経て、本年七月八日に大阪高裁において二審判決が下された。

集団的名誉毀損と呼ばれる特定の集団に属する人々の人格を攻撃するような、いわゆる差別的表現行為について、日本では特定の立法措置を講じることなく、個人に対する名誉毀損や侮辱表現、あるいは信用毀損や威力業務妨害といった表現行為が与えた損失をもって刑事罰を科してきた。一方で日本は人種差別撤廃条約に加入しており、差別言動の禁止のための方策をとることを求められているし、当然、その前提として条約の中で差別行為・思想・表現は絶対に許されないものであることを確認している。そしてその条約の法的効果は国内法同様に、直接的に日本国内で発生している。

ただし憲法との関係で、表現の自由と抵触する場合には憲法規定を優先させることを決めており（条約四条の留保）、それがゆえに「日本では差別表現は自由で、取り締まる法制度はない」という誤った認識が一部で広まる結果を招いてきた。もちろん、これまで日本社会において被差別部落の差別解消を図る施策は、ある程度積極的に行われてきた一方、民族や人種あるいは国籍に基づく差別については十分な取り組みがなされてこなかった。また、裁判所も積極的に法の適用によってそうした差別言動の解消に力を発揮してこなかったという現実も否定できない。

こうした中で、在特会の露骨な在日コリアンに対する差別言動を、司法がどう裁くかが注目されたわけである。具体的には、①集団的名誉毀損としての差別表現を違法行為として認定するか、②罪の重さをはかる尺度としてどの程度の賠償額を認めるか、③そのための理由づけとして人種差別撤廃条約を具体的にどう適用するか、④直接的な示威行為以外にインターネット上の拡散行為をどう判断するか、といった点が注目されていた。これらについて大阪高裁は、人種差別撤廃条約の趣旨を活かし、憎悪表現に対する損害賠償を明確に認め、しかも直接的な示威行為とともに、ネットでの動画拡散を差別意識を助長させる悪質な行為と判示した。そして学校関係施設への接近制限と、名誉毀損訴訟の高額賠償の目安である一千万円を超える損害賠償が認められた。

以下、判決の内容を確認しておこう。

第一に、「人種差別撤廃条約の趣旨の実現の在り方」として、条約は公権力と個人の関係を規律するもので私人相互の関係に適用されるものではないので、あくまで民法の不法行為の損害賠償を定めた規定の解釈適用を通じて、条約の趣旨が実現されるべきであるとした。そして人種差別的表現は、憲法十三・十四条とともに条約の趣旨に照らして合理的理由を欠き、社会的に許容しうる範囲を超えて他人に具体的な損害が発生しているときは、民法の規定の要件を満たし、その損害を加害者に賠償させることを通じて条約の趣旨を私人間にも実現すべきであるとした。そしてその際に、「理不尽、不条理な不法行為による被害感情、精神的苦痛などの無形損害の大きさ」を考慮すべきであると付け加えた。

第二に示威行為のインターネット上の動画サイトへの投稿による公開については、「不特定多数の者による閲覧可能な状態に置いたことは、その映像を広く拡散させて被害を増大させたというだけでなく、映像の流布先で保存されることによって今後も被害が再生産されることを可能としている」と認定、「社会的な偏見や差別意識を助長し、増幅させる悪質な行為であることは明らかである」と断じた。そのうえで、「人種差別という不条理な行為によって被った精神的被害の程度は多大で……（加害者は）在校生たちの苦痛の緩和のために多くの努力を払わなければならない」と判示した。

これまでも日本国内で、差別表現が問題になってこなかったわけではない。法の下の平等が保障された現憲法下に限定しても、被差別部落に対する言動は日本社会の根深い差別構造と結びつき、過去も現在も大きな問題を抱えている。外国人、とりわけ韓国・朝鮮人や中国人に対しては、過去の植民地意識の影響や政治的敵対関係がある中で、新たな差別意識が助長され、絶え間ない差別表現の対象となってきた。そしてこうした差別言動は、日常の生活レベルでも、そして政治家の公的な場においても、繰り返しなされ、当事者や人権団体等によってその解決が求められてきた経緯がある。もちろんそれ以外にも、女性や障害者など、いわば社会のマイノリティは常に差別に晒《さら》され、そして差別表現を浴びてきた。

では、なぜ「いま」新たに法によって表現を規制する必要があるのだろうか。一つには、インターネットによって心ない表現が広範にしかも瞬時に拡散することを止めるには、強力な「法」という力を借りる必要があるとされる。二つには、一部の民族主義的市民グループが、一般市民を巻き込む形で市中において自由に堂々と差別的街宣活動を行い、当事者の多大な物理的損失や精神的苦痛も含め社会環境の悪化が著しく、こうした行動を止めるためには既存の「法」では対応できないとされる。そして三つ目として、これがある意味でもっとも厄介であるが、こうした公然と当事者を前に行われたヘイトデモが社会的に広がることで、ヘイトスピーチをすること自体のハードルが下がり、一般市民の間にも差別言動をしても大丈夫といった誤った認識が広がりかねない危険があり、「法」によって善悪のケジメをはっきりつける必要に迫られたこと、さらに四つ目としては、国際社会から人権後進国との烙印を押されないためにも、人種差別撤廃条約の締結国として、いち早く国際標準に沿った「法」制度を整備すべきだとされる。

一方で、意図的に表現の自由を優先させてきた背景を、いま一度考えておきたい。一つには、現憲法における表現の自由の絶対性である。多くの国では、欧州人権条約にも見られるように、表現の自由は絶対ではなく、例外が定められている。そしてこの具体的な領域の典型例として、人種差別表現は最初から憲法の保障外、すなわち表現の自由の土俵からはずしている。表現物の発表を認めたうえで、それが事後的に司法の場で是非が審査されるのではなく、初めから社会に存在することが許されない表現行為であるということだ。日本は戦後、こうした法による例外を認めることを許さない憲法体系にした。「法律ノ範囲」という言葉によって、憲法よりも治安維持法等の言論規制立法が優先され、表現の自由がことごとく踏みにじられたからである。

そして二つには、これとの関係から日本は表現の自由モデルとして「対抗言論」（思想の自由市場理論）を採用してきている。もちろん、こうした考え方が楽観的に過ぎるという批判はあるにせよ、少なくとも戦後七十年間、破綻なく表現の自由市場が維持されてきたという事実は重いだろう。しかも日本の場合、こうした対抗言論によって表現の淘汰がなされてきた背景には、社会における主たる表現の自由の担い手であった、マスメディアによる強力な自主規制が一定程度正常に機能してきたということがあげられる。

表現規制のあり方

以上の経緯からすると、なぜいま、日本が一足飛びに法規制をしなくてはいけないか、について十分説得的であるとは思えない。むしろ、これまでの表現の自由モデルを壊すことで、表現規制の口実を公権力に与えるものといえるのではないか。たとえば、「差別」や「公の利益」に反する表現を誰が判断するのかを考えると、そうした表現規制の危険性は想像に難くない。あるいはまた、東京・新大久保における在日コリアンに対するヘイトスピーチに対しては、それに反対するグループによる対抗的抗議行動が実行され、ヘイトスピーチを繰り返しながら路地を練り歩く行為は中止に追い込まれている。さらには、こうした差別的言動を法によって押さえつけたとしても、その根本的な差別構造や差別意識は残り、むしろ内心においてより確信的になる可能性すらある。ならば、さらなる教育や啓蒙にまず、力を入れるべきではないか。

その第一歩は、公的な場で繰り返される政治家の心ない差別発言を、社会がより厳しく糾弾することの必要性である。たとえば、公職者が女性や韓国・朝鮮人を侮蔑する発言を繰り返してきたが、それに慣れてしまうことでメディアも問題にすることなく日常化してきた。あるいは、中国や韓国をことさら敵対視し、歴史認識の違いをもとに差別感を煽る言動も続いている。実際、朝鮮学校に対する差別表現の背景には、政府や自治体による補助金カットなどの「公的差別」が存在している。むしろ、一般市民社会における差別意識を醸成しているのは、政治家の言動とそれを許容しているメディアの姿勢そのものでもあるという状況が、残念ながらいまの日本ではないか。

こうした政治家のもとで新たな表現規制法を作り、彼らの意思のもとで法を運用するなど、まさに本末転倒というほかはない。あるいはなんらかの一歩進んだ制度整備をするのであれば、まずは政府から真に独立した人権救済機構の整備に努めるべきであろう。

少なくとも今回の判決は、「差別的な罵詈雑言も表現の自由である」という認識が誤りであることを示したわけで、こうした判決の積み重ねによって、条約批准国として許されない差別表現の線引きが社会的に合意され、同時に市民社会において自主的な規制が進むことを期待する。その牽引役は紛れもなく、あるべき表現の基準を指し示す社会的役割を担ってきたテレビやラジオをはじめとするマスメディアである。そうした自主規制とセットになった表現の法体系である現行法制でも、差別表現対応ができることを示した点においても、同判決は意義深いものであると考える。

そのうえで、冒頭に触れた新たなヘイトスピーチ対策法を前向きにとらえることとしたい。それは、これをきっかけに、政府・自治体が真剣に差別実態に向き合うきっかけになることを期待したいからだ。すでに、法務省は国レベルでは初めて差別実態調査を法案審議に合わせて公表した。まさに遅きに失した対応といえるが、これまでは国連勧告に対し一貫して新法を作る必要に迫られるような差別実態はないとしてきたことからすると、間違いなく前進と言ってよいだろう。こうした実態調査は今後、具体的で効果的な施策が生まれる前提となるものである。

なお、今回の法の性格は「すべての差別を禁止する」法律ではなく、「民族差別はよくないことなのでやめましょう」法とでもいうべきものだ。それゆえ、中途半端との批判もあるが、日本に深刻な人種差別が存在することを、国が法という形で初めて認めた意義はあるし、差別をなくすという社会としての共通の理念が明文化された意味は大きいと考える。差別をなくすために社会で何ができるか、そして個々人が何をすべきかを、社会全体で考える第一歩になると期待したいからだ。

もちろん、多くの指摘がすでにあるように「適法に居住する」といった絞り込みや、「本邦外出身者」という限定が、形を変えた差別をより激化させるのではないかとの心配もある。たとえば、沖縄の基地反対運動に際し、「米軍（米兵）は日本から出ていけ」が本法の差別表現にあたる可能性がある一方、「琉球人は中国に帰れ」といった罵詈雑言は当てはまらない、といったいわばブラックジョークの類いである。

しかしより長い目で深刻な制度上の問題は、表現の自由を過度に制約する可能性についてであろう。法が成立した直後、川崎市の在日コリアン集住地区において、市が管理する公園で計画された集会について、市はヘイトスピーチが行われる可能性が高いとして、公園の使用を認めない決定を行った。市は、法の成立を受けての対応であると明言している。また同時期、裁判所も同地区を対象に、ヘイトスピーチを実行してきた団体に対し接近禁止を命じる決定を行っている。これらは、あくまでも集住地区における限定的な集会や示威行為の禁止であると理解されているが、これがもし川崎市が管轄する全施設に適用されるとなると、まさに行政による恣意的な公共施設の貸出禁止行為であって、憲法の表現の自由と直接的な問題を生じることになるだろう。実際、神奈川県は全県的に貸し出しを制限する可能性を、知事の記者会見で示している。

一方、川崎市では同時期、警察は集住地区から少し離れた場所でのデモについて、道路使用を許可する姿勢を示した。ただし、実際に現場の警察の動きはこれまでとは大きく違うものであるという印象を受けた。従来はあくまでも、申請者である「ヘイトスピーチ側を守る」ことが第一義であるように見え、たとえば反ヘイト側に顔を向け、警備を行っていた。しかし今回は明らかに、デモを実際はさせないよう説得をし、顔はヘイト側を向いていた。そして、デモを阻止するために道路を占領した反ヘイトの抗議行動をいわば黙認したのであった。これは「ヘイトスピーチをされる側を守る」という立場の現われであろう。

必ずしもこうした公安警備の「恣意的な対応」を手放しでは喜べないが、行政処分としてはデモを認め、説得によって混乱を避ける、という姿勢は評価できるのではないか。まさに、先述したように、警察も含め国や地方自体の行政が、差別言動をなくすためにどうすればよいかを考え行動するという、その姿勢が見られたからだ。それは本法の趣旨に合致した行動であろう。そして何よりも、今回ヘイトデモを阻止したのは、市民力である。

その中心に在日コリアンの断固たる行動があったわけだが、それをサポートする多くの市民の姿が現場に見られた。ネット中継された動画を見る限り、二十人前後の主催グループを、千人近い人々が包囲し、物理的にデモができない状況を作り出したからだ。結果、主催者は警察に抗議運動団体の排除を要請したが、警察からは「排除を実施すれば危険な状態になる」と逆に説得され、結果、主催者側が自ら中止を決定した。こうして、社会全体が迷いながら、一歩ずつ着実に歩を進めることが大切で、刑事罰で特定の表現行為の善し悪しを行政判断にゆだね、強権的に表現を封殺し社会から排除することは、何としてでも避けたいと思う。こうした行政による恣意的な判断をいったん認めれば、その対象は際限なく広がるからである。

一方でここ五年の間に、ヘイトスピーチに対するハードルが下がってしまい、いわば、誰もが気軽に公然とヘイトを行う環境ができてしまった。これをもう一度、人前でヘイトスピーチをすることは恥ずかしいこと、よくないこと、という意識を定着させるには時間が必要であろう。一度失った「精神的な結界」を取り戻すには、時間も忍耐も必要だからだ。そしてそのためにはこれまで以上に、言論報道機関が自らの職責として、社会の共通認識を再構築するための役割を果たすことが求められる。むしろ一部のメディアにとっては、こうしたヘイト状況を加速させた重い責任を負っているのであるからなおさらだ。「表現の自由」と「自由な表現」は違うのであって、表現者なかんずくマスメディアは自身の発言に関する責任を負う必要がある。

なお最後に、放送局にとって思わぬ影響を与えかねない点を一つ指摘しておきたい。それはネット公開が被害の拡散や再生産行為として認定される可能性である。今日において番組およびその内容を局のウェブサイト上で公開することは一般的である。そして万が一、内容上で問題があった場合、従来の放送による被害認定に加えて、ネットの拡散が被害認定の際に考慮される可能性がより高まったということになる。実態として「送りっ放し」の放送ではなくなったことについて、さらなる考察を求められることになった意味でも、本節の冒頭で紹介した判決はメディアにとって看過できない判決であるといえるだろう。

大規模災害における市民とマスメディア

＊

東日本大震災及び原発事故に伴い、その発生直後において緊急速報・避難情報を伝え、被災者及び被災地の現状を紹介し、救援や復旧・復興に向けた議論を喚起する上で、マスメディアの果たす役割の大きさが改めて認識される一方、報道のあり方についてもすでに多くの問題指摘がなされている。本節ではとりわけ震災をめぐる一連の過程において、市民の知る権利はどのような状況にあったかを検証する（震災報道検証についてはたとえば、藤森研ほか、マスコミ倫理懇談会全国協議会報告書『東日本大震災・原発事故と報道』二〇一一、同『Ⅱ』二〇一二、山田健太『3・11とメディア』トランスビュー、二〇一二）。

権威ジャーナリズムによる流通阻害

情報への接近という点で、記者クラブを取材拠点とする言論報道機関たるマスメディアの取材態勢が、従来から指摘されていた問題を改めて浮き彫りにした。それは、記者クラブ体質として、発表情報を基調に報道内容が決まるとされている点である。いわば予定調和的な記者会見場において、発表側の行政と親和的な関係がある記者との間、もしくは不勉強な記者が追及不足の質問をするなかで会見が成立し報道がなされるという状況が、震災を機に立ち行かなくなったということだ。

これらに対してはこれまで、公の会見の場で厳しい質問をしないのはライバル社を出し抜くためであるとか、良好な信頼関係を築くなかで、本当の勝負をかけるときは厳しく対峙しているなどの「反論」がなされていたが、東電あるいは統合本部の会見で、幾度となく発表者側を追い詰めたのはフリーランスの記者たちであった。そしてその状況は、インターネットを通じ言い逃れられない事実として示されることになった。一つの象徴が、ネット上で「オレンジ」と称された日隅一雄弁護士の追及劇であり、一端は本人の著である『検証福島原発事故・記者会見――東電・政府は何を隠したのか』(岩波書店、二〇一二)に詳しい。ただし、情報入手の手段にすぎない会見がパフォーマンスの場となり、ある種のポピュリズムの危険性を感じさせる側面も合わせもった。

いずれにせよこうした現実こそが、原子力安全・保安院発表に追随し原発事故を「想定外」と位置づけ、当初の「レベル４」発表に代表されるように、結果として事故を矮小化する方向に誘導することとなった、いわば発表ジャーナリズムの陥穽に嵌った今日のマスメディア状況を現わすものである。そして、五年を経たいまでさえその状況からはなかなか抜け出しきれないのである。

この意味するところは、国家的緊急事態になるほど、マスメディアは最新情報が集中する官に情報を頼らざるをえなくなり、そしてその信頼度を上位に置く可能性があるという「権威ジャーナリズム」の問題性である。いわば大本営発表が、発表者側の強権によって成立するのではなく、そうした状況を期待するメディアがあるということに他ならない。それはある種の責任転嫁ともいえるが、圧倒的な情報不足の中で、相対的に「確実」の可能性が高くもっとも「安心」できる情報源として、長年の相互信頼関係から染み出す防衛反応ということもできるだろう。また、マスメディアに登場する専門家については、いわゆる「推進派」バイアスがかかっていたとの批判が強い。これには、記者・制作者側の専門性の欠如や事前学習の不足が指摘されている（たとえば、武田徹『原発報道とメディア』講談社新書、二〇一一）。しかしそれも含めて、官及び主流への寄り添いという「強者ジャーナリズム」そのものの帰結であったといえるのではないか。

より問題なのは、従来からの反対派や懐疑派に限らず、放射能汚染に対する危惧の声や原発に対する新しい市民の動きを意識的に排除する、そのかたくななまでの前例踏襲、保守的な体質にあるだろう。この保守的姿勢の象徴は、市民デモの扱いに顕著である。マスメディアは、デモに対してえてして「否定的」あるいは「異端」扱いをしがちな状況がある。それは、三・一一以後、市民デモが一般化する中でも続く傾向であるといえよう。沖縄・辺野古や高江の抗議活動を見る目についても同様である。

たとえば、「警察目線」で接する結果、警察の過剰対応と思われる場合であっても「違法デモ」として報じられ、実態と乖離したイメージが形成されたりする。その結果、当事者や状況を知る者にとっては市民感覚とマスメディアの格差はさらに広がる一方、多くの読者にとっては「デモ=悪いこと」といった誤イメージが拡散していくことになる。しかもとりわけ在京メディアは、こうした市民の意思表示を相対的に矮小化する傾向にある（たとえば、小熊英二監督作品「首相官邸の前で」二〇一五）。

これは今回の震災だけの問題ではなく、たとえば沖縄の基地関連の地元集会やデモについても、そのほとんどを無視するか小さな扱いで報じることが一般的である。同じことが原発でも生じており、地元ではテレビも含め市民の動きとして報じることがあっても、それが東京・大阪で伝えられることは極端に少ない。それは、海外のデモの規模と扱いとの関係から見ると、明らかにバランスを失していると思われるが、ニュース価値という社内基準をもって正当化している状況にある。しかしこの基準は、従来の業界常識であったり、古典的な古い社会尺度に基づくもので、その限りにおいて新しい社会の動きに反応することは難しくなる。

そもそも、市民デモを「反対派」と色分け報ずること自体に疑問を呈することも可能であろう。確かに政府方針には反しているものの、原発再稼働や辺野古新基地建設に関する世論調査などからすると、政府方針に賛成する方が「少数派」であって、むしろ「政府＝守旧派あるいは少数派」、「デモ＝常識派あるいは多数派」との見方も可能だからだ。この点においても権威（公権力）を「正」に置く姿勢が反映しているといえようが、むしろ発想の転換こそが今のマスメディアに求められているのではなかろうか。

こうした報道の扱いはたとえば、社会に原発再稼動反対の声があることを矮小化することによって、三・一一以降の新しい市民の動きを抑制するとともに、一般市民のデモに対する見方を旧来の「特殊な運動家」イメージに逆回転させる作用があると思われる。あるいはまた、海外にも日本においては政府の方針に反対する声がないかのように誤解させるきっかけになるとも指摘されている。その意味でこれらもまた、マスメディアが市民の知る権利を具体的に阻害している一例といえるであろう。

取材自制による情報空白

もう一つは、政府発表に基づき、取材エリアを自主的に制限した点である。一九九九年の東海村ＪＣＯ事故に際し、取材記者に放射線被曝が生じたことから（それ以前から、一般的な社内マニュアルはあったとされる）、多くのマスメディアは原子力取材マニュアルを整備し、ＩＣＲＰ勧告の年間被曝線量を一ミリシーベルト以下に抑えるとの基準などを参考に、おおよそ年間八〇〇から一〇〇〇マイクロシーベルト（時間当たり三〇マイクロシーベルト）を限界値として、それ以上の線量場所の取材はしないこととした。その基準を当てはめた結果、在京及び福島県内の主要メディアは、おおよそ原発から三十もしくは四十キロ圏内の取材を自主規制することになる。

政府は当初、住民に対し二十キロ圏内は避難指示、三十キロ圏内は屋内退避・自主避難という基準（年二〇〜五〇ミリシーベルトと想定される）を示していた。したがって、この段階で両者の間には齟齬《そご》が生じ、マスメディアは「社内の安全基準」と「報道上の安全基準」でダブルスタンダード（二重基準）を用いることを強いられることになったわけである。その結果、後に立ち入りが禁止された二十キロ圏内はとりあえず別としても、二十〜三十キロの住民が居住し続けている地域の取材が途絶え、情報空白区域を生むことになった。それは、圏外の者にとっての知る権利を奪うとともに、圏内の者の発表する自由を実質的に奪うものであった。

そうしたなか、南相馬市長がユーチューブで窮状を訴えたり、フリーのジャーナリストが取材結果をネットで流すなどして、かろうじて情報の糸が繋がったものの、マスメディアはその社会的役割を十分に果たしえなかったことは否定できない。ましてや、二十キロ圏内の情報は極端に欠如したまま一年が経過している。ただしより具体的に見ていくならば、個別の記者の努力によって、三十ないし四十キロ圏内の情報が断続的ではあっても報道されていたことも事実である。

もちろん、こうしたダブルスタンダード自体は組織運営上、場合によっては生じうることだ。なぜなら、政府等の行政判断が必ずしも正しいとは限らないからであって、「社員の健康・安全」を守るために報道機関が自社独自の基準を設けることは、ありえて当然だからである。少なくとも社としては「人命に優先する取材・報道はあり得ない」のは、いうまでもない大原則だ。しかしその場合には、二つのことを実行しなくては社会的役割に反するのではなかろうか。一つは、その事実をきちんと公表することである。残念ながら、こうした取材基準を持っていることを正式・正確に公表しているマスメディアは見当たらない。

一般的な公表事例としてはたとえば、「事故の取材でも安全に配慮することは当然だが、とりわけ原子力施設の事故の取材では、十分な配慮が必要である。放射能や放射線が肉眼では見えないものだけに、現場で取材する者はその危険性を把握することが極めて難しい。取材にあたっては常に線量計などの装備を携行し、立ち入りが禁止された地域には決して入らない。」（テレビ東京ウェブサイトから）といったものである。ただし、より詳細は「原子力事故取材安全マニュアル」に拠るとなっており、その内規は明らかになっていない。なお、ネット上では三月二十一日付のNHK報道局発の通知文書が出回っており、そこでは「今のところ、原発から半径二十キロに出している避難指示と、二十キロから三十キロまでに出している屋内退避の指示を変更する予定はありません。我々の取材も政府の指示に従い行うことが原則です。」とされている。

もう一つは、基準の見直しを実行することである。従来基準は突発事故における原子力発電所周辺の取材を想定した、一時的な被曝線量を基準値にしたもので、今回のような恒常的な放射能被曝とりわけ事故現場（原発）から離れた箇所の「低線量」被曝を念頭に設定されたものではない。だからこそ、時間の経過に従い、多くの社では運用を見直し、一定程度の取材が可能になってきているとする。

たとえば、「NHKの原子力災害取材マニュアルは、原子力施設の周辺での取材を前提にしたものて、六十キロ以上離れた福島市のように遠く離れた場所で行われる取材を対象としていません。取材マニュアルでポケット線量計のアラームを〇・五ミリシーベルトに設定するとしているのも、原発に近づいた際、〇・五ミリシーベルトで即座に引き返せば、国が採用している一ミリシーベルト以内に被曝を抑えられるということを前提にしています。従って福島市内などの取材で積算される放射線の値に神経質になることなく、一つの参考データと考え、取材を続けるかどうかは政府の指示に則して判断することにします」（前出・NHK報道局文書から）としている。

しかしそれでもなお、国の安全基準との齟齬は残ることになる。この点についてNHKは、「放射線医療の国際的な考え方として、一〇〇ミリシーベルトまでは、ほとんど健康被害はみられないというのが一般的です。」（前出・NHK報道局文書から）としている。したがって今後は、新しい考え方に基づいた取材基準を設定し、住民に寄り添う取材態勢を確立する必要があるだろう。たとえば、時間の経過（積算期間の長さ）によって、積算放射線量の基準値を変えることもあってよいのではないか。しかし根本には、住民居住区の取材（記者の常駐）をルールとして禁止することは、報道機関としての役割を放棄したものとみなさざるを得ないのではないかとの疑念が残る。なぜなら、取材・報道することを前提として、さまざまな社会的特権を得ているのであって、そうした社会的役割の認識の問題であると考えるからである。

さらには水素爆発直後には、福島県内を中心に取材陣が県外に一斉に退避するということが起きた。もちろん当時、原発周辺地域は政府もしくは当該自治体の避難指示に従い、十キロ、二十キロと同心円上で避難地域を拡大し、その圏外に住民に避難するよう発表、メディアもそれを伝えていた。しかし、そのニュースを報道するメディアはさらに広域に、独自の判断で「逃げて」いたのである。社によって相違はあるが、およそ一～二週間程度、こうした県外避難の状態が続いたとされる。この間も新聞の配達は継続されており、新聞総体で言えば、配達員もまた「置き去り」にされたということになる。一方で、福島県のローカルメディアがそのまま県内にとどまって取材・報道活動を継続したことはいうまでもない。

もちろん、避難すること自体を責めているのではない。当時、米国ほか少なからぬ外国政府は、広域の避難指示を出し帰国を勧告する国もあった。結果論からすれば、それほどの危険性はあったし、むしろより安全な方法をとることは、企業の危機管理としては間違っていないと思われるからである。問題は、読者や視聴者に自分たちは避難すること、あるいは避難していることを隠し、すなわち住民を置き去りにして自分たちだけが安全な地帯に逃げるということをした事実である。

こうしたメディア自主避難の根拠となった情報は、取材によって得た情報であることは想像に難くない。その意味するところは、政府等から得た危険情報を、読者・視聴者に伝えることなく、いわば情報を隠蔽したうえで、自己の利益のために利用したということにならないだろうか（山田健太「震災報道に向けられた批判をどう活かすか」『月刊民放』一三年三月号、同「震災・原発報道における情報の空白と偏在」『ＧＡＬＡＣ』一六年六月号）。

おわりに——情報の歪《ひず》みは民主主義を歪《ゆが》める

*

二〇一六年夏の参議院選挙は選挙報道が盛り上がりを欠いたとか、テレビの選挙関連の放送時間が減少したなどの指摘がなされている。調査機関の集計によれば、とりわけ民放の選挙関連の放送時間は前回より大きく落ち込んでいる（たとえば、毎日新聞七月十三日付朝刊で紹介のエム・データ調べ）。しかしそれは、特定の朝番組がなくなったための影響が大きく、放送界全体の傾向とまで言えるかは微妙だ。むしろそれ以上に、放送の中身をこそ問うべきだろう。

その意味で、「表現の自由」の観点から今回の選挙報道は大きな課題を残すものであった。同時にそれは、これからの日本の民主主義の行く末を大きく左右することにもなりかねない。ここでは〈政治的公平〉と〈政治活動〉の二点から、問題の整理をしておきたい。

政府の行為は「圧力」

すでに述べてきたとおり、直近二回の選挙では、政党の「強圧的」な姿勢がテレビの選挙番組に大きな影響を与えてきたことは想像に難くない。二〇一三年の参議院選挙の直前には、TBS・NEWS23の企画特集で取り上げられたコメントの扱いが、「民主党の主張のみに与《くみ》したもの」であるとして、自民党は局あてに抗議するとともに、選挙公示前のタイミングで党としての取材拒否を発表した。そして、報道局長名の「お詫び」と受け取れるような文書を出させることで決着を図った。まさに、自分たちの気に食わない情報流通は認めないという意志を表すものである。

そして翌一四年の衆議院選挙においては、同じくNEWS23に生出演の首相が番組内でアベノミクスに否定的な街頭インタビューに気色ばみ、その直後に自民党の公式文書として各放送局あてに「選挙時期における報道の公平中立ならびに公正の確保についてのお願い」と題する文書を発信した。そこでは、出演者の発言回数や街頭インタビューの構成にまで言及し、番組内容に具体的な牽制を行っている。批判的な番組作りは認めないとの意志の表れである。

こうした伏線があったうえで、一六年の参議院選挙が存在した。しかも今回は、前年秋からの高市早苗総務大臣ほかによる一連の「政治的公平」をめぐる発言の余韻が冷めやらぬ中での選挙戦であった。同大臣は従来の解釈を変更し初めて、一番組内であっても政府が問題と判断すれば電波停止がありうると答弁し、それを二月十二日の「政治的公平の解釈について（政府統一見解）」

として公表した。また、それに先立ちＢＰＯの審理中にもかかわらず行政指導を実行し、しかも初めて試写のあり方といった編集権にかかわる番組制作の中身にまで言及した。すなわち総務省は、番組編集準則に法的拘束力があり、放送事業者がこれに違反した場合、大臣は電波法七十六条一項による停波または放送法百七十四条による業務停止を放送事業に命じることができるとし、その前段階として行政指導を行うことも法律上の根拠がなくてもできるとの考えを示してきているということだ。

にもかかわらず総務大臣は、「圧力は誤解であり、電波を止めるといったこともないし、従来の法解釈を答弁したに過ぎない」と言い切っている（たとえば、『正論』九月号や『ＧＡＬＡＣ』八月号インタビューにおける発言）。ちなみに政府は、大臣発言を「これまでの解釈を補充的に説明し、より明確にしたもの」と述べ、番組全体は一つ一つの番組の集合体であり、「一つ一つの番組を見て、全体を判断する」ことになるから、従来からの考え方を変更するものではないという。しかし、個々の番組内容を問題にし、それぞれに対し法適合性を判断するのであるから、実態として全体で判断ということにはならないことは明らかだ。

そしてこうした大臣の一連の言動は、報道現場に影響を与えることを目的としてなされたものであり、それは「直接的な圧力」ではないにしろ、報道現場の表現の自由行使に対し、この場合で言えば政権批判の可動域を狭める効果を生むものであることは否定しえない。そしてこれこそが「広義の圧力」であって、公権力がやってはいけない行為であるという認識が欠如しているし、これは大臣に限らず、現在の自民党・政権に共通して当てはまることである。

表現の自由は、表現者がその「自由」を行使する際、自制的に実行するという特性を有する。とりわけ日本のマスメディアにおいては歴史的に、「不偏不党・客観中立」という編集方針を有し、それは政権批判をほどほどに行うことを美徳としてきたという特徴も有する。それゆえに、政見放送や選挙広告といった公設の情報流通媒体として、社会の中で機能するという国際的にみても珍しい地位を占めるに至っている。

そうしたなかで、行政権である政府や、一社会的勢力に過ぎない政党が、法で定めた本来の限界境界線の手前に、もう一つ「仮想の壁」である警戒線をあえて設定するという行為は、まさに「検閲」の色濃い違憲行為すれすれの荒業である。それは警戒線であって、禁止もしていないしそれを強制もしていないという意味で、違憲でもなければ圧力でもないという「強弁」が出てくる余地はあろう。しかし、まさに表現の自由の中核である政権批判の自由を抑制する効果を直接的にもたらすものであって、それに対し微塵の躊躇も見せないことこそが、今回の選挙時期の放送番組に「見えない壁」を作る絶大なる効果を生むことになった。

それは、結果として報道番組がどう変わったかということではなく、こうした可動域を狭める状況（情報環境）を作ったこと自体が問題視されなければならないということだ。したがってこの際、たとえ圧力があっても放送局が声を挙げればよいのであって、いけないのは弱腰の放送局だという世間一般に広がる認識や、「矜持《きょうじ》をもって報道するべきことを報道すればよい」という総務大臣の発言（同上）は、制度・理論の問題を精神論に置きかえるものであって、問題の本質を意図的にはぐらかすものである。

政治的公平という妖怪

そしてこの問題は、そもそもの「政治的公平」とは何かという解釈論争に決着がつかない限り、尾を引く問題であるともいえる。このおおもとは、放送法規定とりわけ四条の法的拘束力あるいは法規範性の有無に由来することはいうまでもない。そしてここでは、より具体的に放送法と公職選挙法が、選挙期間の報道に何を求めているか、今回の報道で何が報じられなかったかを考えることにしたい。

とはいうものの最低限、放送法は放送による表現の自由の確保を目的の一つとしており、そのためにも放送人に対して職責によって放送番組の質の確保と、それによる民主主義の実現を求めている構造であることは確認しておきたい。そのうえで法律解釈としては、周波数の稀少性と特殊な社会的影響力を根拠として、放送規律の合憲性を承認してきたということになる。ただしその場合においても、番組編集準則は倫理的意味の規定であり、もしそうでないとしてもこれらを根拠に国が個々の番組内容審査を行うことは、放送番組編集の自由ないし憲法の検閲禁止の原則に反し、許されないとされてきたわけだ。その意味では、広義の法規範性はあっても狭義の法的拘束力は否定されていると考えるのが妥当であろう。

さて、改めて関連条文を確認しておこう。公職選挙法百五十一条の三（選挙放送の番組編集の自由）で、「選挙の公正」を求めている。一方で放送法は四条（国内放送等の放送番組の編集等）で

「政治的公平」を定めている。そしてこの結果、選挙期間中の放送番組は、いわば二重の縛りを受ける形になっているといわれている（このほか表現にかかわる規定としては、百三十八条の三が「人気投票公表の禁止」を、百四十八条が「新聞・雑誌の報道及び評論の自由」を、百四十八条の二が「新聞・雑誌の不法利用等の制限」を定める）。

しかしあくまでも、選挙に関する報道が自由であることには変わりなく、裁判所もいわゆる泡沫候補の扱いについては、放送局の独自の判断を尊重することとし、この点で司法の判断に揺れはない。特定の有力候補者のみを取り上げた選挙報道が、公職選挙法百五十一条の五および百五十一条の三とともに放送法三条の二（現四条）に違反するかが争われた一九八六年の事件では、東京高判は、放送法の法規範性を肯定しつつも、「選挙に関する報道又は評論について、政見放送や経歴放送と同じレベルにおける形式的な平等取扱を要求しているとは解し得ないところであり」、特定の有力候補者のみを取り上げた選挙報道は「番組編集の自由の範囲内にあるものということができる」と判示している。

実際、国政選挙ではなく同時期に行われた都知事選の例では、一部の立候補者からはマスメディアの扱いに問題があるとして是正措置の要請がなされたものの、その後の報道に変化は見られなかった。さらに参院選公示日の各政党の扱いについては、民放とＮＨＫで大きな差がついた。前者は従前の業界慣習に従い、時間的平等性を担保したのに対し、後者は党首の街頭演説もスタジオにおける各党の声の紹介においても、自民党を他党より長く扱うなど、議席数比を意識した時間調整を実行した。これもまた、各局の番組編集の自由度の現れと見ることができよう。

しかし一方で、これらを同一視してよいかについては疑問だ。もちろん、法的には「自由」であってよいのだが、報道機関の判断としては法の趣旨に鑑み、「政党・候補者の選挙活動を紹介する報道」と「政党・候補者の政策や選挙情勢を伝える報道」を可能な限り峻別するのが適切ではなかろうか。そして前者については「数量公平（平等）」を原則とし、後者については「質的公正さ」を確保することが、むしろ批判の自由を十全に確保するためには得策ではないかと思われるからである。

今回の事例に即して言えば、有力候補者や主要政党に関しては時間や紙幅のスペースを同じ扱いにすることで、有権者が最低限必要とする立候補者や政党の公約といった情報を、一定程度の公正さを保って伝達することができるだろう。また候補者アンケートの実施結果などの同一基準による公約比較も含め、紹介の量に恣意的な差を設けることは、有権者にとって必要最小限の情報の欠落を生む要因につながる可能性がある。そしてこのいわば平等性の上に立って、自由な批判・分析が可能になるはずである。

それこそがまさに後者の、放送局や新聞・雑誌の独自の視点に基づく選挙報道である。これは何ら制約を受けないことが求められているにもかかわらず、むしろ現在の報道機関が、この自由であるべき領域について過剰な自主規制を実施していることに問題があるといえる。その結果として現在は、一定の平等性が期待されている分野では恣意的な判断で報道量に差異を設ける一方で、むしろ自由度を高めるべき領域で過度に遠慮した報道を行い、それが政党や候補者の実相を見えなくしているということになっている（そういう意味で最近の選挙報道の中で遠慮のない報道事例は、都知事選における特定候補者に対する醜聞記事であったといえるのではないか)。

よく言われるように、報道機関が意図的に「争点隠し」を行ったというより、憲法改正等の議題設定はそれなりに行っていたものの、それを遥かに凌《しの》ぐ大量の「紹介報道」によって、重要な争点を視聴者・読者に見えなくしてしまった効果を生んだということになる。そして報道現場の深層心理として、文句をつけかねられない深い分析や批判は回避して、それなりに政党や候補者の言い分をスレートニュースとして伝えることで、選挙報道の役割をこなそうとしているとすれば、それこそが冒頭に述べた政府・政権党の情報戦略の効果が表れた結果ということになる。

オールマイティの政党活動

そしてこうして生まれた情報の歪みをさらに決定的にしているのが、政党の宣伝行為だ。日本の選挙期間中の情報流通は、原則禁止されている候補者の表現の自由である「選挙活動」を、自由が保障された特定のマスメディア(一般紙、主たる民放、市販されている雑誌)の選挙報道で補うという構造がとられている。もともとは、候補者の資金量の多寡に拠らない公平な選挙戦を実現させるための工夫の一つである。にもかかわらず近年、この基本構造が制度上も運用上も崩壊の危機に直面している。

その一つはインターネット選挙運動の解禁によって、候補者の表現活動がリアル社会では厳しい制限を受ける一方、ネット上では相当程度の自由を有するようになったということである。この延長線上として、これまでは一般市民（有権者）が、ネット上という限定はあるものの、自身の意見表明をする機会はほぼ存在しなかったものが、一定程度自由な言論・表現活動を行うことが可能になった。もちろん、こうした市民参加の道を開いたという点において大きなメリットがある制度変更であったといえるだろう。

その結果として、マスメディアの選挙期間中の社会的役割は相対的に低下することとなる。それを見越してか、今回の選挙戦において政権党である自民党は、テレビ番組で党首討論会を開催することを重視しなかった。さらには、選挙終了後に、民放ラジオ局に対して党総裁としての個別取材を受けない意向を示した（結果的にはニッポン放送の代表取材を、各局が流すという形をとった）。これらの結果、言論公共空間において、新聞やテレビ・ラジオといったジャーナリズムのプロ集団としての言論報道機関が、党首＝首相と対峙する機会が一方的に減少するという事態を招くことになっている。

こうした政党のマスメディア軽視はＣＭでも現れている。自民党は、首相としての伊勢志摩サミットでの各国首脳や広島訪問時のオバマ大統領とのスナップを盛り込んだ、政党広告の放映を予定したものの、民放各局はこれまでの党首および党首クラスの出演に限るという慣例に従い、扱いを断った（あるいは、首相と党首の違いを理由とした）と伝えられている。これは、政党の一般的表現活動である「政治活動」と候補者の当選を目標とする「選挙活動」を厳しく分離するための方策であった。

しかし自民党は民放で放送を拒否されたものとおそらく同等の内容のものを、自身の公式ウェブサイトで配信した。これはまさに政党のみが、何の制約もなく、選挙期間中に表現活動を行えることを象徴的に表す事例といえるだろう。この政党のオールマイティ性が、選挙期間中の情報流通を大きく歪める危険性があるということだ。なぜなら、厳しく制約された選挙活動、政府・政権党にプレッシャーを受けて遠慮がちに行われている選挙報道というなかで、政党の政治活動だけが自由奔放な表現活動を実行することで、資金量が豊かな政党のみが、言論公共空間を制する圧倒的な質量を確保する状況が生まれつつあるからである。

そしてこの問題は、選挙期間だけではなく通常の報道にも大きく影を落とすことになるだろう。とりわけ重要なのは、国論を二分するような課題を報じる場合である。先に挙げた政治的公平に関する政府統一見解は、第一に「選挙期間中またはそれに近接する期間において殊さらに特定の候補者や候補予定者のみを相当の時間にわたり取り上げる特別番組を放送した場合のように、選挙の公平性に明らかに支障を及ぼすと認められる場合」としている。

そのうえでさらに、第二に「国論を二分するような政治課題について、放送事業者が一方の政治的見解を取り上げず、殊さらに他の政治的見解のみを取り上げてそれを支持する内容を相当の時間にわたり繰り返す番組を放送した場合のように、番組編集が不偏不党の立場から明らかに逸脱していると認められるといった極端な場合」においても、電波停止の可能性があることを明言している。いわば、一方的な政府批判番組は認めないということである。

そしてこの具体的な事例が憲法改正時に現れる。国民投票法は百四十条で放送局が放送法四条の規定を守ることを求めている。わざわざ放送法規定の遵守を書き込むことで、「政治的公平」

を国民投票期間中、より厳格に守ることを求めているわけで、その判断基準として前述の規定が援用されることになるからだ。たとえば、特定の番組で憲法改正反対の主張をすることは、事実上憚られるような事態が生じる可能性がある。しかも、どの番組に行政指導を行うかは、政府の判断次第ということになる。

そして何よりも大きな問題は、そうした状況の中で、政党発の情報のみが縦横無尽に流通する事態が想定されることである。政党広告は国費で賄われるほか（同法百六条）、これとは別に国会内に設置される広報協議会が発議した改憲案のＰＲに努めることになる（同条及び百七条）。これは、今回の選挙期間中において活発だった政党表現活動が、国民投票期間はより加速・拡大することを意味している。それは結果として、政府方針に近い意見のみが大量に流通する可能性を意味するだろう。

政府は一歩先を読んだ情報戦略を実施してきている。その一つが前々回・前回と積み重ねてきた選挙時の報道現場に対する「見えない壁」作りだ。その効果は間違いなく今回の選挙で現れている。そして今回の選挙前に示された「新たな壁」は、むしろ「次」を見越した報道規制であり、言論公共空間における情報流通のありようを規律するものである。

謝辞

本書は、言論報道機関にかかわるすべての言論人に対するエールである。瀬戸際の言論の自由を守り、より強靭なジャーナリズム活動を実践していくためには、何よりも新聞・放送・出版にたずさわる者が、その職種のいかんにかかわらず、現状を理解し、現実を直視して、目の前の課題を乗り越えていくことが求められている。そのためには、市民社会全体のサポートも必要だろう。ジャーナリズムにかかわる研究・活動に携わる研究者の責任も大きいと自覚している。

ここで扱う事柄は、ほぼ直近の五年間に起きたことである。この間、放送をはじめ言論の自由をめぐっては様々な事件が起こり、総体として市民的自由は後退につぐ後退を余儀なくされた。その中でもとりわけ大きなキーワードが、本書のタイトルでもある「放送法」だ。これまでは一部の専門家のみが知っている特別な法律であったのが、一躍脚光を浴びることになる。この間、報道現場で働くジャーナリストに限らず多くの市民が、放送の自由がなくなり番組が変節していくのではないかと憂えた。そうしたなかで、少しでも現場を勇気づけることができればと書いたのが、初出一覧に掲げた論稿や記事である。本書が、一度壊れたら簡単には取り戻せない言論の自由のありようについて、そして豊かで面白い放送番組の実現のために、少しでも多くの方にとって考えるきっかけになることを願う。

多くの考えるきっかけを与えてくださった日本民間放送連盟や放送批評懇談会、メディア総研をはじめとする放送関係者の皆さん、日本ペンクラブや自由人権協会、弁護士会、そして各種学会での研究会等で多くのことを教えてくださった皆さん、なによりも「現場」でお会いしたたくさんのジャーナリストの皆さんに、心より感謝いたします。そして、こうした考察の結果を改めてまとめる機会を与えていただいた田畑書店の大槻慎二さんにお礼申し上げます。

二〇一六年九月

山田健太

ＮＨＫの公共性を考える　「民間放送」2014年3月26日
放送と通信の融合状況における「放送」　「自由と正義」2009年7月号
第四章　政治的公平の意味
言論封殺のための「言論の自由」
　は存在しない　「WEBRONZA」 2015年4月
「WEBRONZA」 2015年7月
メディアにおける「公平公正」
　とは何か　「WEBRONZA」2015年12月
総務相「電波停止」発言にみる
「強面行政」　「WEBRONZA」 2016年2月

第五章　デジタル時代のメディア
作家の「書く自由」と読者の
「読む自由」　「自由と正義」2011年7月号
〈知の公共空間〉をいかに構築するか　「韓国出版学研究」36号（2010年6月）
公共性と出版の自由　「出版研究」2015年

終　章　市民力が社会を変える
ヘイトスピーチにどう向き合うか　「月刊民放」2014年10月
大規模災害における市民とマスメディア　「法律時報」84巻6号（2012年6月）

おわりに——情報の歪みは民主主義
を歪める　「GALAC」2016年10月号

＊このほか、連載中の琉球新報および毎日新聞寄稿と一部表現の重複がある。

●初出一覧●

はじめに——放送はだれのものか　「月刊民放」2016年5月号

第一章　報道圧力

報道の自由をいかに守るか　『ブリタニカ国際年鑑2016』（ブリタニカジャパン刊）

「沖縄タイムス」2015年7月18・19・20日付

「JP総研Research」33号（2016年3月）

言論・表現の自由の現在　「季論21」2015年夏号

国益と言論　「マス・コミュニケーション研究」86号（2015年）

第二章　言論の不自由

秘密保護法にあらわれる政府の情報隠蔽構造　「季論21」2013年秋号

取材の自由と特定秘密保護法　「月刊民放」2014年1月号

秘密保護法時代に立ち向かう視点　「エディターシップ」2014年6月

「世界」2013年11月号

「世界」2014年1月号

第三章　放送の自由

「自主規制」という名の言論統制　「月刊民放」2012年3月号

「季論21」2015年冬号

『社会の「見える化」をどう実現するか』（専修大学出版局刊）

戦後の放送ジャーナリズムをとらえ直す　「月刊民放」2015年8・9月号

【索引】

本書は、科学研究費基盤研究（C）「国家秘密と情報公開の法制度が取材・報道に与えるインパクトに関する総合的研究」（2014~16 年度）の研究成果の一部である。

＊

山田健太（やまだ　けんた）

1959 年、京都生まれ。専修大学人文・ジャーナリズム学科教授。専門は言論法、ジャーナリズム研究。日本ペンクラブ常務理事・言論表現委員会委員長、放送批評懇談会、自由人権協会、情報公開クリアリングハウスなどの各理事、世田谷区情報公開・個人情報保護審議会委員を務める。日本新聞協会職員（英国エセックス大学人権法研究所訪問研究員、新聞研究所研究員、日本新聞博物館学芸員）の傍ら、1992 年より青山学院大学、法政大学、聖心女子大学、慶応義塾大学、東京経済大学、早稲田大学などで憲法、言論法を教え、2006 年より専修大学。日本マス・コミュニケーション学会（理事）、日本出版学会（理事）、日本編集者学会（監事）、日本公法学会、国際人権法学会に所属。講談社『僕はパパを殺すことに決めた』調査委員会委員、放送倫理・番組向上機構（BPO）放送人権委員会委員など歴任。

主な著書に『法とジャーナリズム　第 3 版』（学陽書房）『見張塔からずっと』（田畑書店）『言論の自由——拡大するメディアと縮むジャーナリズム』（ミネルヴァ書房）『ジャーナリズムの行方』（三省堂）『3・11 とメディア——徹底検証　新聞・テレビ・WEB は何をどう伝えたか』（トランスビュー）『現代ジャーナリズム事典』(三省堂、監修)『よくわかるメディア法』（ミネルヴァ書房、共編）『放送制度概論——新・放送法を読みとく』（商事法務、共編）『政治のしくみと議員のしごと』（トランスビュー、共編著）『3.11 の記録』（日外アソシエーツ、共編）『ジャーナリスト人名事典』（日外アソシエーツ、編）『新版　マス・コミュニケーション概論』（学陽書房、共編）などがある。毎日新聞、琉球新報で連載中。

放送法と権力

2016 年 10 月 31 日　第 1 刷発行
2017 年　3 月　3 日　第 2 刷発行

著　者　山田健太

発行人　大槻慎二
発行所　株式会社　田畑書店
〒 102-0074　東京都千代田区九段南 3-2-2　森ビル 5 階
tel 03-6272-5718　fax 03-3261-2263
印刷・製本　中央精版印刷株式会社

Printed in Japan

ISBN978-4-8038-0338-9 C0030

見張塔からずっと
政権とメディアの８年

山田健太 著

秘密保護法、安保法案、そして言論の
自由……日本という国の骨格が大きく
揺らいだこの８年の政権とメディアの
変遷を定点観測した、今後の日本を考
える上で必携の書。「琉球新報」公表連
載、待望の単行本化！

定価：2300円＋税

田畑書店